序　言

这本小书是一种学术性的著述。英文原著的读者对象是作者的学界同行。这本书描述的是上海，但是引申讨论的则是几个有关近代中国的大问题。北美学界有不少大家共同阅读的著作以及议题，这些议论构成了本书的背景。这个背景对于中文版的读者来说，未必一目了然。现在中译本出版在即，我愿意借这个机会稍做说明，以便利大家。

我们知道，上海是近代中国第一大都会，上海的经济有赖于中西通商，上海的近代城市发展以鸦片战争之后的《南京条约》作为起点。许多西方著述把上海的开埠看作中国近代史上最重要的里程碑。上海英租界的成立，代表了广州行商制度的终结，传统朝贡体系的解体。西潮登陆中国，欧西主导的近代国际秩序在东亚兴起。上海是西方打开中国大门的"钥匙"。

这段门户大开的百年历史，今天国内称之为中国的"被动开放"。这本小书并不反对以上看法。但是，它同时注意到，开放本身并不意味着繁荣。上海开放通商，位置靠北，在五口之中原本地位并不领先。但是，一旦太平天国运动爆发，华南及华中全面被卷入战乱，情势就发生了大的变化。长江中下游的重要城市，诸如汉口、南京、苏州、扬州、杭州，全都落在太平军手里。广州及内地其他地区则有各种会党活动，中国内地的金融商贸交通功能无法继续如昔发挥，上海租界此时不但吸收了沦陷区的业务，跃升为沿海第一通商大埠，而且成为内地资产的避难场所。上海成为全国第一商埠，与其说全靠自身的发展，不如说得益于中国内地的战乱与残破。近代上海在20世纪上半叶独领风骚，不只因为西方带来了现代文明，同时更因为近代中国"内忧"不断。

上海是资本密集的城市，也是移民密集的城市。上海是近代中国经济发展最为快速的都会，也是三教九流、五花八门、成群结社、竞争激烈的复杂场域。上海是全国新闻、教育、出版事业的中心，也是罢工、罢市、工运、帮派的中心。中国共产党发源在上海，中国的其他民主党派更是在上海发扬光大。上海是抗日民族主义爱国活动的大本营，也是汉奸聚集、中外利害相结合的大本营。总之，十里洋场花花世界表象的背后，是近代中国转型中的种种张力与矛盾。

20世纪中期国内学界从社会主义革命的角度描写近代上海，着重描述其中资本家与劳动人民的阶级对立，以及国民政府统治阶层的卖国与腐败。这样的上海，就像茅盾的小说《子夜》中所描写的，资产阶层道德堕落，物欲熏心，烟、赌、娼公然成为大生意，经营这些行业的"闻人"杜月笙不但飞黄腾达，而且位列名流，进入银行、大学的董事会与各种慈善、爱国组织。总之，这种上海缺乏道德上的合法性。这样的繁华是把貌似进步文明的高楼大厦建筑在十八层地狱之上。因此，上海是中国的耻辱，也是毛泽东所领导的社会主义革命必须以乡村加以包围、加以改造的对象。

许多中英文的上海社会史著作，写的是上海闻人名流的传奇，或者是工人、左派的运动史。最终所解释的，不外是国民政府的覆败，以及中国共产党为什么得到胜利。我的这本小书，所关切的问题并不出这个左右对立的社会文化范围，但是聚焦的对象，却是上海工商业背景下，中层社会一般小市民每日在工作与家庭之间的种种经历。20世纪上半叶，在现代化的都市范围里，上海人心目中有一种生活憧憬，也有一套经济伦理。本书认为这两股思潮在大时代之中交叉运作，两者之间的落差构成了政治抉择的背景。上海小市民的悲欢，可以提供酝酿社会民主思潮的土壤，然而小人物们在大时代、大资本、大组织之中，即使有所觉悟，如果想要掌握自己的命运，也难免身不由己。

总之，这本书中的主人公既不是有头有脸的上层大人物，也不是全然穷而无告的底层分子。这本书所着墨的是一个大城市与其中无数小老百姓的平常故事。小市民的辛勤造就了上海的繁华，他们的怨怼也转换了这个大城市以及近代中国的命运。上海繁华是平常人的城市史。这部城市史改写了近代中国无数平常人的命运。

目 录

导　论 ·· 1

第一章　走向唯物 ·· 7
明清中国的儒商 ·· 8
上海的新商人 ·· 10
商战 ·· 13
商业官僚 ·· 16
市场的声音 ·· 20

第二章　市井与庙堂 ·· 30
商学 ·· 31
商业学校 ·· 34
职业教育 ·· 35
新的词汇 ·· 38
"什么是商店？" ·· 40
国民党的"党化"策略和法律空间 ······································ 41
国家认证：汤一鄂的故事 ·· 42
协会与政府 ·· 44
走进经济领域的国家 ·· 46

第三章　都市景观与特权 ·· 51
远观上海 ·· 54
广告与南京路 ·· 56
视觉产业 ·· 61
故事与营销 ·· 65
推销新事物 ·· 66

  生产"国"货 67
  景观中的权与势 72

第四章 时间、空间与纪律 82
  中国银行的重建 84
  培训 87
  生活 90
  家长制 92
  厌倦 93
  新的行动策略 95
  时钟、宿舍和纪律 98

第五章 大家长与小家庭 120
  读者 121
  《生活》周刊（1925—1933） 122
  拥抱苦难 123
  成功的秘诀 127
  家庭 129
  跨国婚姻：两个故事 134
  爱情和法律 136
  政府 137
  "职业青年"还是"进步青年"？ 140

第六章 小市民的故事 151
  一场悲剧 152
  《读书生活》 155
  危难中国 156
  困境 160
  生存与斗争 166

第七章 从大家长到资本家 172
  战时上海（1937—1945） 173
  战争时期的上海辉煌 179

走向战争 ································· 181
　　回家之路 ································· 182
　　失业与穷困 ······························· 186
　　求职者 ··································· 189
　　进入永安 ································· 193
　　为永安工作 ······························· 194
　　在宏大的建筑中 ··························· 195
　　银行业的战争 ····························· 198
　　街头的生命 ······························· 199
　　演绎社会公平 ····························· 202
　　从大家长到资本家 ························· 204
　　从职员到共产党员 ························· 207

结语　再现繁华 ······························ 222
　　金融家 ··································· 223
　　现实中的过去 ····························· 224
　　历史之用 ································· 224
　　革命与悲剧英雄 ··························· 229

参考书目 ··································· 236

致　　谢 ··································· 263

导　论

鸦片战争（1840—1842）之后，百年之内，上海崛起，成为东亚第一大都会。活跃在上海的是一个内涵丰富的中产市民阶层，这个阶层兴起成为中国社会现代发展的重要成员。

传统中国是贱商的，然而这个新兴市民阶层却是以商为业的。上海在近代中国历史上的特殊地位，不仅在于上海的工商发达，而且在于上海的新商人在都市转型的背景下取得了文化上的合法性。上海的新商人多数高度西化。他们也活跃在外国租界。但是他们却能成功地把新式工商建构成近代中国富强的支柱。传统中国有"无商不奸"的说法。而在上海，新商人虽然通过市场追求财富，但大家相信这并不算个人的图利行为，而是为了追求国家的富裕。虽然新商人积累个人资产，但大家也相信他们所用的手段并不是欺骗与贪婪，而是通过专业知识与企业组织，以科学方法创造新财富。上海在20世纪上半叶，成功地建构了这个近代新富阶层，把其塑造成一股爱国、专业与自治的力量。

这个都会新商论述，为当时的年轻人提供了一幅全新的图景。透过学校与出版物，上海新兴企业给当时的年轻人传递了一个信息，即一个人只要学有所长，不断努力求新向上，就可以在都会新经济中赢得一席之位，赚得一份资产，建立一个幸福的小家庭。上海的都市新型企业会给年轻人提供无数自我实现的机会。上海的繁华是每个有为青年都可以拥有的世界。

然而，不幸的是正当这个近代中国资产阶层都市论述在上海植根成长之际，全球经济萧条，股市崩溃，工厂倒闭，上海的新兴工商也被卷进这个旋涡。刚刚成形的中产阶层论述，受到了严重的挑战。对于广大职工来说，许多人即使勤勤恳恳，努力工作，拼命向上，也难以保住一份职业。1930年代上海的白领阶层失业率大增，一向靠自己的工作收入养家立业的职业者发现自己仰不能事父母，俯不能恤儿女，在茫茫职场中无依无靠，不知何去何从。这种危机感，深切地动摇了资产阶层都市论述的说服力。

30年代中期，一股左翼思潮在上海崛起，把都市资产阶层个人与家庭的出路跟国家民族的出路结合起来论述。根据这个说法，市民阶层的悲剧，并不是个人的悲剧，而是整个国家命运在帝国主义体系之下的写照。上海的中国民族资本逃不出西方殖民主义经济势力的笼罩，也逃不出帝国主义一贯的侵略与剥削。都市的市民阶层如果想要为自己及家人找到生机，唯一的出路就是加入社会主义的阵营，以国为家，以集体结合的力量与剥削者做正面的斗争。

抗日战争爆发后，上海的许多新型企业跟随国民政府搬迁到抗日后方。没有搬迁的产业在上海沦陷后不得不逐渐跟敌人妥协，否则就存活不下去。上海工商企业的名人领袖们于是在爱国这个题目上，比起民国初年，失去了他们的发言立场。相对于企业员工，这些领袖不久后就被看成纯粹的资本家，其社会道德合法性减弱了。40年代上海的职业界左翼地下党十分活跃。透过这些人的组织活动，1949年上海虽然政权转移，但是工商企业的运作没有中断。许多"民族资本"平顺地归附了共产党。

以上种种，大致归纳了本书所要讲述的近代上海与中国的故事。在正文开始之前，还有几点需要稍加说明。

有关近代上海的工商，学者们已经进行过不少研究。跟那些作品相比，本书所注重的不是经济史，而是以经济活动为对象的文化史。我们所关注的不是上海的工商企业如何进行新式的经营，而是新式工商企业的从业者如何取得社会地位，如何为新型产业建构经济伦理。

本书的前两章征引了不少材料，主要想审视的是这样的问题：近代上海的新兴企业究竟是怎么建构它们的声望？它们在租界里活动，究竟在国家意识与经济利益之间做了些什么样的表述？它们运用了什么样的资源与方式来达成建构？结果算是成功了吗？它们的成功与否，到底为什么重要？

本书认为近代上海的新兴企业透过教育与出版，曾经相当成功地为中国的资产阶层建立了一套论述与伦理。在这套成功的机制里，企业的经理人相对于自己的职工不仅是老板，同时还是专业上的老师。这就像传统科举制度，大官于小官，不只是上司与下属，更是座师与门生。因为是老师，所以经理对下属的制约，除了专业表现上的要求，还包括伦理上的规范，在人事行政上考核职工的勤惰以及人品，作为考核奖罚的根据。到了40年代，这套论述因为种种原因，失去了战前的说服力。经理在职员的眼中变成了资本家，小职员们热衷于组织自己的职工联合会，企业内部的上下关系变成了资本家与劳动者的对立，而不再是师长跟子弟的企业大家庭。30年代的时候，都市建构中的企业总经理是家长，不仅在组织上地位高，而且在专业上知识丰富。到了40年代后期，这些企业经理主管就被叙述成资本家。资本家自然也有好的，但原则上必然是剥削人的。相对于从前，大家长自然可以无能，但原则上必然是才德具备的。两相比较，我们可以看出，20世纪的上海在都会资产阶层论述上曾经有过巨大转变。

近年有关上海的著述已经出版了不少。上海在中国近现代史的描述之中显然不是个陌生的地方。但是这些作品，多半只把上海作为各种事件的发生地，上海只是个地名，没有特殊的内涵。本书描述上海，则把上海的物质建设考虑在内。电车、电灯、收音机、电影、照相机、印刷机等事物在上海是习以为常的。这些东西的使用，无疑把上海建构成一种新的空间，改变了人们在其中交互往来的机会与方式。关于物质文明与近代中国的形成，有许多可以大做文章的题目。本书所关注到的不过其中之一二。

我们知道，上海外滩的江海关大楼，当时就装点着东亚最大的时钟。时钟在上海的办公楼层里是个重要的东西。有了时钟，企业里才有法子讲究纪律与效率，对员工们才能产生量化的制约。有了时钟，火车、电车、轮船才能按时运作，才有准时与否的观念，从而产生大型活动的可能性。

民国时期的上海，电力的供应还非常有限。电车也只是租界的现象。太阳下山以后，南市常常漆黑一片，租界却灯火通明。南市一切停摆，租界却仍然人来人往，把夜晚当作白天的延续。租界的学校晚上可以开办读书会、俱乐部，南市的学校到天黑就活动有限。这样的种种，是物质文化与城市活动相互关联的另一个例子。一个年轻人住在租界附近，晚上就可以有各种活动。都市的电灯与电车，岂止加倍了年轻人的社会空间。于是上海的许多职业青年白天工作，晚上透过夜校、读书会、社团组织而相互交往。这种自发的社会联结，在上海可以发挥得淋漓尽致，而在别的城市却因为物质条件的限制而不能做同样的发挥。都市的物质文明对都市的社会文化动力不无影响。上海作为一个城市，在社会动员上的能量远超过许多其他城市。这也是本书所专注突出的一个面向。

上海到底是中国的还是外国的？这个问题在20世纪常有争论。本书并不认为这个问题有什么重要，因为无论上海的国籍是什么，一个城市总免不了兼容各种异质文化。

相形之下，上海是否只是上海史上的上海，还是中国近代史上的上海？本书认为这个问题可能更重要。对于20世纪初期的中国人而言，上海经验并不一定非在上海才能体验。上海的传媒、印刷和出版事业，源源不绝地把都市的讯息辐射到中国内地。对于置身中国内地的人们来说，上海的都会绚烂，也许是离得越远越具有特殊的魅力。

本书将上海的兴起放在中国海洋史的脉络中来看待。我们知道，上海是海通之后才兴起的城市。但是中国的航海史用不着等到19世纪西洋力量东侵之后才开始。早在唐末之际，阿拉伯商人就到了泉州。明清之际，西洋传教士与商人就到了澳门和台湾。

但是在上海开埠之前，这些海上活动都叫作"海上贸易"。只有在19世纪上海开埠以及英国开馆之后，海上的商贸活动才变成"国际贸易"。《南京条约》之后，海洋商事牵涉到条约、领事、法规与权益。在欧式国际观的主导下，商民锱铢计较的"细务"可以变成庙堂议论和战的大事。从这个角度看，我们大可说中国的海上贸易史并不是19世纪的产物。但是上海的兴起，却无疑标志了这个海洋史的新纪元。

官与商在中国历史上的交错，也有很长的历史。19世纪之前，中国商人处处设法向官府看齐，努力把商业资本转换成政治文化资本。20世纪以后，两者的关系产生变化。中国的政府努力介入商事活动。晚清新政包括商部的设立、商会的组织、《商法》的确立，以及商学的奖励。这些变化把经济的发展提升为国家的首要议题，将金融家、制造业者、企业家、工程师、科学家和技术专家提升到城市社会的顶层。凡此种种，都标志了官与商之间的崭新关系。

上海是中西交通、官商杂处的城市。正因为这些本质相异的东西在上海不得不做某种沟通，所以上海成为中间人崛起的城市。许多人以翻译、经纪为业，这些能够调和异质的人，也是都市里的新人类与文化英雄。[1] 这些中介的活动在上海也往往成为新制度的基础。比如说，"商"与"学"在传统士、农、工、商的秩序里是不能混淆的，但是在上海，"商学"成为一门新兴显学。又比如，阴历与阳历原本标志两种生活秩序，而在上海，大家照阳历办公,依阴历庆祝生日,两种历法并用。[2]本书的第一、二章对这些现象会有进一步的阐释。

上海的工商业品类极多。本书把注意力集中在金融、出版以及百货业的发展上。这些行业的基本功能,在于促进资金、意向与货物的充分流通。这三个行业的组合,也就是都市功能的基本组合。这三个行业所共同支撑的阅读与消费活动塑造了新一代的都市人。总之,本书所尝试的是都市史,并且更是都市人的历史。是都市人与都市环境的相互建构,才造就了上海的繁华与破落、富足与贫困。

注　释

1　参见李欧梵（Leo Ou-fan Lee）：《上海摩登：一种新都市文化在中国（1930—1945）》(*Shanghai Modern*: *The Flowering of a New Urban Culture in China 1930 - 1945*)，马萨诸塞州剑桥：哈佛大学出版社（Cambridge, MA：Harvard University Press），1999；王德威（David Der-Wei Wang）：《世纪末的绚烂：清代小说中的现代性，1849—1911》(*Fin-de-siecle Splendor*: *Repressed Modernities of Qing Fiction, 1849 - 1911*)，斯坦福：斯坦福大学出版社（Stanford：Stanford University Press），1997；林培瑞（Perry Link）：《鸳鸯蝴蝶派：20世纪初中国城市的通俗小说》(*Mandarin Ducks and Butterflies*: *Popular Fiction in Early Twentieth Century Chinese Cities*)，伯克利：加州大学出版社（Berkeley：University of California Press），1981；布赖恩·马丁（Brian Martin）：《上海青帮：政治和有组织的犯罪，1919—1937》(*The Shanghai Green Gang*: *Politics and Organized Crime, 1919 - 1937*)，伯克利：加州大学出版社，1996。

2　参见顾德曼（Bryna Goodman）：《家乡、城市和国家：上海的地缘网络与认同，1853—1937》(*Native Place, City, and Nation*: *Regional Networks and Identities in Shanghai, 1853 - 1937*)，伯克利：加州大学出版社，1995；顾德曼：《民主运动：新中国城市协会的文化》("Democratic Calisthenics：The Culture of Urban Associations in the New Republic")，载戈德曼（Merle Goldman）、裴宜理（Elizabeth J. Perry）编：《现代中国公民意义的改变》(*Changing Meanings of Citizenship in Modern China*)，马萨诸塞州剑桥：哈佛大学出版社，2002，第70 - 109页。

第一章
走向唯物

"资本主义"成为理论,是近代的事。但近代以前是否有类似于"资本主义"的经济形态的出现?学者们对这个问题不断地探讨。相对明确的是,"经济主义"这个社会和文化领域中的物质转向思维是晚近才有的现象。利亚·格林菲尔德(Liah Greenfeld)指出,"经济主义"是一种心态与生活观,即以经济为一切的核心。在社会与政治思想中,经济主义源于这样的预设:持续不断的经济增长不仅是可能实现的现实,也是一个应该要实现的目标;经济发展是自然的状态,发展经济则是需要践行的美德。在日常生活的期待中,它体现在以下信念之中:现代之为现代,就在于舒适度和便捷性的不断提高。经济主义囊括了那些重构社会价值与政治利益的宏大变化;它是一种不亚于资本主义的强大力量,有着改变人心的能力;它使人们不再对周遭满怀虔敬;它让人们转向算计与交易的世俗理性。

欧洲和东亚的社会直到近代才转向"经济主义",以财富的生产重新调整了道德标准和理性规范。格林菲尔德认为,这一现代转型的动力往往源于近代民族主义的兴起。[1]

在中国,亚当·斯密(Adam Smith)的《国富论》(*The Wealth of Nations*)于1901年以《原富》为题翻译出版,这是一个十分重要的事件。早先,该书的译者严复曾翻译托马斯·赫胥黎(Thomas Huxley)的《天演论》(*Evolution and Ethics*),还写过一系列关于中国经济与国力的文章。[2] 斯密1776年出版的《国富论》纲举目张,勾勒了作为近代经济体的英国。而严复的翻译正是当时中国所迫切需要的。此时,中国刚刚经历了八国联军的侵略,清廷兵败受辱,被迫签订《辛丑条约》,向列强赔款4亿多两白银。[3] 严复的译文结合了直译与他自己的阐述。在他的近千条评论注释中,严复勾勒了《国富论》出版百年来欧洲的经济思想。严译一方面涵盖了从政府债务到社会财富的技术性主题，另一方面重塑了朝廷财政辩论的思维框架。19世纪晚期，这些政策讨论用的还是"经"与"权"、"人心仁义"与"技艺精巧"这样的传统词汇。[4]严复翻译的文本则提供了一系列范畴与词汇，使得以中文进行"经济学式的"思考成为可能。经过严复的演绎，道德的精进与物质的繁荣不再是截然对立的两端。物质世界之中，生产、发展的过程与肌理本身就蕴含着道德准则。道德与物质间的对立由此消解。

回看历史，中国20世纪的进程中，一条重要脉络就是经济主义的兴起，以及它对传统道德的挑战。我们知道，在中国的社会主义建设中，经济问题不仅定义了党的路线，主导了国家议题，而且成为确定个人社会身份的最重要因素。早在20世纪初，经济主义这一新兴的思考方式就已经开始推动资本主义企业的发展。这些发展进一步要求重新分配社会权力与地位。在这个过程中，经济主义的观念又合理化了这些新的诉求。[5]

总之，严复的翻译、注释并不是凭空产生的，其背后有着深刻的历史背景。在这一章，我们回到鸦片战争之后的数十年间，着重考察中国沿海出现的新式商人。这些商人很多是上海洋行的买办，一开始他们在不同文化间寻找自己的位置，到了19世纪末则成为官方褒扬的对象。

当然，这并不是说中国古代的商人阶层从未受到肯定，也不是说在五口通商以前，那些长途贩运茶叶、丝绸和大米的商人就不值一提。传统中国的商人除了在生产源头进行货物采购和批发交易之外，还从事运输、码头储运、货栈、租赁、租约、仓储、典当、货币汇兑、贷款[6]等多种形式的商品活动。帝制晚期的中国已经是世界上最发达的商品经济体之一，经商致富原本就会受到官方的肯定。尽管如此，明清的旧式商人和晚清以后的新型商人在商贸组织、经商策略方面依然有着明显的差异。

明清中国的儒商

儒家传统的观念把商人看作社会的末流。尽管如此，明代商人的社会地位从15世纪开始便有稳步的提升。当然，从事商贸的人们从来都希望改善自己的际遇；到了15世纪，情况有了质的变化。在长江下游盛产丝绸的江南，白银充裕，商品经济空前繁荣；在这一背景下，越来越多士绅阶层的子弟开始投身商业。换而言之，社会对商业的偏见开始渐渐淡化。当时论者很快便指出，只有经商致富的人家才有能力供子弟读书，继而得到在朝廷任职的机会。[7]随着商人子弟科举成功，帝国上下富人与士人进一步结合在一起；他们联姻，他们的利益交错在一起。这一发展提升了商人的社会地位，也打破了长期以来"士""商"之间的界限。

正是在这样的环境下，知识精英对追逐利益的行为有了新的理解。心学大家王阳明曾为一名富商撰写墓志铭。志主本来正是一位学者。墓志铭中，王阳明特别指出了商人合理的利益追求，实际上也体现了士人对世间正道的洞察。王阳明援引"古法"，提出"士农工商"这四个阶层的人"异业而同道"[8]。他的追随者更进一步指出"士商异术而同志"[9]。明亡之际，也有很多士大夫转而从商，这不只是为了维持生计，也是为了逃避出仕。到19世纪末，商人是否可以和其他社会阶层拥有相同的地位已经不再是问题。很多读书人"沉迷于蝇头小利并且十分吝啬"，作风像是商人，反而是一些商人作风像是士人，具有已经失传的"古风"[10]。在一些人看来，士人的风格已经沦丧。商人则不仅拥有财富，而且也是美德的表率。

一个成功的商人也是儒家道德的践行者。除了一般意义上的圣贤之道，商人还应该有经济生活中特有的美德。明清时期，安徽新都的商人跻身顶级富豪之列，他们因勤奋和节俭而获得声誉。[11]17世纪的学者顾炎武注意到，这些人甚至可以全程徒步前往北京。他们穿着长至小腿的袍子，光脚穿着草鞋，携带家里准备的干粮和一把雨伞以备不时之需。尽管家产过万，但他们就是不会放纵自己奢侈地骑马或者坐车。[12]无论是出于节俭还是出于自谦，这些商人都很清楚自身的地位，他们长途旅行的方式完全有别于那些气派的朝廷官员。无论有多少财富，一个有德行的商人在社会中都是非常低调的。

同时，与这种节俭相伴的，是对"有义之财"的尊重，或者是对财产权界限的认真坚持。很多地方的白话文学中都有这样的主题，讲述一个诚实的商人经历重重困难，坚持将一大笔金银物归原主；这样的故事即使失之俗套，依然广受欢迎。[13]这些行为的产生，并不是因为要慰藉不知情的失主，而是为了获得默默守护人间的鬼神的认可。[14]在这些故事中，美德和恶行通过类似资产与负债的方式获得平衡。善行通常会获得物质上的回报，因为上天总是会奖善惩恶。无论出于对鬼神的敬畏还是出于对正义的坚守，道德准则都贯穿于人们追求利益的实践与理念之中。[15]那些追逐"末业"与"末利"的人也有他们的原则和骄傲。

近来许多学者研究明清商人如何崛起。他们认为中国传统的道德体系足以支撑人们对财富的理性追求。此外，还有很多证据显示了一种"内在的现世禁欲主义"，对某种精神价值的深深敬重。然而，不同于日本德川时代的大阪米商，中国的商人尽管积累了巨额的财富，但无意构建起自己的价值观。扬州的盐商、广州的商行商人与台湾的茶叶出口商，他们都没有形成日本怀德堂那样的制度与思想。[16] 遵循自己的"商道"，明清商人制作了很多手册和指南，虽然详于实际应用，但少有价值原则，虽然不厌其烦地描述当地事务，但不讨论这之外的广阔世界。所谓模范商人，以士人的道德和荣誉观念来规范自己的行为。商人的德行，正体现在他表现得像一位士人。换而言之，这样的一位商人总是在向商人之外的群体学习，却没有反向的影响力。总之，虽然儒学也和基督新教一样，能与追求商业财富的观念一致[17]，但人们之所以接受商业财富，仅仅是因为人们觉得它符合尊士崇儒的观念。如果说经商行为赢得了人们的接受，那么其代价则是商业本身从人们的视线中消失。

上海的新商人

19世纪下半叶，中国沿海通商口岸出现了一种新的商业文化。为了沟通华洋，"买办"商人应运而生。他们是两种文化的中间人；他们以固定的薪水，担任买办、商业助理，或者从事内陆采购、船运交易，独立进行贸易。[18] 无论出身寒微还是来自商人家庭，广州、宁波、苏州或其他地方的买办们都在短时间内集聚了大量财富。早在1850年代，怡和洋行（Jardine Matheson and Co.）的上海买办杨芳就积累起了几百万两白银的财富。在1860年代到1870年代，旗昌洋行（Russell and Co.）的买办陈竹坪也是如此。郑观应是学者也是买办。在1873—1881年，他效力于太古集团（Butterfield and Swire），到了1880、1890年代，财力雄厚的他投资白银40万两，支持中国新型企业。类似的例子还有唐廷枢，他于1873—1881年在怡和洋行任买办，后来在开平煤矿投资白银30万两。徐润，1861—1868年在上海担任宝顺洋行（Dent）的买办，几年间总共向各类官办近代企业投资约127.5万两白银。值得一提的是，他在上海的花园别墅十分宽大奢华，以至于访客都有迷路的危险。整个别墅被成群的仆人打扫得一尘不染，桌面和地板像玻璃一样一尘不染。[19]有人曾做过大致统计，1842—1894 年，中国几万名买办的个人资产总和约有 5.3 亿两白银。[20]虽然，这些财富还比不上那些上千万的乡绅精英群体——后者的年收入大概有 6.45 亿两白银，主要来自土地和商业的收益[21]；但是买办开拓了一种新的财富来源，他们沟通中外，在华洋之间"榨取"利润。正是这种新的角色使少数人在短时间内获得了大量财富。

无论在生活中还是在商场上，买办商人与传统商人或地方乡绅都有很大的不同。有些时候他们"身穿蓝绸长袍，剃过的头上戴着黑色瓜皮帽"；另一些时候，他们则穿上西式大礼服，同样从容自如。他们建起了英式宅邸，并放满了威尼斯进口的家具；同时，他们的房间里也摆放着景德镇的瓷器，放眼望去，周围都是他们精心设计的苏式园林。他们中的大部分人说一种洋泾浜英语，句子的结构还是中文，却夹杂着各种来自印度英语、葡萄牙语的单词。他们礼佛，却取了基督徒的名字。他们庆祝中国农历的节日，却按西历排定工作和休闲时间。买办们加入基督教青年会（YMCA），甚至会以自己的名义举办赛马大会，1865 年春天在汉口就举办了"买办杯"。但同时，他们也会买道台的官衔，披上官袍。这样一来，在乡绅和官吏面前，他们就不再是平民百姓了。[22]不管是外表还是行为，买办商人都吸收了中西的不同元素，塑造出一种前所未有的、混合了异国与传统的特殊风格。

郑观应等买办商人早年接受的是传统儒家教育，另一些买办则没有这样的经历。无论买办商人接受的是怎样的教育，他们都服膺传统儒商的道德准则：信用、诚实、可靠、正直，等等。洋人同样认同这些价值，为洋人工作并没有改变买办们的商业道德。[23]和他们的前辈相比，买办商人并没有失去什么特质；他们的不同之处在于，他们必须学习新的知识：这包括外语能力和对中国以外的世界的了解。

如果要说新旧商人间最大的不同，那就是外语能力了。尤其英文水平，往往是买办商人能否成功完成任务的关键。[24]鸦片战争之后的十年里，上海很多家庭开始自费送孩子去上英文课[25]，让他们上外国传教士的有关课程。1865 年，英国圣公会（Church Missionary Society）在上海创立了英华书院，聘请香港圣保罗书院（St. Paul's College）前院长傅兰雅（John Fryer）担任英华书院院长。书院得到了许多人的大力支持，其中有外国商人，如怡和洋行在上海的合伙人威廉·凯瑟克（William Keswick），也有买办商人，如旗昌洋行的陈竹坪。英华书院非常认真地教学生英文，很多商人家庭看重这一点，就把子弟送到这里来；到了19世纪末，不少英华书院的毕业生已经成了非常成功的买办。[26]

英汉辞典和字典也开始出现了。唐廷枢（1832—1892）10岁就进入了香港的马礼逊教会学堂（Robert Morrison School），这是东亚最早的教会学校之一。1862年出版的《英语集全》（*The Chinese and English Instructor*）就是唐廷枢编写的。因为英语"讲得就像英国人"，唐廷枢年仅20岁就开始在港英殖民政府担任翻译；这之后又在上海海关担任秘书和高级翻译。离开海关后，唐廷枢加入怡和洋行，在汉口、上海、福州和香港之间代理洋行的生意。1863年，他出任怡和洋行在上海的总买办。在怡和洋行的不同部门，他要处理各种烦琐的事务；针对其中的常见问题，他编写了6卷本的《英语集全》。[27]这本书包括不同经贸领域的中英词汇——比如五金、通商税则、各色烟、丝货、茶价、斤两、尺寸、数目、官讼、人事、服饰、舟楫、用人、看银、管仓、马车。这本书还基于雇佣、出店、管仓、看银等场景，给出了常用的对话。这些"句语"对英汉两种语言大加简化；这里没有复杂的礼节、层层的深意，只有最直接的问题："有几多？"、"几时？"、"支银？"、"乜野价（即什么价）？"、"落得簿？"，等等。一些说法并不自然，另一些则咄咄逼人。除了用粤语书写中文对话，书中还基于汉字的粤语发音注明了英文的读音。换而言之，这本书是为一个特定的群体编写的，这个群体的人说广东话，和外国人做生意、打交道。[28]进入20世纪，这样的工具书就很多了。

新的中国商人开始注重"商学"（learning of commerce）及其实用价值。亚东商学社汇聚了一群20多岁的青年人，他们来自香港的各个商行，其中有会计、簿记员、仓库管理员、行政助理等。他们自己从事贸易，并开始将积累的经验整理成系统的知识。去外地出差，与不同的人谈话，读各种报纸，熟练掌握外语，这是他们工作的日常，也体现在他们写下的、出版的文字中。他们在1907年联合出版了一份报纸《商务考察报》，当时30多个华人商行支持他们的创举，其中包括十几家金山庄，这是专门和美国加州做贸易的公司。[29]这份报纸的宗旨是研究、探讨与商业有关的一切：金融、贸易、船运、保险、商业地理、市场环境、商业规则、关税、贸易合约，甚至本地历史和时事。其他的关注内容还包括：合伙人、协定、政府登记、偿债、代理、中介、矿业、制造业、铁路运营、殖民政府，还提到了东南亚的殖民开垦。[30]他们利用照片和图画彼此交流在东南亚沿海贸易中所使用的各种不同货币。在当时的商人看来，这份报纸描述的是海上贸易错综复杂的世界，这里有各种细节，小至货币、语言、饮食，大至法律规定和地方当局的权力。

这些新式商人，还有他们的新的融合中西的文化，是否赢得了当时人的接受甚至尊重呢？这很难说。可以确定的是，沿海贸易以及他们积累的财富备受关注。19世纪后半叶，尽管战争不断，各个通商口岸的贸易却持续发展。这些经济活动，渐渐和国家间的纵横捭阖一样，已经不再是商人间的私事。

商　战

在一些学者看来，晚清总督曾国藩最早使用了"商战"一词。当他思考19世纪末的世界形势时，他将之与公元前3世纪的战国时代相比较。[31]历史上，秦国的商鞅提出"耕战"策略，用农业的盈余来充实国库[32]，从而实现富国强兵的目标；他的政策最终使秦始皇拥有了一支强大的军队，并完成统一大业。根据曾国藩的分析，鸦片战争之后的数十年间，从欧洲引进中国的是一种新的战争模式：商场如战场；商业最终决定了国家间的强弱与成败。

19世纪中叶，一些学者就已经为英国的富强所震撼；他们开始思考工商业对国家兴亡的意义，以及国家可以怎样支持、推动工商业的发展。[33] 1878年御史李璠在奏折中这样分析：

> 泰西各国，谓商务之盛衰关乎国运，故君民同心，利之所在，全力赴之。……古之侵人国也，必费财而后辟土，彼之侵人国也，既辟土而又生财……故大学士曾国藩谓："商鞅以耕战，泰西以商战。"诚为确论！[34]

最终，这些学者主张国家的利益和商人的利益是一致的，或更确切地说，在沿海的对外贸易中，国家和商人应该并肩作战。[35]国家要强大，就要保护那些新式商人，并协助他们与外国商人竞争。但在实际操作中，"保商"有着更深刻的含义；它早已超越官僚与商人间的合作，而关乎国家在促进近代经济发展中所应扮演的角色。在晚清政治中，国家与商人间的关系变得更加紧密，也更加复杂。

值得注意的是，李璠上奏折的1878年，正是国家资助商业的重要发展时期。李璠指出：在太平天国运动后不久号召的"自强运动"中，各省官员都发起了一些计划，建造兵工厂和船坞，希望能使中国军事朝工业现代化发展。但是，朝廷的保守派对此质疑不断，他们认为国家的力量源于道德人心而非奇技淫巧。[36]

保守的官员抨击福州船政局，认为它耗费空前，徒劳无益，坚持要将其彻底关闭。[37]1872年，直隶（现在的河北和河南）总督李鸿章上奏回应，提出了著名的发展军事工业的主张；其中，李鸿章建议：船厂应扩大规模，建造商船，这些商船就可以从事商贸，为国效力——轮船招商局应运而生。在筹备轮船招商局的过程中，总督李鸿章提出"官督商办"的口号，汽轮公司由总督委派的官员直接管辖，再由通商口岸的商人经营。此外，为了吸引商人资本且保证公司获利，李鸿章进一步提出该公司享有将南方贡米运往天津的特权。[38]在这一方案中，李鸿章还认为，这样一来，中国船只就可以在物流、客运等领域和外国船只竞争，以便从外国公司手里"挽回"属于中国的"利权"。"俾外洋损一分之利，即中国益一分之利。"[39]换而言之，朝廷已经意识到，华洋间的较量不仅在战场上，同时也体现在财富获取的竞争中。自强运动中，中国官方开始尝试资助商业企业。正是在这样的背景下，官、商合作，发展新的工商业。

李鸿章的奏折促成了轮船招商局的成立，也奠定了"官督商办"模式的样板；很快，采矿、电报、铁路、机器纺织、棉纺和银行等领域相继以这一模式发展起来。[40]李鸿章和其他地方官员强调，凡此种种措施，都是为了国家的利益，朝廷也做出了一定的让步，对相关企业减免了有关税额。甚至，朝廷还将国库的部分资金借给这些企业，希望由此获得利润；这样一来，政府就可以用这些资金来置办军队需要的补给、武器。

在自强运动的大背景下，官员们主张朝廷资助工商业的发展，即"保商"。这样一来，经商盈利就不仅是商人们的目标，也是国家的根本大计。晚清的企业就像是封疆大吏的羽翼，长远来看，它们对朝廷的权力有着潜在的威胁。沿海省份的地方大员——李鸿章、张之洞和后来的袁世凯——最早认识到了西式工商业的重要性。[41]他们知道，通商口岸的买办们已经积累了大量财富；这些资本可以汇入官督商办的企业，进一步推动工商业的发展。[42]对于这些官员来说，"商"这个概念已经有了新的含义。它不仅是维持一个企业，而且还包含了企业成长和发展的战略目标。

随着越来越多的帝国官员开始资助大型近代企业，官僚与新式商人间的互动模式也有了新的变化。虽然能以真才实学考中功名的买办商人可谓凤毛麟角，但商界精英可以通过捐纳获得出身，甚至还可以花钱购买自己想要的官衔。唐廷枢、徐润、郑观应，还有轮船招商局中的主要商业经理人都是来自广东的平民，通过外国公司担任中国买办而发家致富。这些人全都买了官职，官拜"道台"。[43]在"官督商办"的框架下，这些人不仅以个人财富投资私人企业，更基于西式公司的管理经验为朝廷出力。最终，因为他们效力于官方扶持的企业，他们也在官本位的文化与社会中为自己赢得了相当的地位。

官督商办的企业还催生了一批新的官员；他们管理新的企业，并因为产业的发展而掌握了相当的权力。盛宣怀（1844—1916）只是秀才出身，1870年初入仕途担任专员，在李鸿章幕下，负责督察淮军的物资供应。1870年代起，精明能干的盛宣怀作为朝廷官员，实际管理轮船招商局。轮船招商局很快取得巨大成功，盛宣怀也领导了一系列官督商办的企业，涵盖电报、铁路、煤矿等不同领域。盛宣怀驾驭着这些企业，因此成了李鸿章系统的重要支柱。反过来，也恰恰是因为其强大的政治后台，他才能长期管理这些企业——换而言之，这些企业实际盈利与否，并不会对他的地位有根本性影响。要之，在19世纪末，盛宣怀成为中国官僚资本家中的翘楚，这不是因为他作为资本家的敏锐，而是倚靠其官场的人脉。[44]

在近代官办企业中，商人和官员联手成了经理人与投资者；虽然他们走得很近，但这并不意味着他们之间没有分歧或矛盾。在轮船招商局，盛宣怀的主要对手是大富豪徐润。徐润是个把子孙送到牛津大学以及美国的大学读书的人；他有很多支持者，大都是生于广东的买办之家，其中不少人还在香港学过英语。盛宣怀与他有很大不同。盛的父亲举人出身，致仕之后就致力于为儒家士大夫编写一本治国纲要。来自中国北方的股东大都站在盛宣怀这边。[45]盛、徐两人争斗多年，都想把对方赶出轮船招商局，直到盛宣怀的后台李鸿章去世，这一争斗才停息。

买办商人和儒家官僚，本来就有很多差异。在官督商办的企业中，最突出的现象不是商人股东和官派管理者间有利益冲突，而是新财富和旧权威竟然以一定的方式融合在一起。这些企业是真正意义上的官商混合的产物，顶着官衔的商人与朝廷上下的官员打交道。官衔本身就是一种权威，官衔更是执行公司业务的根本。商人可以和官员平起平坐了，或至少差不多如此，这样一来很多生意才能做起来；毕竟，商人需要与官员打交道，无论是贡米生意、海关税收、内地税收，还是承运官方物资或人员，相对平等的关系让这些方便了许多。[46]在官督商办的过程中，商人同时开始变得"更像官僚"——关注地位，注重礼节。于是，官僚体系下的礼仪规范与日常潜规则就这样模铸了一种半官方的新兴的工商业文化。

商人对官场的影响也同样明显。在其政治生涯中，盛宣怀积累起了大量个人财富，其中包括几十家当铺和上海的多处房产，总价值为2亿~4亿两白银。他住在公共租界的静安寺路，在那里他以空前的排场，招待数以百计的客人。他的对头徐润住在同一条街。

盛宣怀与徐润两人来自不同的地方，有着全然不同的背景，也走上了不同的职业道路。然而，轮船招商局成立不过30年后，他们的生涯有了如下交集：为官的把自己说成一个民间的商人，而买办者商人却是一位候补的官员。在官督商办的结构下，华洋间的买办在官僚体制中找到了自己的位置。同时，朝廷也在出台新的政策，不仅要吸收买办的财力，也要利用他们对中国以外的世界的理解。

商业官僚

1895年《马关条约》签订后，外国企业获得了在通商口岸开设工厂的权利。中外商战从成品销售延伸到了工业投资。清廷感受到了列强对华经济剥削的不断加剧，于是政策再度转向，从原先的政策支持，到直接推动民间私有企业的发展。此时，国家不仅支持官员和士绅投资工商业，同时还鼓励官场之外的商人投资工业。

商人们纷纷响应。1895—1911年，数以千计的自营"商办"遍布中国各地。其中大多数企业，初始资本不超过5万两白银；它们或者从事食品加工业，生产面粉、油、蛋粉、茶叶、糖、盐、酒、罐头食品等；或者生产家庭日用品及其他消费品，如肥皂、化妆品、电灯泡、瓷器、橡胶、瓷砖、水泥、玻璃、火柴、纸张、蜡烛、染料、化学制品等。[47]不少人有官方背景，同时也投资实业,其中包括盛宣怀、张謇(1853—1926)和周学熙(1866—1947)。[48]随着私人企业的崛起,官员在企业经营中的角色越来越小了。[49]在政府的鼓励下,越来越多的个人转向新式的商办企业。在这一背景下,"保商"一词也有了新的含义。它不仅意味着政府直接督办企业,也意味着政府要为商业发展创造条件。只有振兴工、商,才能为全民族谋福利。在这一大背景下,人们开始重新衡量商人对于社会的意义。

一方面,商人抱怨国内的许多政策限制了他们的发展,难以发挥企业的开创性。另一方面,与此同时,有司法纠纷的时候,他们希望朝廷能真正介入,保障他们的利益。为了让"保"真正惠及"商"这个群体,国家必须改革法律、整顿制度,还需要在涉外的纠纷中有效代表本国商人的利益。[50]

此时,梁启超、孙中山等或致力于变法,或推动革命,他们改变了整个政治氛围。受过教育的新一代商人,基于他们对世界的认识,提出了自己的主张。他们认为,中国积贫积弱、屡战屡败,根本上是因为中国人并不了解现代"文明",尤其是西方"自治"社会。要获得商业上的成功,中国人就要有相应的专门知识。在他们看来,必须建立"商学"这门新的学科,帮助中国人改变经商的方式。[51]

1890 年代中期,郑观应以其对商战的认识,得到了知识界的广泛关注。他曾是买办,也是候补官员。但在第一次中日战争失败后,他是举国知名的思想家,他的《盛世危言》不断再版加印。郑观应肯定了"商战"概念,但抨击商业领域处处可见官僚:"初与中国开战,亦为通商所致。彼既以商来,我亦当以商往。若习故安常,四民之业,无一足与西人颉颃。或用之未能尽其长,不论有无历练,能否胜任,总其事者皆须世家、科甲出身,而与人争胜,戛戛乎其难矣!"[52]

换而言之,在郑观应看来,国家显然要保护、支持自己的商人,这已经不需要讨论;问题的关键在于,那些旧式官僚是否有能力肩负起自己的职责。对于许多通商口岸的知识分子和买办商人来说,他们需要强调自己与传统儒家官僚间的差异,而不是以某种方式抹平新旧官商间的不同。正因为与旧式官僚不同,商人们主张,只有自己才能更好地驾驭中国的产业,为民族与国家求福祉。

到 1890 年代末期,人们已经普遍认识到,新式的商业需要新式的知识、新式的训练,因此,就必须建立"商务学堂"来培养这样的人才。作为新的知识的一部分，人们希望获得最新的市场讯息，并了解不同地方的实际情况；为了掌握这些情报，人们提出成立商会并开办商报。换句话说，新式商人之所以能成功崛起，正因为他们有新的知识、受过新的训练、掌握了新的讯息，并建立了新的制度。[53]

传统的儒家教育显然已不足以培养新式商人。大清的官员却依然是旧学出身。为了适应发展商业的需要，官僚机构必须有所调整。郑观应等最早提出设立商务部，这并不会令我们感到意外。到了19世纪末期，商人们的诉求与主张终于收到了成效。当时首屈一指的官僚企业家盛宣怀，于1899年上书吁请设立"商务衙门"，委派"商约大臣"：

> 考之各国，皆有商务衙门，与户部相为表里。而与外部分清界限，故于有约之国向本国议涉商务，外部莫不诿诸商务衙门，……至于各处出产货物，应如何整顿运销，皆得与各处商会联通消息。凡中外商人，皆可随时函禀，亦可便服接见，下情莫不上达。[54]

盛宣怀继而指出，如果没有新的衙门，旧的官僚机构就会继续阻碍中国商业的发展。具体而言，总理衙门成立于1860年代，虽然一直在交涉商务条约，但面对列强的要求时，却缺少维护中国商人利益的决心与能力。在盛宣怀看来，与其用官僚支配，不如允许并鼓励商人自行组织起来，这样才能推动中国商业的发展。因此，所有市镇都应该有商会，好让商人一起研究与商业有关的种种情况。总体上，盛宣怀认为，商人应取代官员来为中国商业的发展保驾护航；基于这一认识，他认为官商的合作模式也应有系统的调整与改革。[55]

在新的观念的推动下，在义和团运动后维新的氛围中，主张改革的官员与相关的商人团体共同促成了世纪之交的制度改革。1899年，朝廷新设商约大臣，由盛宣怀担任。盛宣怀不仅负责国际协商、订约改约，也主管所有涉及外资的半官方企业——领域涵盖煤矿、铁路、电报局、轮船和银行等。1903年，朝廷又设立了商部。这一机构原本隶属于农工商部，现在独立出来，负责协调商业事务，推动知识与资讯的传播。同年，清廷成立了修订法律馆，包括伍廷芳在内的三人领衔，出任修订法律大臣。早先，伍廷芳是香港的买办，也担任过驻美国公使。他们制定了一系列新的法律条文，其中就包括《商法》。新法鼓励甚至要求各地中国商人成立商会，无论在国内还是在海外。这些商会采用选举制；它们不仅帮助落实朝廷的新法，同时也将各种地方资讯上奏朝廷。与此同时，新成立的商部也致力于在各个行政与商业中心创设商校和推广商学。它不仅搜集各地贸易信息，也发行《商务官报》，并监管各地商会。最后，商部还鼓励地方社团组织商学会。在20世纪最初的十年，新式商人不仅成功获得了相当的社会威望，还在帝国立宪的转型中取得了重要位置。

1903年，朝廷发布了两项关于商业的法律——《商人则例》和《公司法》。[56]在《商人则例》中，国家重点罗列了20多个商业领域，包括：购买、出售、出租、租赁、制造、加工、公共设施（电、瓦斯、水）、出版、印刷、银行、汇兑、借贷、信用提升或其他信用服务、公共集会场所的经营、仓储、保险、邮递或邮递相关服务、经纪服务、中介服务或代理服务。

新法并没有涵盖所有的经营活动，所有旧式的街头小贩，传统的"手工业"，不使用机械、不需要固定场所的经营行为，都被剔除在外。一个法定商人要获得政府的承认，需要依照规定，到当地政府部门登记。为了获得登记资格，商人需要按照新的法律规定，规范自己的商标使用。至于法律没有涵盖的领域，商人也需要按照商学课本上讲的办法记账，并进行会计与收支结算。

一方面，清廷制定法律、成立机构，仿佛正在响应商人的诉求，肩负起自己的责任；另一方面，一些官员也开始将批评的矛头指向商人群体。在一些修订法律的大臣的眼中，中国商业之所以落后，并不是因为国家一直以来对商人有偏见，而是因为从商人群大都缺少知识文化。无知限制了商人对财富的追求，因为传统上，中国并没有针对商人的专门学校，教他们如何经商。这样一来，中国商人只能通过非正式渠道学习经营，子承父业或者师徒相承，所以商人们各自为政，国家也难以系统地支持商业。要之，这些政府官员相信，商人们首先要改变自己的经营方式，然后才能从国家获得更多的帮助。

1900年代，清廷下令各省筹办商会。商会的一个主要职能，就是向所属商户推广新的记账方式，从每天的流水，到每月的资产、负债表，再到年度总资产、负债表。商人们有了统一的财务标准，商会就能有效地掌握在籍商户的情况。同时，通过成为商会的成员，商人们不仅可以展开经营，同时自身的权益在必要的时候可以得到法律的保障。

对于国家来讲，商学的训练可以帮助商人们掌握新标准的记账、备案方式；这对于进一步推行《商法》有着重要意义。政府大力推崇商学的观念，因此商部在官方公报上列出了美国和德国顶尖商科大学的名字；公报还以加州大学商学院的本科课程为例，规划商学课程。大学课程的背后，则是一系列新的专门知识，包括会计学、银行学以及商业经纪学。[57]既有官方支持，又有外国榜样，商学确立了自己的地位，从商也成了一份体面的职业。值得注意的是，民国成立以后，1913年，1928年，北洋、民国政府两度重申了清代《商法》的有效性。此后的半个世纪中，尽管政权不断更迭，国家和商人的关系却在这一话语框架下不断演进。

无论是官僚资本家、商人官僚，还是具有官员身份的商人，这些新的角色本身就是不同身份、不同行业的融合；这种融合体现出一种新的国家与商人间的关系。商业确立了自己的地位，这是国家大计；商人赢得了尊重，无论作为生意人还是作为朝廷命官。国家与商人，两者共同推动着中国的现代化。在这一背景下，工商业成为国家与民族的重中之重。各省商会一成立，第一要务就是提倡制造"国货"，并不时抵制洋货。[58]商会仔细收集海关进出口的报表，将其视为国家经济健康程度的指标，并以此制定自己的商业蓝图。到了1910年代，人们通过商业与经济，重新思考中国的国家与社会；换而言之，"经济主义"这种新的思维方式正在中国生根发芽。

市场的声音

1908年的小说《市声》，是关于新式商人及其社会地位的最早的文学描述。小说中的李伯正是一个非常有钱的企业家。他本是盐商。当法国里昂纺织业从中国收购蚕丝原料的时候，他转入丝织业。李伯正故意用比外国人高的价格买蚕茧，他解释说："我不害怕赔钱，我会把钱赔给中国人，但不让这些外国人从我们这儿赚到钱。"[59]作者姬文对李伯正极尽赞美，说他的行为"不像一个商人，而像是一位践行了儒家德行的慈善家"[60]。在这个文学世界，姬文呈现了商人的"价值体系"是如何运作的。在这里，是商人而不是士大夫承载了儒家美德，肩负起了传统士人天下国家的责任。[61]

将士人美德嫁接到商人身上，这是明清文学中的固有主题，然而到了20世纪初期，这一母题又有了新的变化。不同于之前的白话小说，商人李伯正不是因为敬畏鬼神才放下个人的利益；相反，他这样做是为了在华洋竞争的丝绸市场保护中国的利益。他主张民族大义，并为了同胞的利益，他愿意牺牲个人私利。虽然有人笑李伯正是个自负的傻瓜，但他坚持认为自己不同于追利逐名的泛泛之辈——他们整天抓着算盘，迷失在得失的数字之间。[62]

范慕蠡是小说的另一位主角，他是一位儒商。尽管他和很多传统商人一样推崇公元前2世纪的商人范蠡，但他的所作所为却不拘一格。就20世纪初期的许多变革而言，范慕蠡是真正的先行者。他组织乡村的工匠成立合作社；他赞助了乡民自己发明、制作的水稻收割机；他成立了一所学校，把普通农民培养成发明家。他开设展览厅以展出这些新产品，也购买大片土地修建学校与服务中心。他相信机械、数学、科学和会计会改变生活的方方面面。不过更重要的是，他相信中国人与生俱来的智慧；尤其，他相信那些动手劳动的人，那些在土地上劳作的人。最终范慕蠡击败了外国竞争者，在商战中拔得头筹；而他的决胜方案正来自传统的农民和手工艺人，也即劳苦大众与生俱来的智慧与能力。范慕蠡开办了一所学校，聘请了留学日本的教师，开设的课程包括识字、外语、数学、技术。他鼓励年轻的农民接受教育，并把自己的发明转化为工业产品和商业企划。[63]范慕蠡只对新式知识感兴趣。和他形成鲜明对比的是19世纪的商人潘明铎，后者"非关道学之书不阅"[64]。潘明铎的个人道德最终为他自己带来了物质回报，但范慕蠡却认为应该通过公共行为为社会积累财富。[65]和他的友人李伯正一样，范也认为自己是为广大的"中国人"服务。与自己的同胞分享新的知识，这正是新一代商人的使命。这并不是说勤奋、诚实已经变得不重要了。新式商人继承了这些美德，但他们又和旧式商人有着本质的不同，也从根本上鄙视故步自封的旧官僚。一言以蔽之，新式商人了解中国之外的广阔世界，了解那里不同的制度与处世方式。

到了20世纪初期，新一代的商人开始主张新的公民身份。他们充满自信，跃跃欲试。在他们看来，传统的新都商人，他们节俭、勤劳、诚实、谦逊，凡此种种特质或许值得晚明以来儒学家的赞许，但却不足以成为上海商场上的典范。新时代的英雄是这样的，像范慕蠡那样：他一边抽着哈瓦那雪茄，一边坐着马车在城市中穿梭；夹烟的手指间，钻石闪闪发亮；雪茄的滤嘴上，半透明的翡翠环绕其间。他穿绸缎、夹克还有大衣——这正装以狐皮为主，貂皮为辅，纹路有致，绣以金丝。[66]也像李伯正一样，他在富丽堂皇的公馆中招待客人，接受人们的赞许与恭维——人们交口称道的是他巨额的财富，也是他要成为世界级富豪与财阀的欲望。[67]在上海，因为新的商人的财富与用度，一种新的生活方式形成了。在这个新的世界里，穿着布衫、草鞋在雨中长途跋涉的旧商人形象成了落后的象征。新都商人的勤劳、节俭与低调落伍了。

注　释

1　参见利亚·格林菲尔德：《资本主义精神》(*The Spirit of Capitalism*)，马萨诸塞州剑桥：哈佛大学出版社，2002。

2　参见史华慈（Benjamin Schwartz）：《寻求富强：严复与西方》(*In Search of Wealth and Power*: *Yen Fu and the West*)，马萨诸塞州剑桥：哈佛大学出版社，1964。

3　1830年代到1900年代，清廷由于战争、改革、赔款和财政管理不力，政府财政逐渐下滑，关于这一点参见周育民：《晚清财政与社会变迁》，上海：上海人民出版社，2000。也可参见曾小萍（Madeleine Zelin）：《州县官的银两：18世纪中国的合理化财政改革》(*The Magistrate's Tael*: *Rationalizing Fiscal Reform in Eighteenth-Century China*)，伯克利：加州大学出版社，1984。

4　参见芮玛丽（Mary C. Wright）：《同治中兴：中国保守主义的最后抵抗，1862—1874》(*The Last Stand of Chinese Conservatism*: *The T'ung-Chih Restoration, 1862 - 1874*)，斯坦福：斯坦福大学出版社，1962。

5　参见艾玛·罗斯柴尔德（Emma Rothschild）：《经济学的情感：亚当·斯密、孔多塞与启蒙运动》(*Economic Sentiments*: *Adam Smith, Condorcet, and the Enlightenment*)，马萨诸塞州剑桥：哈佛大学出版社，2001。

6　有许多关于晚清商业组织和长途商品贸易的文学作品。这一章的议题，可以参见郝延平（Hao Yen-ping）：《19世纪中国的商业革命》(*The Commercial Revolution in Nineteenth-Century China*)，伯克利：加州大学出版社，1985；罗友枝（Evelyn Rawski）：《中国南方之农业变迁与农民经济》(*Agricultural Change and the Peasant Economy of South China*)，马萨诸塞州剑桥：哈佛大学出版社，1972；曾小萍、欧中坦（Jonathan K. Ocko）、罗伯特·加德拉（Robert Gardella）：《近代中国早期的契约和产权》(*Contract and Property in Early Modern China*)，斯坦福：斯坦福大学出版社，2004；柯爱莲（Andrea Lee McElderry）：《上海旧式银行，1800—1935：变革社会中的传统组织》(*Shanghai Old-style Banks, 1800 - 1935*: *A Traditional Institution in a Changing Society*)，安娜堡：密歇根大学中国研究中心（Ann Arbor: Center for Chinese Studies, University of Michigan），1976；罗伯特·加德拉：《丰收之山：1757—1937年的福建和中国茶叶贸易》(*Harvesting Mountains*: *Fujian and the Chinese Tea Trade, 1757 - 1937*)，伯克利：加州大学出版社，1994；李明珠（Lillian M. Li）：《中国近代蚕丝业及外销，1842—1937》(*China's Silk Trade*: *Traditional Industry in the Modern World, 1842 - 1937*)，马萨诸塞州剑桥：哈佛大学东亚研究委员会（Council on East Asian Studies, Harvard University），1981。

7　参见余英时：《中国近世宗教伦理与商人精神》，台北：联经出版事业公司，1987，第 97-99 页。

8　转引上书，第 104 页。

9　转引上书，第 108 页。

10　转引上书，第 97 页。

11　参见叶显恩：《明清徽州农村社会与佃仆制》，合肥：安徽人民出版社，1983；郭启涛（Guo Qitao）：《伏魔与金钱：中华帝国晚期五猖神的象征世界》(*Exorcism and Money: The Symbolic World of the Five-Fury Spirits in Late Imperial China*)，伯克利：加州大学伯克利分校东亚研究所（Institute of East Asian Studies, University of California at Berkeley），2003。

12　参见余英时：《中国近世宗教伦理与商人精神》，第 139 页。

13　参见何谷理（Robert Hegel）：《17 世纪中国小说》(*The Novel in Seventeenth Century China*)，纽约：哥伦比亚大学出版社（New York: Columbia University Press），1981；伊维德（Wilt Idema）、汉乐逸（Lloyd Haft）：《中国文学简介》(*A Guide to Chinese Literature*)，安娜堡：密歇根大学中国研究中心，1997，第 205-207 页。

14　参见余英时：《中国近世宗教伦理与商人精神》，第 143 页；伊维德、汉乐逸：《中国文学简介》；柏松年（Po Sung-nien）、姜士彬（David Johnson）：《驯养神灵与吉祥象征：图说乡村中国日常生活》(*Domesticated Deities and Auspicious Emblems: The Iconography of Everyday Life in Village China*)，伯克利：加州大学中国流行文化项目（Chinese Popular Culture Project, University of California），1992。

15　参见包筠雅（Cynthia J. Brokaw）：《功过格：明清社会的社会变化和道德秩序》(*The Ledgers of Merit and Demerit: Social Change and Moral Order in Late Imperial China*)，新泽西州普林斯顿：普林斯顿大学出版社（Princeton, NJ: Princeton University Press），1991。

16　参见奈地田哲夫（Tetsuo Najita）：《怀德堂：18 世纪日本德川诸相》(*Visions of Virtue in Tokugawa Japan: The Kaitokudo Merchant Academy of Osaka*)，芝加哥：芝加哥大学出版社（Chicago: University of Chicago Press），1987。

17　参见罗伯特·贝拉（Robert Bellah）：《德川宗教：前工业时期日本的价值》(*Tokugawa Religion: The Values of Pre-Industrial Japan*)，伊利诺州格伦科：自由出版社（Glencoe, IL: Free Press），1957；彼得·柏格（Peter Berger）：《探索一种东亚的发展模式》(*In Search of an East Asian Development Model*)，新泽西州不伦瑞克：事务书局（New Brunswick, NJ: Transaction Books），1988。

18　参见郝延平：《19 世纪的中国买办：中西间的桥梁》(*The Comprador in*

Nineteenth Century China：Bridge between East and West），马萨诸塞州剑桥：哈佛大学东亚研究委员会，1970，第 44 - 48、208 页。

19　参见上书，第 99 - 101 页。

20　1854 年上海有 120 个外国商所，每个商所都有 1 个本地的买办。上海还有几乎同样数量的其他通商口岸组成的外国商所，这样中国买办的总数达到了 250 人。1870 年中国有 550 个外国商所，包括上海 203 个、香港 202 个。这些商所中，大约有 350 个买办。怡和的案例，马西森公司说明，至少有同等数量的买办活跃在商贸中。因此，1870 年，中国大约有 700 个买办商人，每一个买办商人可能积累了 10 万两白银。1899 年外国公司的数量达到 933。除了上海，许多公司在通商口岸都有分公司办事处，每个办事处都有 1 个买办。到 19 世纪末，买办的数量估计超过了 1 万，还有另外 1 万个前买办仍然活跃在这一领域。参见郝延平：《19 世纪的中国买办：中西间的桥梁》，第 102 页。

21　参见郝延平：《19 世纪的中国买办：中西间的桥梁》，第 213 页。

22　参见上书，第 180 - 186 页。

23　郝延平的研究发现了奥古斯丁·赫德（Augustine Heard, Jr.）与他的买办在 1856 年 12 月 10 日的对话（此时正在第二次鸦片战争期间），当时有谣言在香港流传，即广州当局贿赂面包店，想毒死外国人："买办，事情怎么样？……谁是厨师？""他是一个好人，和我有联系。""他是一个诚实的人，不可能被收买。我肯定。""现在，买办，你知道这是一个严重的问题。你是这里的负责人。你知道如果出了任何问题，我们不会追究厨师，而是要追究你的责任，你是第一个……我保证，一旦出现一例症状，我们就要打爆你的头。""好的，"他回答说，"我明白。"事情清楚了。(郝延平：《19 世纪的中国买办：中西间的桥梁》，第 171 - 172 页)

24　参见郝延平：《19 世纪的中国买办：中西间的桥梁》，第 1 - 2 页。

25　参见葛元煦：《沪游杂记》，上海：上海古籍出版社，1989，第 14 页。

26　参见郝延平：《19 世纪的中国买办：中西间的桥梁》，第 197 - 198 页；王韬：《格致书院》，上海：弢园，1886—1893；王韬：《瀛壖杂志》，上海：上海古籍出版社，1989，第 44 页。中国人怎样学习英语超出了本章的讨论范围。早期学英语的中国学生不仅包括商人和教会学校学生，也包括外交官。郭嵩焘是 1860 年代驻英公使和驻法公使，利用坐轿子在各地来回穿梭的时间，通过记住辞典和语法书自学英语（和法语）。他花了两年时间掌握了基本词汇，参见《郭嵩焘日记》，4 卷本，长沙：湖南人民出版社，1980—1983。《英汉辞典》第一次是用闽南话编成，而不是北京话。这是因为在马来西亚和东南亚其他地方的海外福建人主要使用这种辞典。

27　参见郝延平：《19 世纪的中国买办：中西间的桥梁》，第 196 页。

28　参见刘广京：《唐廷枢之买办时代》，载刘广京编：《经世思想与新兴企业》，台北：联经出版事业公司，1990，第391页。

29　关于台山县的印刷业和教育活动与美国的联系，参见徐元音（Madeline Y. Hsu）：《移民和本地：乔侃和广东台山县的想象共同体，1893—1993》（"Migration and Native Place: Qiaokan and the Imagined Community of Taishan County, Guangdong, 1893-1993"），《亚洲研究杂志》（*Journal of Asian Studies*）第59卷第2期（2000年5月），第312-317页。其他赞助商包括沿海贸易企业和公司，其贸易远达天津和东南亚。其他的支持者包括饭店、咸鱼铺、中药店和干货店。许多杂志的赞助商是在香港的广东人，宁波商人通过商会、轮船公司和铁路公司，也继续支持杂志。宁波的参与者代表了杂志的需求，不受限于少数同类的地方居民。参见《商务考察报》第1-3期（1907年10月），第34页。

30　这群朋友计划全部写出他们的访谈和目前关于各种主题的翻译文章。但是，印刷业原来远比年轻商人所想的更具挑战性。所列出的三个问题中的第一个问题，主要是由汇丰银行会计黄静青和以前作为买办工作于广州外国银行的陈祚听提出来的。这两人具体描述了各种外国的钱币和币种，尤其是西方国家铸造的金币和银币。真实尺寸大小的照片和特写，清楚显示了货币上的铭刻和设计，并附带说明。这些文章诉求实用，换句话说，在用这些货币进行交易时，可作为图解手册或者参考图册。参见《商务考察报》第1-3期（1907年10月），第23页。

31　曾国藩在1862年给湖南巡抚毛鸿宾写了一封信，信中他引用了"商战"这个词汇，并将其作为战国时期"耕战"的当代版。参见王尔敏：《商战观念与重商思想》，载王尔敏：《中国近代思想史论》，台北：台湾商务印书馆，1995，第240页。

32　这个词汇来源于商鞅（公孙鞅），参见典籍《商君书》，完成于公元前3世纪的文章。它作为"农战"这个词汇来使用："国之所以兴者，农战也。"（《商君书·农战》）

33　例如，参见薛福成关于《商政》的文章，写于1865年。薛福成是曾国藩幕府的成员之一。参见王尔敏：《商战观念与重商思想》，载王尔敏：《中国近代思想史论》，第240页。

34　王尔敏：《商战观念与重商思想》，载王尔敏：《中国近代思想史论》，第238-240页。

35　"商"通常翻译自"merchant"，在晚清的文献中使用范围很宽泛。这个词包括那些从事任何商业、金融或者企业的人。也就是说，"商"包括进口商和出口商、批发商和零售商、银行家、经纪人、制造商、企业家、传统的钱庄和新式的银行管理人员。可能只有那些与外国贸易商、金融从业者和机构打交道的"买办阶层"或者通商口岸商人需要新知识和特殊的爱国热忱。参见费维恺（Albert Feuerwerker）：《中国早期的工业化：盛宣怀（1844—1916）和官督商办企业》[*China's Early Industrialization: Sheng Hsuan-huai (1844-1916) and Mandarin Enterprise*]，马萨诸塞州剑桥：哈佛大学出版社，1958，第17页。

36　参见芮玛丽：《同治中兴：中国保守主义的最后抵抗，1862—1874》。

37　军机大臣宋晋授权纪念攻击福州船政局。参见费维恺：《中国早期的工业化：盛宣怀（1844—1916）和官督商办企业》，第97页。

38　参见费维恺：《中国早期的工业化：盛宣怀（1844—1916）和官督商办企业》，第12、97-98页；刘广京：《英美在中国的轮船竞争，1862—1874》（*Anglo-American Steamship Rivalry in China, 1862-1874*），马萨诸塞州剑桥：哈佛大学出版社，1962。

39　杜恂诚：《民族资本主义与旧中国政府（1840—1937）》，上海：上海社会科学院出版社，1991，第40页。经典研究是刘广京的《英美在中国的轮船竞争，1862—1874》。刘广京的最新贡献是大量参考收藏于上海市图书馆的盛宣怀私人文件。

40　这个阶段的主要项目包括开平煤矿（1877）、上海棉纺厂（后来的华盛棉纺厂，1787）、中国电报总局（1881）、黑龙江漠河金矿（1887）、汉阳铁厂（1890）、大冶铁厂（1890）、中国通商银行（1897）和萍乡煤矿（1898）。这些项目的投资包括，汉阳铁厂的投资超过690万两白银，轮船公司的投资为84万两白银，甘肃木材厂的投资为28万两白银。参见费维恺：《中国早期的工业化：盛宣怀（1844—1916）和官督商办企业》，第9页；杜恂诚：《民族资本主义与旧中国政府（1840—1937）》。可也参见郭廷翼（Kuo Ting-yee）：《自强：追求西方技术》（"Self-Strengthening: The Pursuit of Western Technology"），载杜希德（Denis Twichett）、费正清（John K. Fairbank）编：《剑桥中国史》（*The Cambridge History of China*）第10卷，纽约：剑桥大学出版社（Cambridge University Press），1978，第491-542页。

41　参见费维恺：《中国早期的工业化：盛宣怀（1844—1916）和官督商办企业》，第12-16页。

42　参见上书，第16-21页。

43　参见刘广京：《唐廷枢之买办时代》，载刘广京编：《经世思想与新兴企业》，第327-400页；费维恺：《中国早期的工业化：盛宣怀（1844—1916）和官督商办企业》，第110-118页。

44　关于盛宣怀，参见费维恺：《中国早期的工业化：盛宣怀（1844—1916）和官督商办企业》，第58-95页。费维恺描述了"地方实力派"这一群体，将重点放在李鸿章实力派人物的权力基础上，关注他们是否有能力挑战清廷的权威。刘广京不赞同这样解读晚清的政局,他注意到这样一个事实,即清廷一直完全控制朝廷的人事任命。诸如曾国藩、左宗棠、李鸿章这样的个人,他们或许权倾朝野,但还是一如既往地遵循儒家思想,忠于朝廷。参见刘广京:《晚清督抚权力问题商榷》,载刘广京编:《经世思想与新兴企业》,第 247 - 293 页。关于"地方实力派",也可参见史培德(Stanley Spector):《李鸿章和淮军:19 世纪中国地方实力派》(*Li Hung-chang and the Huai Army:A Study in Nineteenth-Century Chinese Regionalism*),西雅图:华盛顿大学出版社(Seattle:University of Washington Press),1964;孔飞力(Philip A. Kuhn):《中华帝国晚期的叛变及其敌人:军事化和社会结构,1796—1864》(*Rebellion and its Enemies in Late Imperial China:Militarization and Social Structure,1796—1864*),马萨诸塞州剑桥:哈佛大学出版社,1970。

45　参见费维恺:《中国早期的工业化:盛宣怀(1844—1916)和官督商办企业》,第 122、161 - 162 页。

46　参见上书,第 123 页。

47　参见杜恂诚:《民族资本主义与旧中国政府(1840—1937)》。

48　关于张謇,参见柯丽莎(Elizabeth Koll):《从棉花到商业帝国:近代中国地方企业的出现》(*From Cotton Mill to Business Empire:The Emergence of Regional Enterprises in Modern China*),马萨诸塞州剑桥:哈佛大学出版社,2003。

49　参见费维恺:《中国早期的工业化:盛宣怀(1844—1916)和官督商办企业》,第 8 - 12 页。他宣称在新公司法颁布后,1905 年有两百多家企业成立。

50　参见刘广京:《唐廷枢之买办时代》,载刘广京编:《经世思想与新兴企业》,第 420 页;郝延平:《19 世纪的中国买办:中西间的桥梁》,第 205 页。义和团运动彻底失败后,随着清末新政的推行,中央的政治格局发生了戏剧性的变化。义和团战后的赔款使得政府财政必须精打细算,当时也发生了美国排华法案和菲律宾的反华事件,这严重削弱了中国人在当地的权利。中国沿海城市的商人团体集结起来反对美国、抵制美货。这样一种事态形成了政府在商业中的观点。

51　参见单华锋:《商务考察报》第 1 - 3 期,第 18 页。

52　夏东元编著:《郑观应年谱长编》上卷·上海:上海交通大学出版社,2009,第 409 页。

53　参见王尔敏:《商战观念与重商思想》,载王尔敏:《中国近代思想史论》,第 326 - 331 页。

54　转引上书,第 331 页。

55　参见上书,第 331 页。

56　关于公司法的使用,参见柯伟林(William C. Kirby):《中国的非股份制:20

世纪中国的公司法与商业公司》("China Unincorporated: Company Law and Business Enterprise in Twentieth-Century China"),《亚洲研究杂志》第 54 卷第 1 期(1995 年 2 月),第 43 - 63 页。

57 杨荫航认为商业变成了一种"专门的学科"和"特殊知识和学问的一个复杂分支"。杨荫航写到,在过去,"商业不受重视,人们关注农业和环境。但是如今,西方人在学校学习商业"。他引用德国和美国,将其视为在商业教育方面最发达的国家。在杨荫航的眼中,著名的商业学校有德国的柏林大学、莱比锡大学和法兰克福大学,美国的宾夕法尼亚大学、芝加哥大学、伊利诺伊大学、加州大学、威斯康星大学、密歇根大学、佛蒙特大学和纽约大学。参见杨荫航:《各国商业大学之状况》,《商务官报》第 7 期(1907 年)。

58 参见葛凯(Karl Gerth):《制造中国:消费文化与民族国家的创建》(*China Made: Consumer Culture and the Creation of the Nation*),马萨诸塞州剑桥:哈佛大学亚洲中心(Harvard University Asia Center),2003,第 125 - 133 页。

59 转引王德威:《世纪末的绚烂:清代小说中的现代性,1849—1911》,第 235 页。

60 同上书,第 236 页。

61 参见上书,第 236 页。

62 参见姬文:《市声》,上海:上海文化出版社,1957,第 34 页。

63 参见上书,第 191 - 218 页。

64 余英时:《中国近世宗教伦理与商人精神》,第 142 页。

65 参见王德威:《世纪末的绚烂:清代小说中的现代性,1849—1911》,第 235 页。

66 参见姬文:《市声》,第 80 页。

67 参见上书,第 38 页。

第二章
市井与庙堂

1920年代,一个新的精英群体在上海出现了。他们中有人曾留学海外,获得高等学历,归国后,成为独当一面的银行家、实业家、企业家、律师、会计师、学院院长等。有人在上海成长,工作经验丰富,成为资深的经理、股东、贸易商、批发商、广告商、代理商和经纪人。他们开办公司、建立商行、创设学校、经营产业、招募学徒、签订合同、接洽外国客户、成立市民协会,广泛参与各种社会、政治和慈善活动。他们跨越传统的社会分野,建立紧密的关系网络,以许多不同的方式彼此互动。除了同学、同乡,甚至共同的政党,他们之间还有许多其他的纽带:一起投资项目,一起参与协会,隶属于同一家俱乐部,以及联姻、共同进退。对于上层精英来说,尤其是那些过着西式生活的人们,基督教青年会是他们人脉的中心。类似的组织还有中华职业教育社。不过,该社不仅方便上层精英彼此往来,也帮助领取薪资的普通雇员们拓展社交。大量(穿长衫)的白领下班后,就会投身这样的社交活动。就这样,上海这座城市便在商场与办公楼之外有了一种新的活动空间。随着彼此往来的频繁,精英们可以相互交流信息、筹集资金。随着国家功能日渐弱化,民国时代的中产阶层与小市民们逐渐参与了城市的管理,得以经营自己的生活世界。

不过,对于这个新的财富阶层而言,与政府的关系仍是重中之重;尤其在法律、教育和市民权益等领域,国家既是权力结构的顶端,也是日常话语中绕不开的主题。白领们渴望跻身精英阶层,整代白领职业者(其中有人是在碰壁之后)认识到,如果要从事会计或法律等专门行业,就必须先获得国家认证。许多工商企业意识到,如果想要政府在国际争端中代表己方的权益,就必须完全遵守政府的规范。新式的教育家与企业家,他们不仅彼此合作,将初入职场的雇员培养成中层管理人才,更深切地意识到只有通过政府，他们才能介入公共事务。另外，政府方面也开始意识到这些公民网络动员的能量，并且很快对此产生了警觉。

民国政府，尤其二三十年代的国民党政府，其功能可以归纳为建立规范、代表国民、改革内政、打压异己。早在1909年，清廷就草拟了中国第一部国籍法——《大清国籍条例》，界定了中国公民的身份与财产权。这样一来，在国际商约中，政府就可以代表"中国公民"的利益。透过政府的立案与规章，新兴企业可以推进全国商业行规的标准化。许多新式的民族企业家当时正在推动中国商品"国货"的概念，这部法律的颁布则从政府的层面为之提供支撑。随着20世纪的进程，经济事务在国家日程上占据了越来越重要的地位。国家承担了新的职能，国家权力进入新的领域，国家越来越成为人民日常生活中的一部分。

商　学

在晚清政府与新式商人的共同推动下，"商"与"学"在20世纪初结合在了一起，"商学"成为一个新的知识领域。人们开始意识到，一个商人之所以能够取得成功，不是因为他贪图钱财或精于欺诈，而是因为他具有专门的知识。既然知识是企业成败的关键因素，从业者就必须有相应的训练。这样一来，对于在城市谋生的人们来说，他们为了找到工作，就必须上学——而且必须上相关的专业学校。

进入20年代，"商学"到底指的是什么呢？上海总商会（The Shanghai General Chamber of Commerce）当时投入了大量资源来充实藏书、发行月刊、资助翻译、支持出版，并积极推动各种手册、教材、商务通讯及其他资讯的传播与普及。总商会的作为可以反映当时商界精英对这个新兴知识领域的认识。

上海总商会的各种出版物指出，根据美国的情况，19世纪的工商业曾经有两个主要的突破：一个是以技术创新为主的工业革命，另一个则是以企业组织为对象的管理学革命。因此，中国的企业不仅需要引进新的技术，更需要跟上管理学革命的步伐，以新的理念、新的技巧来管理企业。这样的企业管理，又进一步要求中国的从业者必须有扎实的数学基础，全面根据数据，改进企业中的统计方法。[1]

现代公司的背后，是复杂的股权结构和跨领域的商业运营。因此，现代企业需要精准的、实时的会计结算，来追踪当下的运营情况。[2]闵之实在芝加哥大学学成，回国之后发表文章说明"科学管理"概念，包括数据收集、统计归纳、预算规划、盘点存货、销量评估、市场规模报告等各种内容。工商运作的背后，有一个根据物质规律运作的世界，只有用科学的方法才能掌握这个脉络；因此，企业家在做决策的时候，如果靠个人一时冲动来办事，是行不通的。同理，市场、金融、销售和会计等事务也必须由专业人士来执行。[3]所有商业上的失败，都可以归咎于知识的欠缺或未能真正应用"商学"的有关原理。[4]总之，正确应用科学管理可以带来空前的效益，反之则会一败涂地。

1920年代中期，定期在上海出版的期刊中，现在可以看到有不下12种专门推动商学这门"科学"的概念。[5]这些期刊的赞助者包括各主要城市的银行协会、货币公会、经济研究协会、大学经济商业系、地方商业局，背后则有专门的编辑团队与特定的撰稿人。这些专家通常在商学院担任全职或兼职讲师，或者在政府的财政、审计、会计或统计部门任职。同时，他们活跃于各种商学及其下属学科的研究会。需要强调的是，这些机构——学院、大学、银行、期刊、会计师事务所等——本身都是20世纪初新兴的产物，它们是依照西方模式建立的。一开始，不少人通过翻译把英文论文改写成中文，为期刊供稿，因此他们并不是真正意义上的作者。[6]然而到了30年代中期，其中一些人已经成为商业管理学领域的重要学者；当他们的名字出现的时候，人们就会意识到，这是这个领域的"大师"之作。我们可以说，到了这个时期商学已经像传统经史研究一样，有了核心的文本以及自己的师承。[7]

潘序伦便是当时的大家之一。这位民国时期上海的首席会计师，先在哈佛大学获得硕士学位，然后在哥伦比亚大学获得商业经济学的博士学位。他曾担任过上海商科大学会计系主任，以及暨南大学商学院院长，还在财政部、农业部、商业部和海关担任过要职。他是上海著名立信会计师事务所的创办人和董事长，写过许多教科书。到了三四十年代，许多中国的执业会计师都曾在立信做过练习生，参加过立信的职业教育训练班，或至少读过潘序伦的著作。桃李满天下的潘序伦由此长期坐镇中国会计学会的执行委员会。

潘序伦的职业经历提示我们，在当时的上海，国外顶尖大学的研究生学历是行业内的通行证。再后来，潘序伦于1924年创办的会计师事务所开始为上海市议会进行外部审计;由此,他更加声名大振。专业的会计服务与专门的经济知识互为表里;在这个领域,和职业资质同样重要的是服务过的客户,以及客户间的彼此推荐。渐渐地,财政部、工业部和海关也开始委托潘序伦进行审计与会计。1940年代,潘序伦还担任了经济部副部长。

在教学上,潘序伦致力于普及这门在外人看来颇为神秘的学科。身为上海最著名的会计学校的校长,他教导学生,会计作为一门学科,主要进行的活动是规划、记录、组织、估算、分析并审核财富的变化。这门学问无论在怎样的社会环境下,无论在谁的生活中,都可以派上用场。会计既可以服务于家庭理财,也可以运用在工厂管理;既是个人规划的重要帮手,也是公司财务、市政预算的重要环节。这门知识不是只属于职业会计师、审计员、簿记员、财务行政人员或律师,而是专业以外,人人都可以理解、掌握的技能。

针对不同程度的学生,潘序伦的事务所出版不同类型的教科书,内容涵盖高级商业簿记、不同领域(公司、政府和银行)的会计、公司财务、商标和公司注册。教科书销售带来的收益颇为可观,并不亚于学校学费的收入。潘序伦也常常举办公开演讲。有时他用英语,因为他认为这样可以避免不同翻译名词带来的混淆。作为会计师事务所的延伸,他的立信会计学校兼收男女学生,他们既可以来学习职业技能,也可以学习家庭财政。学校也为上海顶尖的女子教会学校开设家庭财务课程,因而充实了原先以营养与卫生为主要课程的女性教育。立信还欢迎读者来信,并经营自己的电台节目。这两种"远程教学"形式将潘序伦的声音和理念带到更远的地方与更广阔的世界——从弄堂深处的人家、小店,到长江上游的城市、乡村。[8]总之,潘序伦不仅是30年代最著名的会计师,也是《生活》周刊里的"成功榜样"——他值得城市青年起而效仿(见第五章)。当立信会计学校庆祝十周年校庆的时候,至少有8万人回馈,认为掌握会计学有助于提升自身。[9]

以上说明的是商学的兴起,把"商"变成"学",标志着商业成为一种专业知识含量越来越高的活动。与此同时,从"学"的方向着眼,民国上海的学校日益商业化,一般市民消费者的思考方式也更加物化、量化,趋向实用与交易。一大批商业学校和商科大学出现了,进行各种不同程度的文凭贩卖。售卖实用技能的职业学校也出现了,把知识技能传递给付费前来学习的城市青年。这个世纪鸦片战争后的时间里,一种新的、专门的商业语言形成了，为汉语添增了至少1万个相关词汇。1936年，商务印书馆编译了一部以普通商户为对象的商业百科全书，叫作《商人宝鉴》（见下文），在短短一年半的时间里增补再版了许多次，在"八一三"淞沪会战爆发的前夕，达到可观的发行量。

商业学校

上海的商业教育始于1904年，开头的是官商合办的南洋公学，设立了经营新技术的管理课程。随后的30年中，不少自封"学院"和"大学"的商科学校纷纷成立，其中包括了89所维持时间极短的学校，以及17所所谓"野鸡"学校。[10]到了30年代，在国民政府教育部的严厉管制下，只剩下6所商学院，也就是暨南、复旦、上海沪江、大同、大夏和光华。它们都附属于大学，学院里设了不同的学系。此外，还有两家公立的教育机构，一家是由经济部创立的上海商科大学，另一家则是由财政部创办的税务研究所，这两家机构为政府部门内的技术岗位培养专门人才。[11]

尽管课程品质参差不齐，但这些30年代得以立案的学校代表了当时精英的商业教育。毕竟，只有少部分学生能付得起学费，而每年从商学院获得学位的毕业生不过数百人。一些学生后来成为行业翘楚，如上海商科大学的毕业生许冠群自己创业，还成为"国货运动"的领袖。[12]

商学院不是当时教育部发展的重点。教育部甚至认为，比起理工学院，商学院的学术不够严谨。这一学科并不教授实验室技能，也没有令人敬畏的学术传统；它的核心文本还没有经过实践检验，读商科的学生即使懒散、不求上进，也能毕业。商科学校有时就像公司行号做生意一般，出售学位，换取利润。30年代中期，因为时局维艰，加上市场饱和，商学院毕业生的失业率逐步增长。对于商学院，也多了一种批评的声音，认为这些学校只是读些英文课本，甚至是翻译过来的课本，并没有帮助学生适应中国的商业环境。

但是，尽管不一定能学到明确的技能，甚至不一定能找到工作，商学学士学位仍然有其光环。原因很简单，它说明学位持有者的家庭具备了相当的财力，但是它并不说明学生今后有能力继续创造可观的财富。关于这一点，国民政府的教育部早就注意到了。

职业教育

20世纪初的中国，西式高校远远不能满足年轻一代的求学需求，他们当中的绝大多数人无缘进入高等学府。根据当时粗略的估计，20年代的江苏，只有不到一成的中学毕业生能上大学。[13]在上海，职场精英群体不断壮大的同时，越来越多的中下阶层年轻人渴望过上中产阶层的生活；他们或来自乡村，或长在城市，面对激烈的学校竞争，感到前途渺茫。在这一大背景下，职业教育发展起来了。它鼓励年轻人集中精力学习实用技能，通过勤奋克己来实现社会阶层的跨越。表面上看，新式企业和旧时代的科举一样，宣扬劳绩与美德会获得应有的回报，然而两者的运作方式却截然不同。

黄炎培是职业教育观念的主要推动者，他曾担任江苏省教育司司长和江苏省教育会会长。他参考了各种不同的教育理念之后，致力于发展"职业教育"；他认为，最终，只有这样才能挽救国家。[14]他设计了一套由商业英语、数学、会计、簿记构成的培训课程。在他看来，传统教育让青年人咬文嚼字，但是却不事生产，新世纪的现代经济则要求青年人掌握实用技能。[15]

黄炎培是川沙县人，父亲是位商人。他受的是传统教育，并于1899年中秀才，1901年入南洋公学。南洋公学由盛宣怀创办，旨在为国有铁路、轮船公司、电报局、矿业和船厂培养技术和管理人才。因此，这里的课程注重理工，涵盖数学、机械和工业管理等学科。由于缺乏合适的中文教材，南洋公学的教学大部分都以英语和日语进行，所以黄炎培学习科学的同时，也学习日语。他师从蔡元培——当时蔡元培既在南洋公学任教，也是孙中山同盟会的成员。

潘序伦和黄炎培两人以不同的方式晋升上海的精英阶层，个中差异值得玩味。潘序伦是留美的会计师，在这个新兴行业名利双收，在说英语的上海公共租界工作；黄炎培则是清廷举人，通过社会关系声名鹊起，最终依托政治关系而为政府工作。具体而言，南京国民政府成立时，资深革命党人蔡元培被任命为教育总长。第二年，黄炎培就被任命为江苏省教育司司长。他上任后立即着手构建新的地方教育体系。他制定了五年发展计划，在这段时间里成立了11所省立中学、5所县立农业学校，在上海创办了1所商业学校，并在南京建立了1所高等师范学校。在江苏省教育会的全力支持下，南京高等师范学校后来成为东南大学。[16]黄炎培正是教育会的执行理事，在他的带领下，教育会便是实现其教育蓝图的重要执行机构。

黄炎培曾去过许多中西部的省份，他的"职业教育"思想也来自他的亲身经历。他与各种传统的匠人交谈；这让他认识到，茶农、陶工、中医、丝绸商人等，他们不仅识字，也有自己的技能。黄炎培广泛的游历，加上原本商人的背景，让他意识到，书信写作、算盘使用、簿记账目等实用技能至关重要。[17]他并不相信外国的名校学历、炫目的广告宣传、复杂的邮购目录，以及一尘不染的商店橱窗。

在题为"学习和职业"的演讲中，黄炎培强调："一切事业根据于科学；一切学问悉从事实上研究……因近日之世界无论政商学工，皆须与学术相辅而行。"[18]这里，他将"学术"理解为一种实际的、在中国从商的能力。黄炎培认为，教育的目的不是把学校变成企业，也不是颁发学位来装饰门面，而在于弥合学校课程和企业实务之间的鸿沟，让学生在坚实的学识基础上投身职场。

在黄炎培的理想中，受过务实教育的人不同于租界的商务精英：他既不穿西装，也不在花园豪宅里办鸡尾酒会；相反，他剃平头，穿草鞋；就像当年的新都商人，他坚信节俭和谦逊是成功之路上最重要的美德；他在第一线亲力亲为，他不会讲云里雾里的理论，或是印在光鲜刊物上的全球趋势。黄炎培对知识与美德的理解，得到了不少上海有识之士的认同；其中不少人本来就关心中学学生与普通雇员——这些来自农村的青年空有抱负，却没有足够的财力接受昂贵的高等教育。于是，1917年5月，中华职业教育社成立了。

黄炎培是中华职业教育社的主要推动者，此外，还有其他47人也在成立章程上署名。他们都是当时名闻全国的人物，在上海也有相当的社会关系。其中排在首位的是蔡元培；此时他已不再担任教育总长，而以校长的身份主持北京大学。蔡元培之后是范源濂，他也曾任教育总长，与天津的商界精英关系密切。再之后是蒋梦麟，未来的北大校长和教育总长。其他在章程上署名的包括震旦大学创办者马相伯，基督教青年会中国区干事余日章，《申报》发行人史量才，清朝翰林、商务印书馆馆长张元济，国立上海商业学院校长郭秉文，交通银行董事、上海商业联合会常务理事钱新之，钱业公会资深成员、中国银行上海分行经理宋汉章，首家纱厂创办者穆藕初，自由派企业家、曾国藩总督的外孙聂云台,还有一大批绅商私立大学的院长和行政官员。[19]浏览他们的背景,我们不难发现他们代表了中国沿海地区思想进步、往来紧密的精英群体;这些人在20世纪初的金融、制造、出版、教育和新闻等领域占据了尤为重要的位置。

中华职业教育社成立后的第一项重要举措便是建立一所中学,也就是中华职业学校,学校课程包括基础科学、汉语、外语、商业技能以及机器产品制造。1918年7月,学校招收了第一班学生,一共80名,都是刚从上海的初小与初中毕业的新生。学校继而买下了南市区老西南门边的几亩土地,兴建了新的建筑,可以提供50多个房间。这里的生活与其他学校别无二致:学生们上课、去图书馆、做实验、住宿舍,也在食堂抗议后厨提供的伙食很难吃。[20]此外,他们也要在校办工厂动手学习。学校附属的工厂生产机床、家具、纽扣和珐琅。之所以开设机器和家具制造厂,是因为学校调查后认为南市区汇集了这个领域的熟练工匠;而学校选择生产纽扣和珐琅,则是因为在这些领域国货还相当弱势。所以,20年后,学校自豪地宣布,自己成功地将进口纽扣和珐琅赶出了中国市场。[21]最终,学校的就业辅导部门遍及整个上海;30年代中期,中华职业学校有超过四分之三的毕业生在各行各业工作。[22]

为了给企业白领提供职业培训,黄炎培在1921年8月与银行家钱新之以及留美归来的教育家郭秉文签订了一个三方协定。钱与郭都是官办现代企业的负责人,前者为交通部效力,后者则下属于经济部。这一合作的直接产物就是上海商业补习教育联合会;在这一组织的推动下,职业学校的学生不仅可以修读大学课程,还可以在上海商业补习教育联合会的下属企业实习。[23]以家境平平的上海青年孙剑秋为例,1936年夏天他进入同昌自行车车行实习。他在学校刊物上发表了实习报告,由此我们可以知道,当时孙剑秋仔细研究了车行的经营和管理的许多细节,包括如何进口和维修脚踏车,如何从美国进口零件,以及记账、结算、收款、借款、批发、零售、邮购名册等日常事务。[24]还有一些学生在新华信托储蓄银行、商务印书馆、上海船运管理处等企业实习,同样撰写了心得报告。这些报告可以说是同类文献中最早的作品;因为从这个时候开始,学校鼓励学生"走进工厂",并将其确定为学业的一部分。[25]

中华职业教育社的第三项重要举措就是创办夜校以及成人教育课程,其合作对象则是南京路商界联合会——这是一个由商店老板组成的联合会。商店老板发给他们的工人每人 5 元，让他们去中华职教社学习珠算、英语和数学。此外，还有不少业余课程，其学员则是在海关、国货商场，以及冠生园食品公司工作的职员。通过这些课程，年轻的雇员们可以相识相知；纵然只是一段短暂的时光，至少在这里，他们不再受到旧式学徒制度的束缚。[26]

中华职教社通过各种不同的渠道，形成了广泛的影响；它擅于组织关系，动用资源，推广自己的项目。它出版了几种杂志，其中包括专门研究职业教育教学理论的《教育与职业》；它还发行月报和每周通讯，并出版系列书籍。中华职教社在许多城市举办公开演讲，与几所商业学校合作，主题涵盖商业法律、政府公债、投资、银行业、钱庄、统计、定价、广告、国际贸易、金融机构等方方面面[27]；它甚至还派遣学习团去美国、日本以及中国其他省份学习。黄炎培自己去过中国东北以及东南亚等地，考察了日本、英国、法国、荷兰开设的贸易和工业学校。[28]就像后来为国家制定规划的决策者们那样，黄炎培认为自己的责任"重大"。当然，此时黄炎培服务的是一个非政府组织；他为了组织的需要而不惜奔波。

黄炎培以他的活力与睿智领导着中华职教社。他赢得了新一代企业精英的支援。随着需求不断增长，中华职教社提供的课程越来越多，事业蒸蒸日上。[29]在商业学校与新型企业之间，中华职教社通过培训实用技能、教授各种商业知识，扮演了重要角色。

1947 年中华职业教育社成立三十周年开庆祝会，名册上的校友不下万人。尽管中华职教社成就卓著，却有一个问题无法回避。中华职教社传授技能，这可以帮助人们找到工作，却无法让他们拥有地位；只有名校的学位才能带给人们那种光环。中华职教社致力于为"职业青年"提供学校那样的学习空间，以此模糊劳动者与学习者之间的界限；然而这却无法消除中下层所面临的阶层壁垒，甚至还强化了它。面对那些不需要辛勤劳动、单凭身份和学位就可以潇洒于城市上层的精英，中下阶层的劳动者会感到一种矛盾与无奈。

新的词汇

1935 年出版的巨著《实用商业辞典》，不仅体现出当时商学繁荣的面貌，还呈现出促进其发展的跨语言想象。《实用商业辞典》收录词条 1 万多种，内容则有 140 多万字。主编陈稼轩是商务印书馆的资深编辑；在出版社两位同事的帮助下，他从 1930 年开始编纂此书，历时 5 年才终于完成。他们的这部辞典，旨在囊括自鸦片战争以来中国商业用语的变化，并在其法律、政治、经济和商业制度的语境下解释这些词汇。[30]

编纂者广泛参考了相关英文和日文辞典。这项工作必不可少，因为由于很多词汇本身就是从这些语言中引入的。编纂者也从大量政府邸报中筛选有关词汇。此外，本着调查的精神，他们也去函各界商会及各地方商人团体，来了解全国各地的商业词汇及其习惯用法。

商业词汇激增，是许多不同因素共同造成的。编纂者指出，不同的地区有自己的语言习惯，不同的译者也会有不同的表达。每次新的法律被起草，或者新的经济学理论被译介，都会带来许多新的词汇。此外，每当人们成立新的政府部门或商业组织的时候，大家又会推出一些新的说法。由于中国各地有着自己的文化，要把不同地域的词汇基于语义联系起来，这项工作极具挑战。人们以各自的方式使用着数以千计的新词汇；然而，这些词汇究竟是什么意思，却鲜有共识。要之，不同的方言之中，经济学的不同领域之中，已然有不同的词汇；再加上旧法规不断被修订，新法规又接连被起草，整个社会滚滚向前，商业语言日新月异。在这样的大背景下，就需要有人来搜集、记录和解释这些词汇——有朝一日，才能有一种标准的商业用语。

编纂者把题材分成数十个小类，如"商业活动""商人""商业组织"等，作为组织工作的方式。[31] 有些术语是直接从外语音译或翻译过来的，如 "Cartel" 译为卡特尔，"chocolate" 译为巧克力，"penny weight" 译为本尼威特。其他一些词汇则反映出 30 年代的知识兴趣。如"国产货"一词，《实用商业辞典》解释为或中国出资或中国生产或由中国企业负责制造的产品，生产过程中可以利用进口原料或外国投资。个中细节呈现出时人对何为"国货"的关切。

整部《实用商业辞典》中，"商"字开头的词语最多，相关词条有 105 种，其中大部分都有长长的解释，总共将近 20 页。一些词语，如商人、商旅、商业、商埠、商港、商店，对于老一辈商人或受过教育的人来说，是已经很熟悉的。然而，即使是这些看上去词义明显的词汇，也在 20 世纪的法律体系中有了新的含义。

政府颁布的《商法》不断带来新的词汇[32]，商人的经营活动则给原有的词汇赋予了新的用法。[33] 无论是政府还是企业，它们都纷纷设立了新的组织与部门，来履行新的职能。[34] 与此同时，新的事物、概念、方法、流程，则在商业活动中不断涌现。政治评论家、社会批评家、经济理论家纷纷就金钱与财富提出新的思考方式，并用经济学的概念来诊断各种社会问题。[35] 在新式学校里，人们还可以学习"商业史"或"商业地理"这样的新兴科目。[36] 这部辞典的字里行间提示我们，随着中国新式商业的崛起，语言与文化同样有了巨大的变化。

"什么是商店？"

不同于陈稼轩，张士杰于1936年编成了《商人宝鉴》，这本百科全书旨在为普通店主提供实用参考。这本书首先介绍了批发、零售、经纪代理间的区别，继而详细讲解了"商业管理"的学问，最后则告诉大家哪些事该做，哪些事千万不能做。该做的事包括让你的店员面容干净、谦和有礼、身体健康、保持警惕。要确保他们经常洗衣、换衣，收起倦意，保持热忱。要让泥土、灰尘、垃圾、虫子和蜘蛛远离店铺。店面要保持整洁，务必做到一尘不染。店里不能有食物的味道，也不能有孩子吵闹。不要花大量的时间和顾客讨价还价。不要忽视那些看上去衣着普通的人。要保证员工的薪水，避免他们怨声载道。

保持店铺整洁是最基本的要求，店铺的内部装修则能体现出彼此间的差距。大体上讲，照明要充足，窗户要大，陈设要有的放矢，空间要宽敞。总之，要尽可能地增加商品的曝光度，降低人流的拥挤程度。精心打造的商店会呈现一个主题，营造出一种氛围；它赏心悦目、引人入胜，也就让人心旷神怡、流连忘返。最终，它让顾客驻足于最高价位的高端商品。

只有当顾客上门之后，这样一个精心打造的店铺才能体现出自己的价值，因此门面、橱窗是重中之重，千万不能在这里吝惜装修的费用。此外，广告也非常重要——无论出版物、广告牌、巴士、香烟盒、广播，抑或其他种种渠道，都是可以利用的平台。毕竟，商店固定在一个地方，而潜在的顾客则无所不在。广告要把商店呈现出来，并把顾客吸引过来。一尘不染的环境、无可挑剔的口碑，还有精美的装饰，这些并不是广告的全部。广告是一门关于顾客心理的科学，它可以大大增加商品的价值，甚至改变店铺经营本身。[37]

张士杰的《商人宝鉴》还讨论了许多其他问题。一个现代商店要善于利用各种新装备，譬如电话、收银机、统计图表、"拉姆森传送带"、打字机、速记器、"签名检查机"、"录音电话机"、开信刀、邮票粘贴机、地址机、黑板、记账机、计时器、时戳机、电脑卡、活页插入机、软钢尺、复写纸、印刷机、影印机、旋转影印机、蜡纸油印机、削铅笔机和纸张固定机。[38]一个现代商店经营者也必须掌握方方面面的知识：商法、习惯法、账目、商函写作、商务备忘、度量衡、汇率、银行、运输、海关、税率和税收条例。《商人宝鉴》根据政府公报收录法规，也转载报纸、杂志的文章，职业学校教材的片段，以及各种公共演讲，其最后一章则详细罗列了火车、轮渡以及飞机的时刻表，还附有具体的费用、路线与规章。

《商人宝鉴》一版再版。1937年8月，淞沪会战全面爆发，几颗炸弹落下，在南京路最热闹的商业区炸出6米深的大坑；即便如此，该书第4版依然发行上市。我们不知道上海的店主们是否因此改变了自己的经营方式；他们大约有自己的生意经：斤斤计较，一毛不拔，见缝插针，短斤缺两。无论如何，《商人宝鉴》将开店视为一门科学，更指出购物是一种娱乐。一个现代商人必须有精明的头脑，而他的店铺则是科学与艺术的结晶。终究，商店是宏大物质世界的缩影，这里有发达国家可以提供的一切。它面向公众，是国家的一部分，而商人则是它的缔造者、所有者。商人知道，顾客渴望享受，抓住了这一点就可以将他们握于掌中；为此，就要通过广告与装饰，赋予店面特定的形象和氛围。当然，销售额是最终成败的标尺。只有顾客花钱，商业的车轮才能转起，快感与算计的世界才能延续。

国民党的"党化"策略和法律空间

1927年，国民革命军进入南京，国民政府建立政权。新的政府基于"三民主义"的政治纲领，发起了一场"党化"高校的运动。新的政府在校园里建立党部，并设立政治教育系。教育部代表国家向学校颁布法规，通过各种手段直接介入学校管理。这样一来，教育部的权力大大增强；原先它只是评估学校的资金与课程，而现在它负责认证这些机构的科研资质，并执行审查与通报。无论学院还是大学，公立还是私立，每年都要提交详细的财务和人事报告。于是，许多学校日常事务的最终决定权到了教育部手上。从教师的招聘到学位的授予，从历史等学科教科书的选择到大学校长的任命，这些都需要教育部的批复。如果学校无视这些制度规章，政府就会施以严厉的惩罚，或者取消其招生资格，甚至不承认该校颁发的学位。在这样的大环境下，只有极少数学校可以我行我素，上海的圣约翰大学或是其中的翘楚。

新的政府也采取措施，积极介入工商业，尤其是现代企业的运营。经济部既承担监管责任，也负责制定规划。企业必须向经济部提出书面申请，以获得公司注册，并按季度提交详细报告，汇报财务、股权状况，董事会议程以及经理人任命等事务。此外，企业经营的许多具体事务，有时牵涉到中外商约，需要获得政府的授权；事关政府配额、船运许可、机器进口、支付方式、商品构成等，都需要向政府申报。总之，政府开始收集大量财经信息，因此要求企业董事会或执行部门事无巨细，按时汇报。

现代社会当然需要政府承担起这样的职能，对学校、企业进行审核认证，让普通市民安心。然而，30年代的国民政府却把学位认证、专业执业许可与企业登记立案捆绑在一起，这一点尤其值得注意——下文中我们会看到，这最终还关系到政府对会计、审计、税收、法律等领域从业人员的资格认定。具体而言，人们需要政府承认的学位，才可以在国有企业或国家机构中任职；同样，负责财务报表的会计，需要获得国家的执业资格认证，不然的话就会给企业带来麻烦。要之，国民政府要求，依法成立注册的公司只能雇用国家认证的院校的毕业生。对于个人来说，要获得执业资格，仅仅有相关工作经历是不够的，还必须从国家认可的院校获得学位，或有在国家机构、国有企业从业的经历。因此，法律法规构建起一个资格、立案、认证相互交织的体系，三者在实践中彼此强化。最终，国家权力开始影响到每一个人的工作机会，以及每一个企业的日常运营。

国家认证：汤一鄂的故事

1935年6月，来自长沙的38岁的汤一鄂向国民政府提出会计师的资格认证申请。汤一鄂毕业于河南公立法政专门学校，获得政治经济学学士学位，之后在江西省财政厅的会计部门工作了两年多。因此，汤一鄂不仅是经济学专业毕业的人才，还满足工作经历的要求，即在政府部门或注册公司任职两年或以上。无论如何，他都完全符合1931年《会计师条例》中的有关规定——其第三条"关于会计师认证的条例和准则"明确了"学术资格"和"工作资历"的具体要求。每年都有很多这样的申请者，和他们一样，汤一鄂写申请书、填表格、拟履历，并附上了两张照片；他在中国银行花了51元购买了邮政印花汇票，附上所有相关文件，向南京国民政府的经济部提出申请。

这份完美的申请文件却有一个问题：政府要求原件。汤一鄂早先申请江西省政府岗位的时候递交了学位证书，但是省政府大楼失火，学位原件不知所踪。《南昌新闻日报》用整版报道了这场火灾，汤一鄂把剪报一并附上，说明他为什么没有原件，而必须以其他办法来证明自己的学历。

他还递交了许多份文件。第一份是江西省政府签发的公函，其中罗列了火灾中丢失的文件，其中就包括汤一鄂的学位证书。这份文书由江西省政府第二四〇次执委会会议决议通过，并在内政部备案。第二份是江西省政府监察委员会提供的职员名录，其中罗列了全省公务人员的姓名与学历，汤一鄂也在其中。

火灾后，江西省举办过一次公务人员考试，旨在选拔地方法官，汤一鄂也参加了。因为学位证书毁于火灾，他递交了母校前校长胡定一亲笔签署的证明文件。胡定一认识汤一鄂，他可以证明汤一鄂确实毕业于该校并获得经济学学士学位。江西省考试委员会后来出版过一本年鉴，罗列了当时的申请者，其中就有汤一鄂的名字和学历。汤一鄂把这本年鉴也呈递给了经济部，这是他递交的第三份补充文件。

显然汤一鄂通过了这次考试，之后他便在江西省政府工作。1930年9月，江西省政府秘书处出版《江西省政府人名录》，列出所有官员的名字及学位，汤一鄂和他的同事都名列其间。

总而言之，1931年以来，汤一鄂任职于江西省政府，这一点毫无疑问。但是，由于缺少学位原件，经济部将他的申请转给了教育部。1928年，教育部下令所有学院、大学必须登记注册，以获得办学资格。为此，相关机构必须遵守国家有关规定——其中最著名的一条大概是所有院校的校长都必须是中国人。依法注册的机构每年必须详细汇报在读学生与应届毕业生名单。这样一来，教育部就掌握了所有学位持有者的"总档案"。

汤一鄂的申请被转到教育部后，教育部却无法立即回复。汤一鄂就读的河南公立法政专门学校成立于1927年之前,学校注册登记的时候,南京国民政府还没有成立。因此,教育部只能把有关的公函转给了河南省政府,省政府则转而要求省教育厅核实。

河北教育厅的回复着实令人失望。这里的档案疏于管理,最多只能查阅到过去几年的资料——而汤一鄂的学位是18年前1917年颁发的,所以找不到。收到回函后,经济部负责录取的委员会在第四次会议上讨论了汤一鄂的申请,但没什么进展。

随后河南省再次来函教育部。看来这回省政府派专人去拜访了那所学校。河南省的报告说,1917年这所学校还没有经济系。此外,前校长胡定一出现在汤一鄂信件上的签名是1929年11月,但是胡定一在1919年就去世了。

了解到这一情况后,经济部断然拒绝了汤一鄂的会计师申请,并退回了全部11项文件。此外,经济部宣布汤一鄂的行为构成学位欺诈,并知会河南省政府,强调江西省考试委员会为汤一鄂出具的证明文件全部无效;同时还将汤一鄂欺诈一事通报江西省,要求将他除名,并重新评估他的学历。

汤一鄂的故事,今天读来仍令人心寒;然而,在经济部的档案中,这绝非特例。因为各种不同的原因,许多人的申请都以失败告终。有一些是申请人本身的问题:当会计的时间不够久,以前当会计时责任心不强,等等。另一些拒信则源于材料细节上的疏忽:譬如雇主没有按照《公司律》到经济部注册,颁发学位的机构没有获得教育部的认可,甚至申请者在学校所修的会计和经济学课程的学分不够。很多时候,我们很难区分究竟是申请人本身不符合规定,还是文书细节上出了什么差错。要完全达到申请要求,其中许多环节超出了申请人所能控制的范围。申请人不仅常常要面对拒绝信,还要向国家证明自己履历的真实性。1935年共有80多人申请会计师资格认证,然而只有很少的人通过了这一申请。

协会与政府

1927年国民政府在南京成立之后,早先活跃的民间团体纷纷瓦解。南京政府一纸令下,江苏省教育委员会被迫解散,其全力创办的东南大学则被政府接管，并由教育部改组成中央大学。

前文提到的中华职教社，与上海商界联合会和江苏省教育委员会有广泛合作，它是当时最具实力的社会组织之一。就组织结构而言，中华职教社的核心是执行秘书处与董事会，前者配有全职的雇员，后者则由缴纳会费的会员选举产生。1917年，中华职教社的个人会员接近800人，20年后则增加到23 000人之多。[39]

中华职教社的会费收入始终不足以支付其日常运行的各种费用。在其创立的前十年，黄炎培两次谢绝了出任教育总长的邀请；基于他在政界的关系，他说服北京的北洋政府为中华职教社承担起一半的开支。此外，外交部附属的中华文化教育基金会也提供了一些资金作为支援。[40]

1927年以后，中华职教社陷入了困境，甚至一度解散，好在很快便恢复过来。国民政府允许中华职教社继续运作，并拨款资助。作为对应的条件，中华职教社必须按照教育部的有关规定登记注册。因此，中华职教社修改了章程，规定了它的"总会"必须设在国民政府的首都——无论这个首都在什么地方。中华职教社甚至规定，那些反对过"三民主义"的人永远不具备会员资格——"三民主义"正是孙中山倡导的国民党党纲。[41]

在之后的发展历程中，中华职教社充分展现了其活力与组织能力，以各种方式突破了政府监管的掣肘。例如，中华职教社发行面向职业青年以及学生的《生活》周刊；1931年"九一八"事变后，《生活》周刊发表专文，呼吁武装抗日、保家卫国，成为当时最有力的声音（见第五章）。之后，中华职教社的学生自行组织军事训练，自发备战。1935年，市民的救国运动进入新的高潮，职业青年、高校学生、大学教授、各行业职员以及城市的"女性"，纷纷印刷公报，筹办协会，并选出自己的负责人。[42]

国民政府对救亡运动有时支持，有时镇压，镇压的尤其是那些呼吁积极武装抗日的游行示威活动。与此同时，中国共产党则积极吸纳反政府的进步分子，扩充自己的力量。40年代的时候，许多前中华职教社学生突破日本的封锁，加入了皖南或苏北的国军或红军。还有很多人留守在上海沦陷区或者进入西南大后方，从事会计、簿记、印刷、技工等工作。

总之，国民政府曾经试图介入中华职教社，但是说不上得到多少成果。而无论共产党还是国民党，只要时机合适，都希望在中华职教社所代表的职业阶层中扩大影响力。

走进经济领域的国家

研究经济史的学者们大致认为，明清时期官僚体系对经济事务的管理相当开放，政府很少介入市场，劳动力和商品大致可以充分流动。此外，明清两代的例律对民间财产的转移以及就业的选择也不设限制。总之，传统中国政府大致并不干涉老百姓的市场活动。

研究法律的学者们则指出，传统中国政府也不会通过法律来规范经商方式以及商业运作。1903年《商法》颁布之前，法律文件很少涉及商业行为，除非当事人触犯了刑律。各地行帮或商会各自建立一套规矩，由同行共同遵守。进入20世纪以后，这些"习惯法"才被正式法规替代；从清末新政到中华人民共和国成立，其间的半世纪，国家不断制定新的法律，并重组商业管理机构。

在短短数十年间，明清以来的传统彻底断裂了。到了20世纪后半叶，中国一度成为世界上管理层次最多、计划最繁密的经济体之一。尽管国共两党意识形态不同，民国时期涌现的商学和商法概念却在有意无意之间造就了后来的思维模式，让后来的党与政府不断规范经济准则，自上而下地推行经济政策。政府控制了专门教育、职业训练、专业认证、商业注册等现代经济的核心领域。这一模式在1949年之后有了进一步的发展。20世纪初商人们自行发起的商会、市民运动、知识体系与自我认同，最终却造就了一个庞然大物：一个高度集中的、自上而下发展的国家计划经济。

注　释

1　参见李云亮:《公司制度与新式会计之关系》,《上海总商会月报》第5卷第4期(1925年4月),第4-6页。

2　同上。

3　参见闵之实:《科学的管理术》,《上海总商会月报》第5卷第3期(1925年3月),第1-3页。

4　参见蒋明祺:《经商失败之原因》,《上海总商会月报》第6卷第1期(1926年1月),第1-2页。

5　参见《读者论坛》,《上海总商会月报》第5卷第5期(1925年5月),第3页。这些期刊包括《上海总商会月报》,纺织联合会的《纺织季刊》,经济研究会的《经济周刊》,中国工商联合会的《工商学报》,汉口、上海、北京的《银行联合周刊》,钱业公会的杂志,中央大学的《商学季刊》,以及武昌大学的《商大周刊》。其他期刊由地方政府或报社发行。

6　在1930年代,顾准在立信会计师事务所工作,他后来坦言自己当时曾以潘序伦为名编写了不少教材。参见顾准:《顾准自述》,陈敏之、顾南九编,北京:中国青年出版社,2002,第56-64页。

7　这里可以简单介绍几位当时的商学大家:孔涤庵,生于1900年,就读日本应庆大学,后来在上海几所大学任教。他也担任过信托公司的秘书、商务印书馆的编辑、财政部税法起草的秘书。他编辑的基本教材涉及保险、商业法、商品交换和公司财政等方面。

李权时,生于1895年,毕业于清华大学,后赴美留学,在芝加哥大学获得硕士学位,在哥伦比亚大学获得博士学位。他是中国经济研究会的成员。曾任复旦大学商业系主任,后来成为复旦大学商学院院长。他也是影响力很大的《上海银行家周刊》的主编。他出版的著作涉及财政、经济、商业周期、商业教育、商业税条例、商业的经济法则(相关著作用英文写成,主要基于在复旦大学的课程讲义)、商业统计(相关著作也用英文写成,由复旦大学的课程讲义汇编而成)。他还翻译了李嘉图(Ricardo)的《经济和租金》(*Economics and Rent*)。

金国宝,1894年出生,江苏人,在哥伦比亚大学获得统计学硕士学位。他曾是中国统计研究会和银行研究会的成员。他曾在中国公学、复旦大学、暨南大学任教,是上海商学院教授并担任其教务长。他曾任南京特别市政府财政局局长、交通银行副经理。他出版的教材涉及统计学、货币、价格和所得税等方面。

唐庆曾,在哈佛大学获得硕士学位,担任大夏大学经济系主任,他的著作包括

《国际贸易政策史》，他翻译了约翰·斯图尔特·密尔（John Stuart Mill）的《政治经济学原理》(*Principles of Political Economy*)。

王晓通，1894 年出生于安庆，商业法和商业史专家。他毕业于上海的圣约翰大学，在北京大学获得商学硕士学位。他在中央大学、光华大学讲授商业法，还在上海法政所、上海法律学院、大夏大学、复旦大学任教，担任律师和会计师。他的著作研究中国商业、商业法及其历史。

8　参见潘序伦、顾准编著：《中国政府会计制度》，上海：立信会计图书用品社，1939，第 185 - 195 页。

9　立信会计学校在今天的中国仍然存在，并发展良好；这是在邓小平的现代化政策下第一所再开办的学校。

10　其中包括：三育大学、女子商业学院、远东大学、大陆商业训练所、东华大学、上海会计学校、南阳商业学院、上海商学院、光明大学、新民大学（也叫江南学院）、弘才大学、上海英语学院、国民大学（位于静安寺东）、春申大学（在闸北青云路）。这些学校大部分只是一个名字和一个地址。本地人把这些学校称为"后巷学校"，认为它们不可靠。这些学校是教育部要整顿的目标。

11　参见李春康：《上海的高等教育》，载上海市通志馆编：《上海市通志馆期刊》，上海：上海市通志馆，1934，第 618 页。

12　关于国货推销会及其运动的深入讨论，可参见葛凯：《中国制造：消费文化与民族国家的创建》。

13　参见盛郎西：《十年来江苏中等学校毕业生出路统计》，《教育杂志》第 17 卷 4 号（1925 年 4 月），第 17 卷 5 号（1925 年 5 月）。

14　参见恩斯特·P. 施文泽（Ernest P. Schwintzer）：《教育救国：黄炎培与 20 世纪初中国的教育改革运动》("Education to Save the Nation：Huang Yanpei and the Educational Reform Movement in Early Twentieth Century China")，华盛顿大学博士论文，1992；朱宗晨：《黄炎培和儒商伦理》，《探索与争鸣》第 8 期（2003 年 8 月）。也可参见蒲乐安（Roxanne Prazniak）：《川沙的纺织工和女巫：中国乡村妇女政治运动的社会起源》("Weavers and Sorceresses of Chuansha：The Social Origins of Political Activism among Rural Chinese Women")，《现代中国》(*Modern China*) 第 12 卷第 2 期（1986 年 4 月），第 202 - 209 页。

15　参见蔡行涛：《抗战前的中华职业教育社，1917—1937》，台北：东大图书有限公司，1988。

16　参见许汉三编：《黄炎培年谱》，北京：北京文史资料出版社，1985，第 10 页。

17　参见上书，第 10 - 17 页。

18　同上书，第 31 - 32 页。

19　参见蔡行涛：《抗战前的中华职业教育社，1917—1937》，第 105 - 113 页。

20　参见邹维新：《中华职业学校初中部学生膳食现况》，《中华职业学校职业市市刊》第 1 期（1934 年 6 月），第 1 - 4 页。

21　参见蔡行涛：《抗战前的中华职业教育社，1917—1937》，第 105 - 113 页。

22　在经济大萧条时期，这个数字比许多其他高校毕业生的就业率稍好一些。协会的一些毕业生在县里学校教书，另一些（56%）则就职于县农业局。土木工程、道路建设、电气工程和机械工程的学生往往能找到最好的工作。职教社毕业生的薪水超过了普通院校的毕业生。参见何清儒：《职业学校学生出路调查》，《教育与职业》第 168 期（1935 年 10 月），第 535 - 554 页。

23　参见许汉三编：《黄炎培年谱》，第 50 页。

24　参见孙剑秋：《同昌车行实习报告》，《中华职业学校职业市市刊》第 1 期（1934 年 6 月），第 54 - 61 页。

25　毛泽东时代，学生被派到乡下学习农民，这样的经历被认为是他们知识积累不可或缺的一部分。

26　参见中华职业教育社编：《全国职业学校概况》，上海：商务印书馆，1934，第 260 页。

27　参见上书，第 68 页。

28　参见许汉三编：《黄炎培年谱》，第 40 - 48 页。1929 年，中华职教社支付了刘湛恩去日本和美国的费用。刘湛恩是上海沪江大学的校长。

29　1934 年教育部发布的报告显示，除了江苏、四川、广西、新疆外的 24 个省级行政区域共有 330 所职业学校。另一份报告显示，全国大约有 710 所职业学校。参见钟导赞：《职业学校校长之学历与经验》，《教育与职业》第 169 期（1935 年 11 月 1 日），第 639 - 643 页。大部分职业学校校长开始的职业是高中教师或者大学讲师。江苏省许多职业学校校长在日本受过工业或者农业经济训练。相反，上海大部分商业系的主任都在美国接受教育。

30　参见陈稼轩：《自序》，载陈稼轩编：《实用商业辞典》，上海：商务印书馆，1935。

31　其他分类包括：企业管理、货币、商品、函件、度量、簿记、会计、银行、财务、商业数学、铁路、商业文献、船运、保险、仓库、交易所、工业、广告、国际法、民法、商业条例、商业史、商业地理、经济、金融、统计、顾客、市政管理、国际贸易、农业、渔业、矿业、林业、交通、办公设备、政府办公室和成功的企业家。

32　这些词汇包括：商业试用人、商人通例（1914年颁布）、商人通例实行细则（1914年颁布）、商人能力、商行为（北京政府1914年立法规定的商业交易）、商行为法、商品、商业、商办造船厂注册规则（国民党政府1932年发布）、商标、商标法、商标法实行细则、商标注册、商标注册费、商事、商法、商品检验法（国民党政府1932年发布）、商品鉴定法、商律、商约、商港、商港条例（国民党政府1933年发布）、商号、商号专有权、商号注册、商号注册费、商习惯、商习惯法。

33　例如商民协会（国民党立法产生）、商会、商会法（1915年发布）、商会联合会、商业保护组合、商团。

34　这些词汇包括：商业司、商标局、商事公断处、商事裁判处、商业调查处、商品交易所、商品陈列所、商品陈列室、商品检验局、商业补助机关。

35　新词汇包括：商业沉滞、商业循环、商业政策、商业金融、商业资本、商战。

36　如商业补习学校、商业职业学校、商船学校、商科大学、商业专门学校、商业教育。参见陈稼轩编：《实用商业辞典》，第605-624页。按所占页数多少排序，以下这些字开头的词条篇幅最大："船"（第678-699页）、"公"（第103-123页）、"工"（第58-76页）、"汇"（第840-858页）、"银"（第979-995页）、"海"（第530-546页）、"国"（第624-639页）、"保"（第434-448页）、"货"（第704-713页）、"农"（第909-917页）、"营"（第1092-1100页）、"交"（第230-237页）、"信"（第448-455页）、"买"（第805-812页）、"铁"（第116-119页）。1900年代学术界对近代中国"公共领域"和"市民社会"有深入的讨论；这里值得注意的是，以"公"和"商"开头的词条篇幅最长；在民国商业用语中，"官""私"则不是最为常见的关键字。

37　关于店铺布置的描述，参见张士杰编：《增订商人宝鉴》，上海：商务印书馆，1938，第1-28页。

38　参见上书，第1-28、81-107页。

39　参见蔡行涛：《抗战前的中华职业教育社，1917—1937》，第15-16、32-33页。

40　参见上书，第40-44页。

41　参见《中华职业教育社章程草案》第三部分第十条，国史馆教育部档，196/188-1，196/188-2。

42　参见叶文心（Yeh Wen-hsin）：《进步杂志与小市民：1926—1954年的邹韬奋和〈生活〉周刊》（"Progressive Journalism and Shanghai's Petty Urbanites: Zou Taofen and the Shenghuo Enterprise, 1926-1945"），载魏斐德（Frederic Wakeman, Jr.）、叶文心编：《上海寄居者》（*Shanghai Sojourners*），伯克利：加州大学伯克利分校东亚研究所，1992，第205-214页。

第三章
都市景观与特权

> 胡（雪岩）尝过一成衣铺，有女倚门而立，颇苗条，胡注目观之。女觉，乃阖门而入。胡恚，使人说其父，欲纳之为妾，其父靳而不予，许以七千元，遂成议。择其某日，宴宾客，酒罢入洞房，开尊独饮，醉后令女裸卧于床。仆擎巨烛侍其旁，胡回环审视，轩髯大笑曰："汝前日不使我看，今竟如何？"已而匆匆出宿他所，诘旦遣妪告于女曰："房中所有悉将取去，可改嫁他人，此间固无从位置也。"女如言获二万金，归诸父，遂成巨室。
>
> 李伯元，《南亭笔记·胡雪岩》（1906）

1853年，太平天国运动席卷西南后，太平军便沿着湘江北上，很快攻占了长江中游的重镇武汉。他们将总督府的200万两白银洗劫一空，由此军势大振。太平军一路向东，攻下一座又一座城镇，成千上万的人不断地加入他们的队伍。他们攻破了南京，将这里作为"太平天国"的首都；随后又攻占了苏州。大军将至，苏州的士绅纷纷出逃。苏州素来以诗文娴雅闻名遐迩，也以丝绸、银两、铜钱、鱼米富甲一方。大难当头，苏州的富室带着金银细软涌入上海租界，让租界居民的数量一下子翻了一番，也为外国租界市政的各方面，从卫生、住房、公共设施到难民救济工作，带来了新的机遇与挑战。

那是1856年的一个春天，葛元煦在南市附近的市集间闲逛。葛元煦出身苏州名门，眼下却因战乱流寓上海。透过各个木笼子的缝隙，他仔细打量里面关着的鹦鹉、鹤、鸳鸯、孔雀、鹿，还有豹子。果蔬的摊位则满是丰收的气息：葡萄、荔枝、蜜柑、杏仁、腰果、椰枣、李子、栗子、石榴。各种舶来的商品吸引了他，无论花鸟鱼虫还是水果干果，它们都有长长的外国名字。[1]这个市集似乎陈列了种类无穷的商品：人参和巧克力、钟表和印章、玻璃球和佛珠，还有解剖图和针灸图。这些琳琅满目的货品为餐桌提供了新的选择，为家庭与庭院赋予了新的情趣，为健康与享受提供了新的可能。它们点燃了人们的消费欲望。[2]

这是上海百物杂陈的市集，纷乱熙攘，品目繁多。成百上千的摊位里不时藏有奇货，等着人来发现。讨价还价是难免的。买卖交易就像上战场，各有胜负。老主顾经常惠顾，日久之后买家与店家也就成为老相识。

市集间的生活体验很快就有了新的载体：画报出现了。其中的图画内容各异，展示出各种不同的风格和技术——在这里各种形状、线条、形式、颜色彼此交错，精彩纷呈。画师或许见到过广州贸易清单中的插图，因此画报中不乏罕见的草木、花卉、鸟兽。还有一些图画则将日常的静物与神仙鬼怪、魑魅魍魉放在一起。一些图上画着金发碧眼的人，他们戴着帽子、竖着领子、挽着袖子、系着扣子、配着勋章、披着斗篷，还穿着长筒靴。另一些图上的主人公则有着黑色的头发，他们剃光了前额，留着长长的辫子，陷入深深的沉思——观看者仿佛置身镜前，端详着自己的身影。[3]这些图画或讲述历史故事，或报道当下现实。这里有轰鸣的火炮、嘈杂的市集、稀奇古怪的洋货、规模浩大的典礼。这一画派的代表人物有吴友如，他的三部画集——《百业图》《百景图》《百美图》——描绘了上海的方方面面。[4]它们以新的平版印刷技术出版发行；这样一来，即使身在远方，也可以看到上海的千姿百态。

有些当地的景象令人骇异。有的痞棍式的屠户会当街把牛肉大块切开，鲜血淋漓地摆在那里——也不管人们一直说的什么菩萨心肠、慈悲为怀。他们的顾客买下牛肉后，不是慢慢煮烂，而是把它煎到三成熟，然后用刀叉大快朵颐。牛排、红酒的精致大餐，已经渐渐进入了人们的视野，并引起了相当的争议。有人不遗余力地称赞享用大餐时一丝不苟的精致礼节，有人则不由自主地觉得这样的吃法全然不堪入目。

至于上海的富商，则全然不顾抑奢崇俭的法令与观念。他们穿着丝绸、皮毛，戴着珠宝和翡翠，坐在马车上享受着仆役的伺候。[5]有人去声色犬马的娱乐场所，有人在豪宅举办铺张的宴会，用羊排、鱼翅汤招待来宾。谈生意的时候，还有女人作陪。这些欢场女子会和男人一起坐在敞篷车里招摇过市，手上戴着各式钻石珠宝和名贵手表。这些女人精心经营自己的形象；从化妆和发型到首饰、手表、鞋子、服装等方方面面，她们引领时尚潮流。[6]

对于城市女性而言，进入 20 世纪，穿男性的服装、参加化装舞会，这样的活动成为新的时尚。[7]随着上海第一所女子学校的创办，士绅家庭的女子也不再缠足了。她们开始参加各种社会活动，从容与男性交谈。[8]外国使节和西化人士都欢迎这一变化。盛宣怀的女儿们就读于中西女塾；她们的到来，让这所贵族教会学校更加享誉沪上。她们也是最早皈依基督教的上海女性。观念上，她们不仅坚持一夫一妻制，更主张子女应平分父亲的遗产。多年以后，她们为了遗产分配，索性与自己的兄弟们对簿公堂。

女性也是各种八卦专栏与黑幕小说的关注中心点；新兴的出版业养活了一群新的作者，专门写其他人的私生活。[9]城市指南类的书籍则详细介绍可以看什么、吃什么、买什么和玩什么，基本上就是告诉大家怎么花钱才不会像个乡巴佬。19 世纪末，一些报纸定期举办选美比赛，让读者把欢场女子拿来评比排名，就像我们今天进行市场调查"顾客满意度"。[10]到了 1920 年代，如《良友》这样的著名刊物会整版整版地刊登"校花"的照片。女性的形象变成了公开的商品，人们以这样的方式消费女性；在很多人眼中，上海最华丽的"景观"正在于此。

要说上海的景观，就不能不说欧洲人，他们建造了这座城市，也规划了新的城市空间，并且让女性在其中有了新的位置。租界当局颁布各种市政法规，管理着大街小巷与公共场所的来来往往，也规定了市民在其中的行为。例如，工部局规定所有马车在穿过窄桥的时候必须减速；在马路中间不可以停车；挖沟铺路必须事先通知工部局巡捕房；车辆在太阳下山后必须亮灯；不准随处扔垃圾和当街小便；小贩不准沿街大声叫卖，也不可以在外国银行、洋行门口摆设摊位。公共租界的法令严格规定，公共场所以及街巷茶室不得贩卖没有获得执照的私酒，不得贩卖腐烂的鱼肉以及野生动物，不可以当街或者在茶馆里放烟花、赌博、打架斗殴、喧哗。穿过公园或走在街上，不得随手攀折路边或地上的花草树木。买了活的鸡鸭拿回家，走在路上不得"倒提生禽"，也就是不可以把鸡鸭头下脚上倒着拿，这些规定，如果违反，一律都要罚款。[11]

总之，欧洲人创造了一个新的空间、一种新的秩序。在这里，各种进口商品让人目不暇接——鸟兽、画报、照片、相机、望远镜、印刷机、解剖刀、电灯泡、洗衣粉、留声机，还有电影。在这里，地平线敞开了想象的空间：高高的钟楼、教堂的尖塔、公园的绿地、柏油的马路、点亮的路灯。电车的轨道穿过嘈杂的街道，高高的大楼升起欧式的穹顶；大门之下，是层层的台阶；前殿周遭，环绕着的是巍峨的柱廊；高耸的钢筋混凝土建筑里面，装饰着圣母圣婴的图画与雕像。在这里，有洋行商号、银行、码头、仓库，也有车站、学校、报社、印刷厂、教堂、巡捕房、消防队、法庭、领事馆、跑马场，以及市政厅。此外，俱乐部、招待所、舞厅、酒吧、大饭店、百货商店、游乐园这类场所鳞次栉比。这些都是新兴的机构，体现了城市的新功能。最后，在老树的掩映之下，还有一片又一片墓地，一代又一代来自四方的商旅过客，有人便在此长眠。

远观上海

时间是 20 世纪初，地点是苏州某名门竖着高墙的宅第。这个故事说的是有一天，这个名门的三位年轻公子在高墙之后遥想着上海的繁华。他们听人说，如果说苏州的煤油灯比中国其他地方的灯亮 10 倍，那么上海租界的电灯就比苏州的煤油灯还要亮 10 倍。在苏州，想知道世界的人可以看报纸。但是苏州的报纸来自外地，从出报到看报至少要一个星期的时间。而在上海，只要走上街，每个人就能看到当天的报纸，知道当天的大事。

在我们的故事里有一位姚老夫子。他是苏州颇有名望的举人。他经不住那三个弟子的央求，带着自己的儿子和三位徒弟一起从苏州来到上海，目的是开眼看世界。[12]他们到了租界，安顿之后，就一起在茶馆吃早餐，姚老夫子宣布了他的学习"章程"。依据这个计划，他们白天看朋友、买书，"有什么学堂、书院、印书局，每天走上一二处，也好长长见识。等到晚上，听回把书，看回把戏，吃顿把宵夜馆"，姚老夫子主张大家要尝试不同的菜式，尤其是"西餐"，这也是学习的一部分，最后"等到礼拜，坐趟把马车，游游张园"[13]，听一下公众讲演，也拜访一下名流。

"正说话间，只见一个卖报的人，手里拿着一叠的报，嘴里喊着《申报》《新闻报》《沪报》。"[14]姚老夫子买了报纸，还没读上，邻桌竟吵了起来。那是一个年轻的女人，打扮得很随便，身上的首饰看起来有几分伧俗。一开始，她坐在三个男人中间，和他们喝同一壶茶，兴致勃勃地大声讲话。这女子曾经是个女学生，以后就跟人姘居，坐在对面的就是她的情人，在洋行当职员。同桌的还有当初介绍他们认识的马夫，他靠拉皮条赚取中介费；另一位男子戴黑帽结子，在工部局巡捕房做跑腿。那四人围着一个桌子，突然间，这年轻女人猛敲桌子，手上的金镯子撞在桌上，发出尖锐的声音。说时迟那时快，这女子忽地跳起脚来，扑过桌面，抓住了对面情人的衣领，两人就这样扭打起来。戴黑帽结子的想要把他们分开，却也无能为力。结果跑腿跟马夫合力，把扭打的两人拖到街上。两个巡捕，"一个中国人，一个红头黑脸的外国人"[15]，迅速出现。这两个巡捕把这对男女送到租界法庭，交给外国官员来处理。一出闹剧就此落幕。

姚老夫子想让他的徒弟们尽快离开这个令人不堪的茶馆。他还没来得及结账，一个高个子的男子走上楼梯，进入茶馆。大家都把眼光集中在那人身上。那人有张晒黑的脸，拿着一根手杖，穿了一身西装和一双棕色皮鞋。看起来像是个西洋人。这时有个名叫黄国民的人，穿着一件打着补丁的棉布长袍，从旁边一张桌子上向他打招呼。西装加入长袍的桌子，摘下草帽，露出头顶，却是一头长发挽了一个髻，同外国人的短发到底两样。姚老夫子一行人这才恍然大悟，这高个男子原来不是一个真外国人，而是"一个变化了的中国人"[16]。

这个穿西装的人一坐下就高谈起了自己的改造。"我自从改了洋装，一切饮食起居，通通仿照外国人的法子。"[17]他一天吃两顿饭，两餐之间还限制吃零食。他一度还拿冷水淋浴，结果发了风寒，差点要了他的命。他因而不敢淋浴，改为洗澡，然而也不能像外国人那样每天都洗。他不知道应该留长发还是要剪短发，更不理解洋人的那套卫生习惯。

这两个场景淋漓尽致地呈现了内地人眼中的上海。它是一个奇怪的地方，无论茶馆里的女人、街上的外国巡捕，还是酒楼里变化了的中国人，都是奇怪的。一方面，政府和精英创办新学校、新课程，推广"商学"，并倡导国货跟爱国主义；另一方面，老夫子一行人在茶馆里看到的却是无礼、违法、荒谬与耻辱。初入上海的人们，突然发现自己身处洋场，不免感到无所适从。

近代上海史的核心，是一个外来事物在地化的历史过程，是一个近代中国城市精英如何协同国家的力量，把外来事物在地化、把曾经令人骇异的现象融合进本土日常生活的过程。事实上，进口的东西如果一直以舶来品、异国风物的面貌呈现在人们眼前，那么就只会是人们生活中无关紧要的配件。

反过来看，一些商品一旦在生活中扮演起重要的角色，就必然已经成功地在地化了。20世纪最初的十年里，随着上海轻工业的兴起，城市的新企业投入大量精力推广新事物，改造陌生事物；它们制造现代的诱惑，抚慰人们无所适从的不安。到了20年代，中国商人开始制造和出售西式帽子、手杖、皮鞋、手帕和西服等商品。他们也孕育了一种新的视觉文化。他们一方面推出大规模的广告宣传，另一方面也改变了城市空间的视觉动态。

广告与南京路

南京路是公共租界区的主要街道。1920年代，它开始成为上海最重要的购物与商业文化中心。[18]四大百货公司——先施、永安、新新、大新——聚集于此。这条街上还有各种商店，出售珠宝、手表、鞋子、帽子、绸缎、布料、成衣、西装、童装、眼镜、化妆品等各种商品。[19]新式的店面装修、新式的展示货柜、新的品质标准、新的服务态度，上海学者将这些统称为"南京路现象"。[20]于是，商店焕然一新——就如《商人宝鉴》（见第二章）所勾勒的那样。

购物成为一种娱乐，逛街则是一种享受、一种特别的体验。半个世纪前，来到南市的葛元煦已经被市集深深吸引。然而逛南市和逛南京路仍然有着本质的不同。南市是旧式市场，南京路则是位于城市中心的新式商业街。逛南市的主要是男性，而南京路的消费者则以女性为主。新式的百货商店都是钢筋混凝土结构，外墙则是巨大的玻璃。橱窗流行起来，顾客无须走进店里询问店员，在街上就能看到里面的商品。同样，沿街设立的还有餐厅、面包房、食品公司、剧院、电影院，及其他娱乐场所。购物本身便有一种迷人的魅力；对于中产之家的主妇们来说，它是一种淡淡的放纵，可以和"闺蜜"一起沉溺其间。[21]

引领购物潮流的首先是永安公司。它是香港永安公司的子公司，其创办者来自广东，师法悉尼的英国百货公司。永安并不是上海第一家经营多种进口商品的公司。开先河的是大名鼎鼎的先施公司——它于1916年开业，前身是两家规模不大的外资企业。[22]永安也不是第一家销售日用百货的公司，销售华洋杂货的商店在19世纪中叶就已经在上海出现——这些商店从销售南北杂货的京广杂货那里汲取了许多经验。

即便如此，1918年9月5日，上海永安公司的开业仍然开创了一个新的购物时代。永安公司地处租界最中心的黄金地段——公司以每年5万元的价格，向上海的地产大亨、犹太商人哈同（Silas Hardoon）签下了这一区域，租期30年。公司大楼地上四层、地下一层，用了整整两年时间才建成竣工。经过这两年的精心筹备，永安公司才正式开业。永安开办的资本额，首期设定在港币200万元，这在零售业里是创了新高。永安公司下设40个商品部类，其中既有轻工业制成品（毛巾、浴衣、内衣、肥皂、牙膏、电扇、热水器、厨具、器皿、餐具），也包含服装及面料（成衣、布料、丝绸、领带、毛衣、帽子、鞋子、手杖）；既有高档的奢侈品（珠宝、手表、钢笔、乐器、时钟、收音机、照相机、花瓶、古董），也有各类特产（人参、药草、西药、茶叶、酒），以及家居用物（家具、地毯、灯、行李箱）。除此之外，还有各式糖果、罐头食品、南北干货，与其他各种美食。永安公司尤其注重商品的布局，每件商品属于哪一类别、摆在哪一楼层，都是精心设计的结果。在消费心理学的指导下，公司以特定的空间布局引导消费者进行选购。顾客虽然自以为随心所欲地逛着商店，其实是在商场设计的路线里打转。[23]

如果说其他商店也可以做到各种商品琳琅满目，永安公司犹胜一筹的突出特色则在于各种名牌一应俱全。半个世纪前，市场上的产品虽多，但实际可以买到的商品则完全取决于到港的船只带来什么样的货物。永安公司号称提供"一切"，是一家"环球""百货"。它的货源来自一个全球采买供销网络，这个网络包含香港的总公司、上海的外资合作伙伴、国内各地制造商的代表，以及日本乃至美国的贸易公司。在没有永安之前，上海的百货商人可以为顾客提供采购自中国全国各地的货物。有了永安之后，永安打通了全球进货的网络，这个网络包括西欧、北美和日本。

永安公司的40个销售与服务部门通力合作，这本身是高度精细的商业管理的结果，以此追求利润的最大化。公司不仅依托自身经验，也广泛参考欧美企业的运作模式，来改进其管理、会计、财务、销售、定价、广告、组织、售后服务、后端整合、品牌推广等方方面面的运作。财务管理方面，永安也采取多元化经营，投资地产、信用、娱乐、饭店、餐厅等领域。永安公司是真正的现代企业，它坚定地以"科学"追求业绩，提高回报。南京路上的其他百货公司纷纷仿效永安公司的运作模式，急起直追。先施、新新、大新三家由此声名鹊起。

从这个意义上看，民国时期的这些百货公司，与19世纪中叶南市的市集有很大的不同。市集里的商品随机杂乱地陈列在一起，叽叽喳喳的热带鸟旁边，或许就是森森可怕的熊掌。这样的摊位空间使用的费用不高，店主或来或去，没有必须承担的固定租金或税捐。空间的使用者，也不必费心投注精力经营这块门面。市集的五花八门、百物杂陈，可以激发人们的视觉想象。然而，闪着霓虹灯、树立在高楼之间的永安公司则截然不同。它是精心营勾、严格管理的结果。它宣示长远经营的意图，因此可以成为上海的地标。

20年代的时候，永安公司大约四分之三的商品是外国进口的。进口商品中，欧美商品和日本商品的比率大约是四比一——前者包括棕榄油肥皂、桂格（Quaker）燕麦、克宁（Kronin）奶粉、西门子电器、派克钢笔、飞利浦收音机、康泰时（Contax）相机、打字机、眼镜、冰箱、加热器、黄油、饼干、罐头食品、白兰地，等等。国货产品很少出现在永安的货架上。在永安的"环球"秩序下，"中国"几乎就是手工艺品和本地特产的代名词。在永安可以选购苏州刺绣、江西瓷器、福州漆器、金华火腿。这些商品所代表的，几乎就是西方人在东方想象之中在中国所着意选购的货物。[24]

永安公司还经营豪华酒店，其中设有中式和西式餐厅、酒吧以及上演各种表演的娱乐大厅。在这一点上，永安公司与巴黎的乐蓬马歇百货公司（le Bon Marché）相仿，它们致力于打造一种新的环境，将购物的愉悦与饮食、娱乐的享受熔为一炉。永安公司让顾客置身于6 000平方米的商品空间之内，背后则有价值超过50万港币的库存作为支撑。400名受过中学教育的男女员工为服务员[25]；这里的售货员会说粤语、吴语和京腔等各种方言，此外他们还可以使用英语和日语。店内巨大的霓虹灯标志上用英语写着："The customer is always right"（顾客永远是对的）。永安公司禁止讨价还价，允许退货换货，送货到家后再结账，为重要的中外客户提供灵活的结算方式，保证货物的品质，甚至长久约定了一批顶尖的工匠，由他们为永安的顾客提供服务。总之，永安将购物变成一种奢华的享受。

为了适应新的商业环境，永安公司雇用了一批受过良好教育、掌握不同语言、具有统计知识的员工。公司为他们提供住宿，并设立了专门的食堂，为他们提供伙食。公司要求员工必须穿制服，基于特定的流程按时作息。员工必须遵守各种行为规范，尤其不得有赌博及其他不法行为。公司在年终根据销售表现和效益结果实施奖惩。经营永安公司的郭氏家族与经营先施公司的马氏家族一样，都是虔诚的基督徒，在英国教会学校受过教育。直到20年代末，他们都还会要求员工在星期天参加礼拜，并按安息日的规定停业休息。[26] 1930年永安公司开风气之先，在特定销售部门雇用女售货员。这些漂亮女孩掀起一阵轰动，人们将她们称为"西施"，文具部就有一位"西施"，向大学生以及纨绔子弟销售自来水笔；毛衣部也有一位"西施"，负责展示最新款的毛衣。当时四口之家可以18元大洋维持一家一个月的生计。这里的毛衣却动辄就要八九十元。为维护公司的形象和声誉，管理层对于女性形象有严格的规定。一旦怀孕，女职员的职业前景往往就结束了。

永安公司的崛起，代表了一种新的趋势，即以专业的知识、专门的机构，营造感官刺激，引领物质消费。公司背后，是训练有素的员工与井然有序的管理。永安百货之所以能繁荣沪上，不仅是产品本身使然，更得益于公司的广告策略与促销技巧，以及由此不断创造出的购物乐趣。例如，永安公司开业时，举行了一个盛大的宴会。数以百计的各界名流受邀出席。之前的两个星期，各大报纸已经对这场即将到来的开业典礼进行了密集的宣传，彻底点燃了上海公众的兴趣与好奇心。大家不仅关心这家百货公司里会有怎样的商品与展柜，也关心它会有怎样的促销活动。法国文学家左拉（Émile Zola）的小说《妇女乐园》（*The Lady's Paradise*）以乐蓬马歇百货公司为原型，描述了一个名叫穆雷（Octave Mouret）的企业家。在他的百货公司里，商品的价格比周围店铺的都低，这一销售方式"彻底改变"了19世纪的巴黎零售业。最终，他的商场吸引了大批社会名媛到此光顾，马车将百货公司的入口堵得水泄不通。永安公司也是如此，策略性地把高档正宗的金华火腿拿来贱卖，因此成功地吸引了大批家庭主妇，造成门市的一股热潮，因而牵动了其他商品的行销。[27]

研究商业史的学者认为，19世纪中叶乐蓬马歇崛起的背后是大规模机器生产的蓬勃发展。因为有机器生产，所以百货公司得以告别其前身，也就是中世纪法国行会下兼售百货的"布料店"。随着生产规模不断扩大，乐蓬马歇把旧时贵胄的奢侈品带入了寻常百姓家。制造业的繁荣，让越来越多的城市消费者可以有效率地展现他们相当的购买力。[28]

相比之下，永安、先施等百货公司的发展与国内制造业发展的关系不大。它们成功的关键在于流动资本的注入与海外供应链的打通。创立后的整整20年间,永安的货架上留给国货的空间不到15%,所销售的国货也被列为同类商品中的低端品牌。20世纪二三十年代抵制洋货期间,永安便成为众矢之的。永安的成功,并不在于通过规模效益提高配送效率、降低运营成本,它的精髓在于通过炫目的包装开拓顶端客户,通过积极的推广让购物本身如梦似幻。

商业史家同样指出,巴黎乐蓬马歇、纽约梅西百货的成功,意味着传统零售商的衰落。激烈商业竞争之下,在巴黎与纽约,以家庭为中心的作坊、以师徒为纽带的手艺渐渐凋零。他们的技艺,渐渐被人遗忘在昏暗而凄凉的作坊里。

永安、先施等百货公司的兴起则截然不同。这些百货公司非但没有挤压中小零售企业的生存空间,反而让整个区域的老店跟上了时代的步伐。左拉笔下,乐蓬马歇兴旺之后,鲍杜舅舅(Uncle Baudu)的布店、邻居包拉斯(Bourras)的伞店,日益惨淡。相比之下,上海的老字号就幸运多了。传统的帽子店、鞋店、化妆品店、皮革店、丝绸店、皮毛店、裁缝店、珠宝店、伞店、剪刀店等,都因为百货公司的到来而迎来了新的商机。它们开始转变经营模式,提供新的商品。一些老字号出售进口商品,另一些商号则熟练掌握了西式裁剪,可以量身定做大衣、旗袍与西装,它们的生意由此蒸蒸日上。这些店家的服务涵盖不同层次的城市居民,产品多样,价格亲民。早间、深夜、周末,以及各种西方节日,百货公司如果关门或者尚未开业,传统商号就成为不二之选。南京路上,协大祥、宝大祥、信大祥并称"三大祥",三家名店每家都有数以百计的雇员。[29]这类商号主要面向追求性价比的普通市民,它们抓住了顶级百货公司忽略的利润空间,形成了"前店后厂"的后端整合模式,由此繁荣起来。此外,南京路上还有一些化妆品店,它们专门把大宗流行产品批发到内地,也有不错的利润。

南京路是上海消费文化中的璀璨明珠。当时的人们已经注意到,进入20年代后,上海的消费文化已经与世界最新潮流同步。第一次世界大战结束后,前往欧美留学、打工的中国人越来越多。[30]回国后,他们把学到的知识带到了国内。有人在艺术机构教课,有人出版期刊、名录、通讯,以及译文集。[31]在他们的努力下,新的视觉产业发展起来,广告、绘图、摄影、装饰、建筑等行业日益专业化。

比如说,学生、游客、设计师和投资人从欧洲回到或来到上海,他们也带来了新的装饰风格（Art Deco）。到了30年代，上海外国租界的许多舞厅、剧院和饭店都选择了装饰风艺术。由四行储蓄会（金城、大陆、盐业与中南）共同投资兴建的国际饭店规模空前；从一开始就旨在改写上海的天际线。它由匈牙利出生的犹太建筑师邬达克（Laszlo Hudec）设计，1934年竣工，当即成为上海最高的建筑——这个纪录一直保持到80年代才被超越。国际饭店的员工在上海沪江大学商业学院和中华职教社（见第二章）接受培训。饭店一开业，当时的国际旅行家就将其列为亚洲顶级豪华饭店之一。[32]

当年的许多摄影作品，都在人头攒动的南京路上产生。这条路上商店与餐厅竞相招揽顾客，迎风的彩旗与广告牌上写满了低价促销和新品发售。推销员们迫切地想要卖出自己的产品，因为他们的收入全靠抽佣的提成。南京路并不是许多传统集市的密集叠加，而是日新月异的城市风貌的一部分。印刷业与出版业蓬勃发展，照相技术日益普及，视觉艺术日益商业化。凡此种种，使得上海商人能够用新的方式推广自己的品牌与产品。海报、日历、看板、香烟牌成为新的广告载体。报纸与杂志也成为需要抢占的阵地。[33]无线电、样板间、展示柜，还有照亮夜空的霓虹灯，它们改变了城市流行文化的音响与图像。总之，南京路不仅出售商品，它所生产并让人们消费的是城市投射出来的景象。这景象不是所有店铺和商场的简单拼贴，而是整个视觉产业运作的结果。这个新兴的视觉产业让南京路成为上海商业的中心。因为有了这个产业，上海城市所生产的景象可以远距离辐射到上海之外，人们对上海景象的消费可以发生在内地的城乡。城市视觉影像的消费，因而成为一种以现代性为题材，对城市景观浮光掠影、片段支离的向往与消费。[34]

视觉产业

广告负责吸引顾客，并说服人们选购；为此，20世纪初上海的广告人探索出多种不同策略。一方面，广告可以利用人们熟悉的沟通媒介，推广新兴的观念；另一方面，广告则可以使用全新的媒体平台，呈现传统的思想。这两种手段，无论是媒介还是内涵，都是"现代的"，因为其中的关键元素来自不同时空的交错。尽管依托"现代的"组织与技术，"现代"广告业并不拒斥旧有的观念。反过来说，全世界许多地方都可以看见的一个共同现象，就是推广新形象最有效的办法是在"新"之中注入旧内涵。

19世纪下半叶，照相机、平版印刷术和新闻出版业纷纷进入中国，共同改变了图像制作、复制、传播的方式。[35]最初，新科技只是用来生产熟悉的平面图像。过了一阵子，人们才从新的视觉技术角度入手来重新构想平面。要呈现这个世界，图片和文字一样重要。文字辅佐图片，它们共同建构出一种复杂的新表述，广泛地吸引了许多全凭文字无法沟通得到的新大众。

以人像摄影为例，开始的时候，照相机只是用来模仿传统人物画，用来复制传统士绅之家祖宗画像的构图与功能。照相馆也使用一些常见的背景以及道具，配置出几套刻板的表现手法。[36]这些程式化的构图方式一旦进军广告领域，就有了以年轻女性为主角的海报。换而言之，明清祠堂中的祖先肖像，与民国城市橱窗中彩色的女性身影，两者之间在构图上有着直接的传承。随着时间的推移，越来越多的人用彩色印刷品来装饰自己的墙面，年轻女人妩媚的笑容渐渐取代了历代祖先严肃的凝视。而在这一过程中，照相机扮演了重要的角色：新的技术让微笑取代了凝视，成为定格人物的瞬间。[37]

20世纪纺织业的兴起，也为图像的工业化生产提供了一个重要的助力。传统手帕、枕头、床单和被面等的图案设计，依靠的是在家中刺绣的妇女的手艺。到了1920年代，这样的图案设计则成了大规模工业制造流程中的一个环节。[38]同样，印刷业的发展也带动了书籍的装帧设计。民国时期的新书封面以及插图设计大量借鉴欧洲、日本的技术与设计，无论使用的是照片，还是手制的图画[39]，都融合了不同风格的人物、山水、花鸟、书法的元素。

烟草与制药企业为新兴的视觉产业注入了大量资金。这些企业开风气之先，设立了专门的广告部门。英美烟草公司于1902年为产品广告设立了这样一个部门。它们的竞争对手南洋烟草公司和华成烟草公司纷纷效仿。

关于广告制作，出版界也不甘落后。上海商务印书馆拥有最先进的印刷机，销售额长年领先全国。主导中国出版业的同时，商务印书馆雇用中国、德国和日本的艺术家，指导员工进行封面与插画设计。中华书局和开明书店很快效仿，这两家出版机构先后是商务印书馆的主要竞争对手。[40]开明书店着重开拓中学课本与儿童文学的市场，因此尤其重视书中的插图。总之，在中国商业艺术的发展史上，英美烟草公司和商务印书馆扮演了重要角色，它们率先投入资源，孕育了职业的图像设计师团队。

20年代后期，生产家庭日用品的化工企业也跟上了时代的步伐。日本资生堂化妆品公司这个时期在东京成立，大量使用彩色照相图片推销新的美容产品。[41]中国的天人化工公司在上海报纸和杂志上也大登广告，图与文并用，推销驱蚊水、雪花膏、牙膏、润肤霜等产品。这些华商的时尚以及美容企业显然还在起步阶段，工业化程度有限，没有制作出精美的专辑商品图册，只是依靠手绘的插图以及相应的说明文字，在报纸以及杂志上做黑白两色的小幅广告。这和大量运用照相技术的烟草业就很不同了。[42]

同样在20年代，独立的广告工作室出现了。它们设计店铺招牌、广告旗帜、企业商标、商品包装，有时甚至也设计布匹图案。它们一方面承接公司订单，另一方面也面向普通商户。[43]1926年《良友》杂志创刊，这是中国第一家定期发行的画报。《良友》以年轻女子的照片贯穿于现代生活的场景之中，取得了相当的市场成效。一种以女性形象促销的商业模式就这样发展起来了。进入30年代，有两家广告公司成立，分别是华商广告公司和联合广告公司。这些公司是由经验丰富的商业艺术家联合组织的，它们脱离了大企业的广告部门而选择自主独立经营。[44]它们广泛地跟各行业签订广告制作合同。同时在内部作业方面，它们在工作室里面做细致的设计分工，最后统合各不同环节，以提高工艺制作的品质与效率。

20世纪上半叶上海最重要的视觉产品是促销香烟与肥皂的月份牌挂历。这些月份牌成功地把货品行销到海外。[45]当时销售各种产品的卖方往往附赠月份牌。得到大众追捧的月份牌可以达到上千万的发行量。30年代上海的广告视觉设计不仅打开了中国市场，而且远销新加坡及整个东南亚。[46]

周柏生（1887—1955）与周慕桥（1860—1923）是早期商业设计师中的名家。他们都曾在苏州的桃花坞师从吴友如，学习设计传统的木刻年画。[47]1917年周柏生搬到上海，在华商创办的南洋烟草公司工作。周柏生设计的月份牌以身穿传统服饰的女子为主，辅以代表吉祥的图案与脍炙人口的格言。周慕桥很快加入了吴友如的工作室。他早先在南市工作，专门绘制店铺招牌、香烟牌子和传统木刻年画。他从历史故事中汲取创作灵感，根据戏剧和小说中的场景来创作系列人物。他的不少作品变化使用了《西游记》和《三国演义》中的故事，以大量的人物和戏剧性的角色勾画了一个个人们耳熟能详的事件。[48]他为笔下的人物赋予了明快的色彩，令他们置身热闹的场景之间，复杂而精妙的构图往往令观者目不暇接。

郑曼陀（1888—1961）曾经是杭州二友轩照相馆的学徒，1914年来到上海。此时，他已经能够熟练运用铅笔和炭笔制作蚀刻版画；对于需要放大的相片，或是较为模糊的底片，他利用明暗对比与纸张材质，让人物轮廓更为清晰。到了上海以后，郑曼陀还结合了水彩画的技法，以极富层次感的画面来表现身着时尚服饰的现代女性。他的人物身后，没有喧嚣、喜庆的场景。他把这些女性安置在静谧的私家花园或舒适的闺房，西式是她们的底色。[49]

郑曼陀纯熟的水彩技法，得益于早先与徐咏青（1880—1953）的合作。徐咏青从小在徐家汇土山湾的上海法国耶稣会孤儿院长大。[50]作为学徒，徐咏青参与制作了教堂肖像画，并在这一过程中学会了绘画。[51]郑曼陀与徐咏青一起绘制海报，彼此之间取长补短。郑曼陀以写实的技法勾勒美人，人物惟妙惟肖；而徐咏青则以西洋的风景衬托人物，画面宁静旷远。20年代最流行的月份牌挂历就出自两人之手。相形之下，苏州传统的风俗年画，比起海派的绘制，就黯然失色，销量骤减。周慕桥后来穷困潦倒，郁郁而终。郑曼陀、徐咏青的风格超出了工艺圈，也得到了美术界的认同。高剑父和高奇峰兄弟是岭南画派的大师，他们不仅欣赏郑、徐的作品，而且在他们创办并经营的审美书馆为两人提供了新的创作舞台。[52]

1920年代，第二代商业画者开始崭露头角。他们有的是前辈画师的弟子，有的曾经受教于传统的绘画名家，有的毕业于新式的美术学校。谢之光（1900—1976）曾师从吴友如、周慕桥，也师从张聿光。后者在上海美术学院讲授西式舞台布景，大大挑战了传统中国戏剧的舞台空间概念。谢之光毕业以后，在华成烟草公司广告部任主任一职，后来又在一家广告公司当主管。他在自己的创作生涯中，设计了数以千计的月份牌挂历海报。梁鼎铭（1895—1959）是著名的油画家，30年代为国民政府创作了国民革命军北伐的巨幅油画，从此声名鹊起。事实上，20年代他也曾一度供职于英美烟草公司。他把油画技法融入广告设计之中，画面颜色特别鲜艳明亮。比如说，他画一个女子一身绸缎，肩上搭着孔雀蓝的羽毛披肩，衣服上有米色、深红色的绲边，腰上系着红宝石的珍珠链。[53]梁鼎铭的妹妹梁雪晴同样身兼画家与商业艺术家，她开创了时尚设计的先河。[54]杭穉英（1900—1947）于1913年进入商务印书馆当练习生，受业于徐咏青和郑曼陀。他曾说，他的创作灵感也来自迪士尼的动画。[55]杭穉英与金雪尘（1904—1996）、李慕白（1913—1991）合伙开了一家画室，这家画室很快成为20年代最负盛名和最受欢迎的设计工作室。在构图上，这几位合伙人群策群力，在人物、风景、广告实物和字体书法等不同方面各展所长。[56] 30 年代，画室进入鼎盛时期，每个月为不同企业设计 80 多幅海报。[57]

平版印刷的月份牌挂历，从 1890 年代起，就是上海跑马场顾客们免费可以得到的赠品。那时的月份牌由 12 幅上海地标建筑的照片组成，如静安寺、豫园、老闸巡捕房的大钟等。此外，挂历上也画有赛马场上人们欢呼雀跃的场景。这些月份牌都装饰有精美的边框，上面盖满了广告资讯。[58]

到了民国时期，古典风格的美人画像又流行起来。从画师到读者，人们热衷于女性的形象，无论她们是历史上的名媛，还是虚构的人物。[59] 此时的艺术家们已经熟悉照相技术与人体解剖。他们从中汲取创作灵感，尤其注重皮肤的色泽与质感。他们呈现脸部特写，并将女性的身体放在聚光灯下，让人细细品味。例如，杭穉英有一幅作品，描绘了一个自行车上的少女，她满脸微笑，大腿修长，脚穿高跟鞋，无袖低胸上衣刚刚好盖住胸部。[60] 30 年代，越来越多的画面开始展示女性的身体。她们或伸出手臂，或露出大腿，薄纱之下肌肤若隐若现，出现在闺房之中，让人浮想联翩。

画面之上撩人的情与色，刺激读者们据为己有的欲望。占据画面中心位置的女性，却只是各种商品的载体。这些商品包括皮裘大衣、高跟鞋、电扇、香烟、双人沙发、自行车、棉线和铜顶针。图中的女性永久年轻、青春常驻。然而她们的面容形象千篇一律。她们背后以及周遭的服装、珠宝、家具、房屋、花园，却是变化万千。衣着华丽、出入豪门的女性并不体现上海物质主义和消费主义的全貌。真正构成现代上海商业景象的，是被商品围绕、被物质掩盖的商品化女性青春。

这样的广告产生了很大的影响力。在广告的推动下，抽烟在 20 世纪初成为一种时尚。有地位的女性炫耀金质的滤嘴和烟盒。抽烟也成了时髦女性引领时尚的新标志。

故事与营销

除了图像，上海广告人也开拓无线电台、电影等新兴媒介，用歌曲、故事的形式来呈现产品背后的观念。以"老九和"为例，这个老牌商号在上海销售高级丝绸与皮毛，它的广告主打弹词。弹词作为街巷茶馆通俗的民间表述，因此摇身一变，成了专业播音人在商业电台推出的节目。[61]

有位倪先生，跟老九和合作，在商业电台不断繁荣的 1920 年代，通过无线电台的评弹节目推广绸缎庄的生意。广告人之所以选择弹词这种形式，是因为弹词受众很广，它是当时城市生活中不可或缺的一部分。从南市到租界的所有茶馆都能看到弹词表演。表演者通常是女性，她们在不同的茶馆献艺，观众以男性为主。在台上台下的互动之间，讲述一个个故事。无线电台改变了这种艺术形式，听众散处各地，有人居家，有人在店铺里，有男有女，不用专程到茶馆听戏。印刷术发达的上海，更是把弹词的歌本拿来付梓。如此，则人们无论身在哪里，都可以欣赏曲目，并且靠着文本，还可以跟着哼唱。弹词作为表述形式，维系人们共同体验的，不再是同一场茶馆里的小圈子，而是大家手中的文本。

广播电台的弹词节目，也让不少男性表演者声名鹊起。新的技术将他们声波的抑扬顿挫化作了无线电波，传到千家万户，进入无数中产阶层女性的闺房。从前，这些女性受困于家庭生活的孤岛；现在，透过收音机这一媒介，她们参与了另一种公众世界，成为匿名的"听众"。

老九和绸缎庄在南市起家，开始的时候主要经营日用品。开始介入无线电台评弹广告以后，老店将丝绸与皮草作为主要商品，透过广告，将这些服装包装成现代生活不可缺少的一部分。老九和的平面广告，描绘了时髦的年轻女子，行走在两边高楼林立的上海大街上。她们身着丝绸与皮毛衣，脚踩高跟鞋，留着短发，手中拿着大包小包新买的东西，脸上则洋溢着满足。新时代的女性会结伴在老九和购物。商店所广播的，是闺蜜间的情谊。徜徉于这种新式消费文化中，购物不仅安全舒适，也是女人幸福的具体展现。

有些广告推广的是旧式商品，为它们赋予新的社会文化意义。另一些广告则为购物行为本身赋予新的意义，为新式产品的消费者贴上现代化或者爱国的标签。在这样的广告的包装下，购买新的产品不仅是一种消费的愉悦，更包含着对物质发展和社会进步的理解，以及一种对科学的、开明的生活方式的拥抱。这种广告策略，有时被用来推广新的生活方式，比如洗澡；有时被用来推销人们还不熟悉的商品，比如牛奶。

推销新事物

上海企业家尤怀皋如何推广牛奶，葛淑娴（Susan Glosser）曾经有专文著述。[62]尤怀皋出身江苏士绅，在康奈尔大学专攻农业，30年代中期返回上海以后，在市郊开办了个农场。然而，牛奶既不是茶水也不是冰激凌，很难成为日常的饮品或者特别的犒劳。为了推广牛奶，尤怀皋另辟蹊径。他编辑并出版了一份叫作《家庭星期》的期刊，亲自撰稿。这份期刊免费随着牛奶发送。尤怀皋在此勾勒了一幅现代小家庭的理想图景。这里，穿着时髦的女主人主导家政，打扮得就像老九和的主顾们那般。然而不同于老九和毫无家累的消费者，这些家庭主妇也是肩负家庭责任的贤妻良母。《家庭星期》将女性重新放置在家庭之中而不是城市街道之间。尤怀皋写道，每天饮用牛奶不仅有利于孩子的成长发育，也对所有家庭成员的健康大有裨益。然而，大多数中国人还没有养成喝牛奶的习惯。于是，妈妈们必须依靠自己的知识，大胆创新，将牛奶作为家庭健康饮食的一部分。尤怀皋指出，只有思想开明的现代女性，才能迈出这关键的第一步，选择一种不熟悉的商品，造福整个家庭。

可以想见，杂志的配图中，常常会有胖嘟嘟的婴儿，以及从瓶中溢出的牛奶。此外，他每周还给家庭主妇一些建议，比如怎样成立家庭储蓄账户，如何"科学"育儿并管理家庭财务。[63]尤怀皋的想法与美国教会女子学校的新式教育课程内涵不谋而合，所以他的刊物，也可以被看成一种中国版的美国《妇女家庭杂志》。人们只要订购尤怀皋生产的瓶装消毒牛奶，就可以获赠整套生活指南，其中有各种人生规划的实用知识。某种意义上，尤怀皋提倡一种从个人身体到消费理财的全面健康，他销售的概念是，喝了牛奶，每位家庭成员都可以从中受益。

总之，老九和的经营者将丝绸、皮毛这类传统奢侈品打造成现代生活的标志。尤怀皋则进一步推广一种全盘的家庭管理方式，让我们难以区分他出售的到底是牛奶产品，还是家庭革新理念。销售旧产品和推销新产品，所面对的挑战是不同的。如果刚巧是后者，企业家的任务就不仅是买与卖，他还要说明这一产品究竟是什么，以及它在我们渴望的生活中究竟意味着什么。

生产"国"货

商品本身无法推动文化变迁。它们之所以能改变人们的生活方式，是因为人们选择使用这些商品。外国商品进入中国，在本土化的使用过程中会产生一些变化。在这个本土化过程中有两种力量互相拉扯，一种是大家对外来商品的陌生感，另一种则是人们驯化、改造商品异质的努力。民国时期的上海，外国与本土之间的张力贯穿于普通人的日常生活，这一点在物质生活的转型过程中尤为明显。我们只要考察上海周期性的"国货"运动，就可以更好地理解"国"与"洋"之间的种种共生和悖论。

1920年代至1930年代的国货运动，起源于晚清的抵制洋货。[64] 19世纪晚期，美国国会立法排华，为了抗议，广东地区以及粤商发起了抵制美货运动。1919年五四运动以后，全民抵制日货。为抗议日本棉花纱厂以及英租界巡捕枪杀中国工人，1925年又发起了五卅运动，大规模抵制英货以及日货。这些都是大家耳熟能详的例子。1925年以后，国货运动蓬勃发展起来，运动的重心从消极抵制洋货转向积极推广国货。[65]例如，南洋烟草公司利用当时民众对英国的愤怒，大规模投放广告，一方面旨在激发国人的爱国主义情绪，另一方面则力图压制国人消费其主要竞争对手英美烟草公司的产品。这些广告促使中国消费者支持中国制造业和购买"国货"。消费者选择国货的意识与行为，则被视为爱国主义的体现。[66]

以南洋烟草公司为例。上海的国货运动以上海的新型企业为首，并得到了主要金融业者的大力支持。国货运动以民族主义的语言来推销中国制造的产品，通过报纸以及其他媒体展开宣传，旨在将抵制洋货与购买国货结合在一起。不管这些努力的结果如何，上海企业的商业利益都贯穿于宣传攻势之间，在建构民族主义话语的过程中扮演了重要的角色。

不过，虽然商家大肆宣扬支持国货就是爱国，这一民族主义的说法却有相当的误导性。在全球资本主义的经济体系中，要在生产过程或者产品中找到准确的"本国"成分，是一件很困难的事情。[67]创立并运营南洋烟草公司的简氏兄弟，其实持有日本护照，他们在东南亚的经营与日本供应商之间有着非常密切的关系。此外，南洋烟草公司以爱国主义的号召推广自己的产品，在国内不同市场的效果也参差不齐。无论"民族国家"还是"国货"，这些概念首先都在城市中形成，还没有在全国上下生根发芽。地方上的消费者无法把购买行为跟爱国行动结合起来。说来说去，"民族主义"就跟"现代性"一样，是一种发端于城市的新思维。

无论是国货运动还是爱国主义，其中关于"国"的简单概念都遮掩了"国货"的复杂结构。一般说来，国货之所以为"国"货，都包含了"时间"

与"空间"两种元素交错的四组可能组合。从空间角度来看,一个产品可以被形容为"国产的"或"本地的",与之对立的是"进口的"或"外来的"。从时间角度来看,一个产品可以被形容为"传统的"或"中国旧式的",与之对立的是"现代的"或"西洋新式的"。我们依据这个简单的分析坐标,可以一一考究所谓"国货"究竟指的是什么。当人们说烟草、火柴、床单、毛巾是"国货"的时候,他们说的是这些产品(从空间坐标来看)是中国自己生产的,不是外国进口的。对于老派的人来说,这些东西是从前没有的,开始的时候是从外国输入的。换而言之,尽管这些产品现在由中国人自行生产、经营、推销,但这些东西从时间坐标来看,并不存在于传统之中。这些东西现在因为跟国人自营的新型企业挂上钩,所以成为"国货"。然而它们的行销与使用,从时间坐标来看,以"现代"来颠覆"传统"的消费习惯跟生活方式,颠覆的作用并不亚于洋货。"国货"之所以成为国货,是以华资取代外资来进行西式生产,是以西式产品来取代传统中国商品。"国货"的生产,必然涉及一个洋货本土化的过程。1930年代的国货运动中,一批新一代的中国企业家积极地把外国的、现代的与中国的、本土的元素结合起来,他们成功地生产了一种既是新的、机械的又是本土的、贴近国人品味的物质文化。他们把这个生产过程的结果叫作国货。

国货所生产的不是传统的老东西、老样子。因此,国货企业便成为新的生活方式的推动者,这种生活方式同时融合了中西的不同元素。比如说,为了销售浴袍和纯棉毛巾,三友实业社的广告就美化了某种配合使用的生活节奏。三友广告告诉大家,如果黎明即起,不但听得见鸟儿啁啾,看得见玫瑰色泽的晨曦,而且迎面还有沾着露水的鲜花。这个时候最适宜在户外运动一番,然后冲个澡,披上三友浴袍,这样就能好好享受晨光,再也不必担心朝露的轻寒。[68]换句话说,中国的浴袍和毛巾国货厂家为了兜售产品,大力推销的是一种经常运动并且天天洗澡的生活方式。

同样,为了推销床单、蚊帐、枕套、窗帘以及其他家居商品,三友实业社在南京路建立了一个展厅。展厅装饰成家的样子,并以东晋诗人陶渊明所描述的乌托邦"桃花源"来命名。三友用这一样板房展示家居产品,并提倡新的家庭布置方式。"桃花源"里房间很多、功能各异,最终则服务一个核心家庭。[69]毛绒玩具像孩子一样躺在床上,它们的睡衣上则带着公司的商标。整个展览希望告诉大家,只要具备合适的物质条件并正确地选购了恰当的产品，城市的家庭幸福就是触手可及的。

理想的家居需要有客厅、餐厅、书房、主卧、儿童房和厨房，这一构想符合石库门的楼层规划。石库门建筑的外墙是以石砖砌成的两到三层楼的街屋，有拱门和内部庭院。[70]这种风格的城市住宅出现于19世纪末，并在20世纪最初的十年间快速发展起来。这一设计旨在满足以一家之主的收入维系起来的核心家庭的住房要求。[71]石库门建筑的设计封闭且独立，空间布局模式与传统样式的中国士绅院落完全不同。三友实业社推销的国货，售卖的对象正是城市新兴现代经济中的白领，卖给他们的则是整套西式的居家产品。

总之，推销新产品就必须推销新产品背后的生活方式。售卖国货产品，也就必须一连串推销整套物质生活以及日常生活习惯。卖床单的，不能不考虑床的设计，不能不问床垫底下是什么样的结构，不能不问床在什么样的卧室中安置，不能不问卧室以及房屋的整套设计。推销浴袍与床单的工作，很快就连接上宣扬核心家庭、妇女教育、储蓄计划、儿童成长、牙齿健康、西式医药，甚至更多。无论有意还是无心，"国货"的制造商都成了改革的既得利益者，他们投入大量财力人力，希望改变中国人的生活方式，把大家都变成李伯元笔下"变化了的中国人"。

国货的行销，造就了一种视觉文化，把原本分别算是"中国的"和"西方的"、"传统的"和"现代的"符号抽离各自的脉络与体系，交杂糅合成新的形象，成为30年代广大消费者所熟悉的图像。例如，金箭牌香烟为了促销，提供镀银的香烟盒、皮包、手表和雨衣，作为消费者免费的礼物。然而，如果想得到这些礼物，顾客们必须收集齐一整套画着"孔门七十二贤"的香烟卡片，作为交换。[72]有个染料公司在广告里将白雪公主和七个小矮人拿来画成一套"八仙"。这些外国八仙并不像道家的八仙那样能够腾云驾雾，他们的图画背景是迪士尼风格的城堡，他们的活动是童稚的游戏。[73]在另一段广告中，一群鸽子在草坪边啄食，旁边一位中国妇女和两个孩子饶有兴趣地看着。同一画面上，还有池塘、喷泉、曲径、草坪，以及周围的绿树。这样宁静祥和的画面，却是在推销山东烟草公司的香烟。[74]

最后再举一个可口可乐的例子。这个海报由著名商业艺术家设计，其中一个年轻女子举着玻璃杯，正要与我们干杯。她微笑着，露出洁白贝齿，戴着珍珠耳坠，穿着乳白色高跟鞋，配着全长合身的白缎子旗袍。她全身白色，仿佛西式的新娘，但她独自优雅斜坐于其上的床与置身其中的屋，却是中国式的耀眼红色。这女子背后的墙上所标志的，正是可口可乐红白两色相间的商标。换而言之，这身着白缎、置身红色绣房、邀人共饮的女子，岂止秀色可餐，同时也正是可乐的化身，厂家促销的对象。[75]

国货运动不仅推动了舶来品的本土化，也改变了消费者的形象，把"中国的"与"现代的"两种元素结合在一起。可口可乐以中国女子的妩媚动人，呈现美国饮料的甜蜜可口，这幅广告海报具体而微地体现了20世纪前20多年上海行销文化的开展。中国的商业资本不仅本土化了西洋，也商品化了女性。这幅海报将来自西方的商品，放进家庭的卧室之中，将女性私密的空间展露在消费者的视线之下。随着技术的进步与商业的运作，洋货走进了千家万户，而女性则踏出了自己的门间。可口可乐的广告引诱人们消费的，除了可乐，还有女性的甜美。20世纪初期，姚老夫子在茶馆里遇见试着洗澡、穿着西服的"变化了的中国人"。那时茶馆里的众人把这人看作荒诞的人物。然而到了30年代，中国人的变化不仅不足为怪，而且支撑了国货，展示了城市消费者的精致。

"满洲国"成立之后，上海的国货厂家以及百货公司号召全面抵制日货。1932年2月，国货工厂联合起来组织成立了国货百货公司，专门销售国货商品。[76]其中扮演关键角色的是中国银行，它在工厂与商场之间搭建桥梁，在必要时延长贷款，并以资金担保的形式为企业分散风险。提供"环球百货"的永安公司这时也撤下日货，以国货取代。超过70家国货制造商跟永安公司签订合约，产品涵盖法兰绒、草帽、太阳伞、热水瓶、驱蚊剂、毛毯和各种保健品、止痛药。数以千计的制造商向永安送出了自己的样品，都希望自己的产品能够被放上永安的货架。永安公司实际下订单的时候，却制定了苛刻的结算条件。1934年美国国会的《白银收购法案》通过以后，永安更加保守地管控公司的财务与现金流。[77]30年代中期，永安公司转向销售国货，不仅是一种爱国主义的表态，而且是为了保护自己的经济利益。[78]

从20年代到30年代，上海的国货运动层层推进。与此同时，机器印刷、照相、动画电影等技术，大大扩展了商业艺术家的创作空间。在这一意义上，上海经济的繁荣也颠覆了传统的构图方式与视觉习惯。虽然新技术的使用者们将现代呈现在人们眼前，但他们并不必然批判传统。他们将玫瑰夹在美人的翻领上——她在春日的天空下，在梅花丛中微笑。他们将牡丹放在美人的手指间——高高的毛领之上，是她打扮精致的脸庞。前文提到的徐咏青,他是耶稣会教师培养长大的画家。他画圣母圣婴的画像,也创作了《虎丘》和《净因慧业图》两幅名作。他把佛塔放在大家熟悉的虎丘上。他把袖珍的小人放在参天大树底下,小小人物中,有人似乎在苦苦地寻找入口,有人似乎在石头上陷入沉思。大树展开枝丫,仿佛巨大的十字架。[79]这样的风格布局打破了中与西、旧与新之间的截然对立。上海的视觉艺术家遵循市场消费的法则,他们步步为营,探索新的方式。他们开创的视觉文化充满活力,不拘一格。然而值得注意的是,他们并没有自觉地将自己放在传统的对立面,刻意地与过去决裂。

景观中的权与势

都市景观是如何形成的?这是众人观看的结果。而"观看"这个行为,则在不同的场域中发生。有些场域,是特别为观看而设计的。譬如20世纪上半叶中国举办了不少展览会,常常是为了推销商品和展示进步,由新式企业跟政府合作,组织商家参加。在这个场域中,呈现在人们眼前的并不是泛泛的商品,而是精心挑选、用来代表"中国的""现代的"新产品。政府跟企业合作,结合科技与组织力量,把机械制造的现代物质文明呈现在爱用国货的爱国消费者面前。

与"景观"息息相关的,是展示的概念。传统的新都商人认为谦虚低调是一种美德。在那个世界中,沿街叫卖辛苦异常,推销兜售则不登大雅之堂。上海的广告业吹响了新的号角,以新的展示方式开启了新的视觉世界。南京路上,最终崛起的是一种形象的文化,以穿戴、配饰、外表取代家世背景,作为城市身份的标志。

然而,是怎样的感官与感受引导着上海的视觉产业?那又是谁的感官,谁在感受?谁——又如何规训了——观看的方式,让人们仰望或者藐视、介入或者逃避、支持或者颠覆既有的利益系统与权力体系?又是怎样的机制,改变了人们的目光,调整了人们的期待,重新界定了人们眼中的自然或异常?我们从几个角度举几个例子,来说明其中的多元性以及等差架构。

1880年代,点石斋画报出现。这些图片中描绘新的技术如何为女性打开新的视野与世界。有图片描绘一个女子居家,在窗前缝纫,双眼紧盯着缝纫机的钢针在布料上移动。[80]有图片描绘一群年轻女子,在顶上远眺阳台,几个人轮流使用一架望远镜。[81]有图片描绘几个衣着华丽的女子，围在水晶吊灯之下的一张台球桌旁边，专注地看着一个戴着玉镯的女子如何聚精会神地算计桌上的白球。[82]新的机器、新的技术创造了新的条件，这些女子得以不出闺门就能把眼光凝定在新的事物上。同时，印刷与绘画又将这些女子变成了被观看的对象。这许多观看行为又成为日常生活的一部分。

晚清著名红顶商人胡雪岩拥有巨额的财富。据说他十分注意双眼的保护。每天早晨，他都要在眼前摆上一盘鲜艳的宝石，花15分钟来看石头的滚动，这个观看叫作"养眼"。观看可以是一种特权，权力可以让人看到别人看不到或不能看的东西。

上海的新兴财富让这些资源的持有者取得观看的特权，这些特权的展示颠覆了传统的视觉秩序与制约。我们回头联系本章开篇所引的那个胡雪岩的故事，如果强行观看是一种视觉暴力，那么金钱是否可以豁免这一暴力？胡雪岩让裁缝的女儿赤身裸体地由他观看。他把她聘进家门，表面上似乎符合了礼法。然而一夜之后，他就打发她带着巨资回娘家去，这样的交易，不仅是对礼法的藐视，而且掏空了过门仪式素来的传统意义。胡雪岩以手中的财富，公然背弃了仪式中不言而喻的真诚与信任，他把建构长期关系的嫁娶变成了短期交易的一种手段。

这个小故事从一个女子拒绝一个男子的窥视开始，展现了层层的张力与对峙。它所探索的，是金钱的力量与观看的特权是否受到礼俗的制约。它所捕捉到的，是市场财富开始挑战视觉伦理与认识体系的那一刻。它似乎认定，金钱可以购买正当性。然而这个故事又不那么简单。

20世纪上半叶，上海文化正在转向以物质为主导的经济主义。然而上海的物质转向是否彻底重构了人际关系与伦理价值？盈亏交易的逻辑是否在伦理领域取得合法性？以物质为主导的经济思维是否能够打破传统对商业行为的贬抑，建构出一套完整的社会思维与体系？这些都是20世纪中国历史发展中具有关键性意义的问题。本书将在之后的章节中继续展开讨论。

注　释

1　参见葛元煦：《沪游杂记》，第22页。

2　参见上书。

3　参见宋楚瑜（James Soong）：《中国19世纪的一种视觉经验：任伯年（1840—1895）和他的上海画派》["A Visual Experience in Nineteenth-Century China: Jen Ponien (1840–1895) and the Shanghai School of Painting"]，加州大学伯克利分校博士论文，1977；林似竹（Britta L. Erickson）：《任熊〈姚燮诗意图册〉中的非凡主题和非凡事物》("Uncommon Themes and Uncommon Subject Matters in Ren Xiong's *Album after Poems by Yao Xie*")，载郭继生（Jason Kuo）编：《1850年代—1930年代上海的视觉文化》(*Visual Culture in Shanghai, 1850s–1930s*)，华盛顿特区：新学术出版社（Washington, D.C.: New Academia Publishing），2007，第29–54页。也可参见李唐（Li Tang）：《艺术市场化：1840—1895年人艺图片的商业主义》["Art for the Market: Commercialism in Ren Yi's (1840–1895) Figure Painting"]，马里兰大学硕士论文，2003；林似竹：《19世纪上海地区的资助和成果：任熊（1823—1857）和他的资助人》["Patronage and Production in the Nineteenth-Century Shanghai Region: Ren Xiong (1823–1857) and His Sponsors"]，斯坦福大学博士论文，1977。

4　参见吴友如：《吴友如画宝》，3卷本，上海：文瑞楼书局，1908。

5　参见葛元煦：《沪游杂记》，第23页。

6　关于晚清上海交际花的图片，参见叶凯蒂（Catherine Vance Yeh）：《塑造城市美女：晚清的上海交际花》("Creating the Urban Beauty: The Shanghai Courtesan in Late Qing Illustrations")，载蔡九迪（Judith T. Zeitlin）、刘禾（Lydia H. Liu）、魏爱莲（Ellen Widmer）编：《中国的写作和物质：纪念韩南论文集》(*Writing and Materiality in China: Essays in Honor of Patrick Hanan*)，马萨诸塞州剑桥：哈佛大学亚洲中心，2003，第397–447页。

7　其中最著名的或许是秋瑾，她密谋刺杀安徽巡抚未遂，于1907年被政府处决。参见冉玫烁（Mary Backus Rankin）：《早期的中国革命：1902—1911年的上海和浙江激进知识分子》(*Early Chinese Revolutionaries: Radical Intellectuals in Shanghai and Chekiang, 1902–1911*)，马萨诸塞州剑桥：哈佛大学出版社，1971。

8　这个时期先后有若干不同性质的女子学校创立。第一所中国女子学校似乎是爱国女学，由经子渊于1892年创办。

9　这些作者或来自江南。太平天国运动爆发之后，他们大批涌入上海，希望在这里出人头地。他们将江南的倡优文化带到了上海的租界。参见许敏：《士、娼、优：晚清上海社会生活一瞥》，载汪晖、余国良编：《上海：城市、社会与文化》，香港：香港中文大学出版社，1988，第113-126页；周武、吴桂龙：《上海通史》第5卷《晚清社会》，上海：上海人民出版社，1999，第367-372页。

10　参见贺萧（Gail Hershatter）：《危险的愉悦：20世纪上海的娼妓和现代性》(*Dangerous Pleasures*：*Prostitution and Modernity in Twentieth-Century Shanghai*)，伯克利：加州大学出版社，1997。

11　参见葛元煦：《沪游杂记》，第3页。

12　参见李伯元：《文明小史》，北京：通俗文艺出版社，1955，第99-105页。

13　同上书，第100页。

14　同上书，第100页。

15　同上书，第102页。

16　同上书，第103页。

17　同上书，第103页。

18　参见高家龙（Sherman Cochran）编：《南京路的建构：1900—1945年的上海商业文化》(*Inventing Nanjing Road*：*Commercial Culture in Shanghai*，*1900-1945*)，纽约州伊萨卡：康奈尔大学东亚中心（Ithaca, NY: East Asian Center, Cornell University），1999。

19　参见上海百货公司、上海社会科学院经济研究所、上海市工商行政管理局编著：《上海近代百货商业史》，上海：上海社会科学院出版社，1988，第26-32、51-114页；朱国栋、王国章主编：《上海商业史》，上海：上海财经大学出版社，1999，第131-140、395-430页；商业部百货局编：《中国百货商业》，北京：北京大学出版社，1989，第4-15页；曹聚仁：《北行小语：一个新闻记者眼中的新中国》，北京：三联书店，2002，第332-346页。

20　参见徐鼎新：《1920年代、1930年代上海国货广告促销及其文化特色》，1995年7月康奈尔大学举办上海消费文化研讨会所提交的文章。也可参见高家龙编：《南京路的建构：1900—1945年的上海商业文化》。

21　参见叶文心：《上海现代性：一个中国城市的商业和文化》("Shanghai Modernity: Commerce and Culture in a Chinese City")，《中国季刊》(*The China Quarterly*) 第150期（1997年6月），第375-394页。

22　关于上海先施公司的创始人和总经理黄焕南，参见邓怡康：《上海先施公司创建人黄焕南》，载吴汉民主编：《20世纪上海文史资料文库》第4辑，上海：上海书店出版社，1999。

23　参见上海社会科学院经济研究所编著：《上海永安公司的产生、发展和改造》，上海：上海人民出版社，1981。

24　参见上书，第34页。

25　参见上书，第17页。

26　20年代，爱国运动席卷中国各大城市，年轻职员反对参加礼拜，这项要求就被废止了。但是永安公司管理阶层仍然强烈反对职员在星期天参加无聊活动或懒散度日。

27　参见上海社会科学院经济研究所编著：《上海永安公司的产生、发展和改造》，第18页；左拉：《妇女乐园》，伯克利：加州大学出版社，1992，第37页。

28　参见迈克尔·百瑞·米勒（Michael Barry Miller）：《乐蓬马歇：资产阶级文化和百货公司，1869—1920》（The Bon Marché: Bourgeois Culture and the Department Store, 1869-1920），新泽西州普林斯顿：普林斯顿大学出版社，1994，第19-72页。

29　中等规模的布店，南市与其他街道也有，雇员30到40名不等。其他的大多数布店只有两到三名学徒与他们的师傅一起工作，而且都在离南京路很远的地方。民国上海的"衣着业"主要是单一产品的绸缎、棉布和羊毛等零售商，女装和西服的制造商，二手衣服的交易商。他们注重本地消费者的实际需求，有选择性地采用百货公司的做法。由于不能应对市场的残酷竞争，许多这种店铺在三四十年代起伏不定。1949年，共产党政权做了统计，整个城市这类企业达到了3 300家，有19 000多名职员和学徒，每1 000个上海市民就有一个"服装店"。参见玉昆：《上海衣着行业概况》，载中共上海市委党史资料征集委员会编：《上海衣着业职工运动史料》，内部资料，上海，1985，第5-6页。

30　参见曾凯莱（Gloria Tseng）：《法国马赛克的中国碎片：法国的中国经验和传统革命的形成》（"Chinese Pieces of the French Mosaic: The Chinese Experience in France and the Making of a Revolutionary Tradition"），加州大学伯克利分校博士论文，2002。

31　参见魏曼丽（Vimalin Rujivacharakul）：《建筑师：文化英雄》（"Architects as Cultural Heroes"），载高家龙、史谦德（David Strand）、叶文心编：《城市运动》（Cities in Motion），伯克利：加州大学东亚研究所，2007。

32　国际饭店开业被《华北先驱报》报道，并将其视为一件大事。参见丽诺尔·海特坎普（Lenore Hietkamp）：《上海国际饭店及其建筑师邬达克（1893—1958）》["The Park Hotel, Shanghai, and its Architect Laszlo Hudec (1893-1958)"]，维多利亚大学硕士论文，1989。

33　广告海报和月份牌的使用，参见高家龙：《1900—1950年的行销策略和广告梦想》("Marketing Medicine and Advertising Dreams in China, 1900-1950"),载叶文心编:《成为中国人:通往和超越现代性之路》(Becoming Chinese: Passages to Modernity and Beyond),伯克利:加州大学出版社,2000,第62-79页。

34　关于"脱离",参见安东尼·吉登斯(Anthony Giddens):《历史唯物主义的当代批判》(A Contemporary Critique of Historical Materialism)第1卷《权力、财产和国家》(Power, Property, and the State),伯克利:加州大学出版社,1981,第129-156页;斯捷潘·梅斯特罗维奇(Stjepan G. Mestrovic):《安东尼·吉登斯:最后的现代主义者》(Anthony Giddens: The Last Modernist),纽约:劳特利奇出版社(Routledge),1998,第15、155、173页。

35　参见芮哲菲(Christopher A. Reed):《上海的古腾堡:中国印刷资本主义,1876—1937》(Gutenberg in Shanghai: Chinese Print Capitalism, 1876-1937),檀香山:夏威夷大学出版社(Honolulu: University of Hawaii Press),2004。

36　参见颜娟英:《不息的变动——以上海美术学校为中心的美术教育运动》,载颜娟英编:《上海美术风云——1872—1949年申报艺术资料条目索引》,台北:"中央研究院"历史语言研究所,2006,第48-56页。

37　关于商业广告的海报图片,参见高家龙:《1900—1950年的行销策略和广告梦想》,载叶文心编:《成为中国人:通往和超越现代性之路》,第62-97页。也可参见高家龙:《中国大公司:1890—1930年烟草工业的中外对抗》(Big Business in China: Sino-Foreign Rivalry in the Cigarette Industry, 1890-1930),马萨诸塞州剑桥:哈佛大学出版社,1980。

38　清朝最后几十年间,中国丝织品在世界市场上的竞争力下滑;面对这一危机,江苏的士绅寻求变革,他们资助学生出国留学,并派遣工匠去日本学习图案和设计。回到江南的家乡后,这些改革者出资建立了养蚕机构和职业培训学校,把毕业学生送到中国人开设的纺织厂工作。纺织设计不再是家庭内的绣花之活,而是变成了企业生产过程的一部分。参见白薇:《我投到文学圈的初衷》,载兰云月编:《民国才女美文集》上卷,北京:北京燕山出版社,1995,第110-117页。也可参见高彦颐(Dorothy Ko):《闺房与全球化市场:20世纪的神兽、刺绣和现代性》("Between the Boudoir and the Global Marketplace: Shen Shou, Embroidery and Modernity at the Turn of the Twentieth Century"),2005年9月20日在加州大学伯克利分校中国研究中心提交的论文。

39　参见安雅兰(Julia Andrews):《从封面判断一本书:上海的封面设计》("Judging a Book by Its Cover: Book Cover Design in Shanghai"),1997年3月14日芝加哥亚洲研究协会年会上提交的论文。

40 参见陈瑞林：《"月份牌"画与海派美术》，载上海书画出版社编：《海派绘画研究文集》，上海：上海书画出版社，2001，第472页。

41 参见坂元弘子（Sakamoto Hiroko）：《资生堂》，2005年12月在上海华东师范大学近代史上城市通俗文化和社会变迁国际研讨会上提交的论文。

42 参见丁浩：《将艺术才华奉献给商业美术》，载益斌、柳又明、甘振虎编：《老上海广告》，上海：上海画报出版社，1995，第15页。

43 参见陈瑞林：《"月份牌"画与海派美术》，载上海书画出版社编：《海派绘画研究文集》，第447页。

44 参见丁浩：《将艺术才华奉献给商业美术》，载益斌、柳又明、甘振虎编：《老上海广告》，第15-17页。

45 参见梁庄爱伦（Ellen Johnston Laing）：《出售快乐：20世纪初上海的月历牌和视觉文化》（Selling Happiness: Calendar Posters and Visual Culture in Early Twentieth-Century Shanghai），檀香山：夏威夷大学出版社，2004。

46 参见陈瑞林：《"月份牌"画与海派美术》，载上海书画出版社编：《海派绘画研究文集》，第447页。

47 关于书籍印刷中的传统木版印刷，参见孟久丽（Julia K. Murray）：《书中的名言警句》（"Didactic Illustrations in Printed Books"），载包筠雅、周佳荣（Kai-wing Chow）编：《清朝晚期的印刷和书籍文化》（Printing and Book Culture in Late Imperial China），伯克利：加州大学出版社，2005，第417-450页。也可参见包筠雅：《阅读19世纪的畅销书：四堡的商业出版》（"Reading the Best-Sellers of the Nineteenth Century: Commercial Publishing in Sibao"），载包筠雅、周佳荣编：《清朝晚期的印刷和书籍文化》，第184-231页；柯律格（Clunas Craig）：《现代中国早期的图片和视觉》（Pictures and Visuality in Early Modern China），新泽西州普林斯顿：普林斯顿大学出版社，1997。

48 参见陈瑞林：《"月份牌"画与海派美术》，载上海书画出版社编：《海派绘画研究文集》，第472-473页。

49 参见上书，第473-475页。

50 关于土山湾的耶稣会孤儿院传授宗教美术的技能和技术的情况，参见沈毓元：《土山湾与孤儿院》，载汤伟康、朱大路、杜黎编：《上海轶事》，上海：上海文化出版社，1987，第196-204页。

51 参见宋家麟编：《老月份牌》，上海：上海文化出版社，1997，第27页。

52 参见陈瑞林：《"月份牌"画与海派美术》，载上海书画出版社编：《海派绘画研究文集》，第475页。

53　参见宋家麟编：《老月份牌》，第 143 页。

54　他的两个弟弟梁又铭和梁中铭都是著名的画家。

55　参见陈瑞林：《"月份牌"画与海派美术》，载上海书画出版社编：《海派绘画研究文集》，第 475-477 页。关于杭穉英，参见梁庄爱伦：《出售快乐：20 世纪初上海的月历牌和视觉文化》。

56　参见陈瑞林：《"月份牌"画与海派美术》，载上海书画出版社编：《海派绘画研究文集》，第 477 页。

57　参见金雪尘：《老上海广告》序言，载益斌、柳又明、甘振虎编：《老上海广告》，第 1 页。

58　参见梁庄爱伦：《出售快乐：20 世纪初上海的月历牌和视觉文化》。

59　参见吴友如：《画宝补遗》，载《吴友如画宝》第 3 卷，上海：文瑞楼书局，第 5 页（底）。黛玉是曹雪芹所著《红楼梦》中的女主角。吴友如所画的黛玉，眼神中有一种傲然。

60　参见益斌、柳又明、甘振虎编：《老上海广告》，第 15 页。也可参见弗兰（Francesca Del Lago）：《摩登女郎怎样摩登？1930 年代上海月份牌、画报和漫画中的二郎腿和现代性》（"How 'Modern' is the Modern Woman? Crossed Legs and Modernity in 1930s Shanghai Calendar Posters, Pictorial Magazines and Cartoons"），《东亚历史》（*East Asia History*）第 19 期（2000 年），第 103-104 页。

61　参见柯本山（Carlton Benson）：《评弹和上海的无线电》（"Story-Telling and Radio Shanghai"），《中华民国》（*Republican China*）第 20 卷第 2 期（1995 年 4 月），第 117-146 页。也可参见徐鼎新：《国货广告与消费文化》，载叶文心等编：《上海百年风华》，台北：跃升文化出版社，2001，第 137-138 页。对这个主题原创和全面的讨论，参见柯本山：《从茶馆到无线电：上海 1930 年代的评弹和商业文化》（"From Teahouse to Radio: Storytelling and the Commercialization of Culture in 1930s Shanghai"），加州大学伯克利分校博士论文，1996。

62　参见葛淑娴：《商业家庭：尤怀皋和五四精神的商业化》（"The Business of Family: You Huaigao and the Commercialization of a May Fourth Ideal"），《中华民国》第 20 卷第 2 期（1995 年 4 月）。

63　参见舒海澜（Helen Schneider）：《家庭经济及其美国关系：以 1920 年代的燕京大学为例》（"Home Economics and its American Connections: The Case of Yenching University in the 1920s"），2003 年 9 月 5—7 日在卫斯理大学举行的"中国基督教学院的美国背景"会议上提交的论文。

64　参见葛凯：《制造中国：消费文化与民族国家的创建》。

65　爱用国货会由上海20家主要的行会于1915年3月23日成立，不到两个月，当日本对中国提出"二十一条"时，这一组织影响广泛。参见高家龙：《1900—1950年的行销策略和广告梦想》，载叶文心编：《成为中国人：通往和超越现代性之路》，第70-73页；叶文心：《上海现代性：一个中国城市的商业和文化》，《中国季刊》第150期（1997年6月），第390-391页。

66　关于抵制洋货，参见高家龙：《中国大公司：1890—1930年烟草工业的中外对抗》；柯博文（Parks M. Coble）：《面对日本：1931—1937年的中国政治和日本帝国主义》(*Facing Japan*：*Chinese Politics and Japanese Imperialism*，*1931-1937*)，马萨诸塞州剑桥：哈佛大学东亚研究委员会，1991。

67　参见高家龙：《1900—1950年的行销策略和广告梦想》，载叶文心编：《成为中国人：通往和超越现代性之路》，第62-97页。

68　参见徐鼎新：《国货广告与消费文化》，载叶文心等编：《上海百年风华》，第138页。

69　参见上书，第138-139页。

70　参见罗苏文：《大上海　石库门：寻常人家》，上海：上海人民出版社，1991；娄承浩、薛顺生编著：《老上海石库门》，上海：同济大学出版社，2004；卢汉超（Lu Hanchao）：《霓虹灯外：20世纪初期日常生活中的上海》(*Beyond the Neon Lights*：*Everyday Shanghai in the Early Twentieth Century*)，伯克利：加州大学出版社，1999，第167-185页。

71　关于20世纪中国小家庭的话语、法律、经济和社会建构，参见葛淑娴：《中国人的家国观，1915—1953》(*Chinese Visions of Family and State*，*1915-1953*)，伯克利：加州大学出版社，2003。

72　参见益斌、柳又明、甘振虎编：《老上海广告》，第65页。

73　参见上书，第66页。

74　参见上书，第104页。

75　参见上书，第72页。

76　参见上海百货公司、上海社会科学院经济研究所、上海市工商行政管理局编著：《上海近代百货商业史》，第72-97、145-146、178页。

77　参见上海社会科学院经济研究所编著：《上海永安公司的产生、发展和改造》，第128-135页。

78　1927—1937年，中国机器生产的商品在永安公司的货架上增加了几乎30倍。在1930年代全球经济大萧条和中日即将爆发战争的背景下，永安公司的国货和洋货之间的比率发生了逆转，达到了65%比35%，永安公司变成了一个高品质国货供应商，这重塑了其形象。参见上海社会科学院经济研究所编著:《上海永安公司的产生、发展和改造》,第136-141页。

79 参见宋家麟编:《老月份牌》,第28-29页。

80 参见吴友如:《海上白燕图》,载《吴友如画宝》第3卷,第12页(底)。

81 参见上书,第5页(顶)。

82 参见上书,第5页(顶)。也可参见柯恩唐(Don J. Cohn):《图说中国:19世纪晚清的上海石版画》(*Vignettes from the Chinese: Lithographs from Shanghai in the Late Nineteenth Century*),香港:香港中文大学翻译研究中心,1987。

第四章
时间、空间与纪律

上海江边的主地标是海关大楼顶上的巨大时钟。这口大钟由英国制造，完全按照西敏寺的大本钟复制而成，它挂在十层楼高的海关大楼顶上，钟的四面都能被外滩的人看见。它是当时亚洲最大的钟，与伦敦大本钟一样，每1小时鸣响一次。如果20世纪上半叶的上海是一个音响世界，那么为她定调的不是滨江公园的爵士乐、江面雾霭中的汽笛或街市中的喧嚣，而是从海关大楼传来的钟声。[1]

时钟在上海的地位特别显著，上海的学校、银行、工厂、医院、百货公司、火车站等建筑顶上都能看到大型时钟，这种情况在中国其他地方并不多见。而有了时钟，才会有时刻表。南京路上，钟表商和钟表匠在珠宝商、裁缝、眼镜店、帽商和布商之中，有着举足轻重的地位。对于机动性极强的现代人来说，守时是很重要的品德。为了融入现代经济领域，时间被当作一种标准化的度量，用以统一和安排人们的生活节奏。

一旦走出上海的租界闹区，一旦走进邻近的乡村与内地，钟声就越去越远。乡间是电车、公共汽车、火车、轮船、电报到不了的地方。这并不是说，如果没有时钟的节律，人们就不能形成某种共同的期望，作为公共时间的基础。[2]这意味着在有这口大钟不断机械地滴答的城市之中，上海各行各业得以利用它来为整个企业社群设定步调。对于生活在城市的白领阶层来说，机械时钟似乎设定了他们每天的生活。和今天一样，时钟并不区分工作和家庭，也不区分公共领域和私人生活。它总是无处不到、无时不在地标志着时间的流逝。

钟表在19世纪的上海绝不是什么新鲜事物。从16世纪开始，欧洲钟表就传入了中国。从传教士到英国贸易商团，欧洲人用钟表作为打开北京上层社会的敲门砖。乾隆皇帝的宫殿里摆放着座钟、手表、钟琴、打簧钟、风琴、地球仪和天文钟——总计"超过 4 000 件由巴黎和伦敦最好的钟表大师制造的钟表"[3]。但是，清朝的贵族和官员只是把钟表视为"玩具，仅仅是玩具而已"[4]。他们把钟表当成"新奇玩意儿"互相馈赠。普通百姓买卖廉价的、大规模生产的英国和瑞士钟表。对于他们而言，这些记录时间的工具是一种一般等价物。[5]尽管这样的机械仪表具有精确计时的便利性，但中国的大部分地方仍然继续使用日月子午时刻，而不是以分钟和小时来计时，这种情况一直持续到 19 世纪末 20 世纪初。[6]

钟表的出现，并不决定钟表的用途。技术本身并不引领一种新的技术文化的出现。要想把钟表变成日常生活的一部分，钟表必须先在某种社会氛围中具有实际上的意义，必须成为"一个环境之中旁人所思考的问题"[7]的一个答复。"普通百姓并不需要以钟表化的具体时间来安排自己的生活"[8]，如果仅仅是拥有钟表，即使再多的钟表也不能改变晚清帝国社会日常生活中的时间结构。

钟表要想变得重要，日常生活的基本结构必须发生深刻变化。雅克·勒高夫（Jacques Le Goff）指出，在欧洲，机械钟表和与之相伴的严格计时的公共时间观念的兴起可以追溯到 14 世纪的特定历史环境。当时意大利工业城的纺织工业出现危机，因此企业主提高钟表的重要性，并将严密的组织纪律强加在工人身上。教堂第三和第九时辰祈祷的钟声，都要让路给工厂主和布商那刺耳的"工作钟"。此后，这些发出滴滴答答声音的机器为城市人的生活编织出一张时间大网。[9]机械钟的使用和对精确计时的强调是新兴的社会经济秩序不可或缺的一部分，而这种社会经济秩序是由依靠城市的商人、厂主及其他资本家控制和主宰的。

尽管上海租界外部变革的趋势逐渐显现，但晚期的中华帝国社会总体上仍然保持着对士绅文化与知识的尊崇。在明清时期，中国并不缺乏懂得制造钟表的工匠[10]；然而，计时的精确性并不足以把钟表变成一种生产向心力的组织工具。

直到 20 世纪初，钟表才逐渐被用来规范上海城市生活的步伐。[11]中国的国货工厂一旦发现这种"现代"设备是生产过程中不可或缺的一部分，钟表的实用性就淡化了它的舶来性质。这种进口产品被单纯用来区分新旧生活方式。它并没有减少中国企业的民族性。

尽管钟表是"现代的"和"民族的"，但问题在于它还是"城市的"。上班族不能掌握自己的时间。他们的作息为公司的时程表所规范。企业内部上下从属之间的社会关系，随着对时间表不同程度的掌控而形成。由于钟表的使用既城市又现代，企业内部下层对上层等差秩序的抵制，就出现了一种把乡村和前现代加以理想化的形式，也就是对时间纪律的抵制。结果，城市企业内部结构的上下紧张关系并不表现为阶层之间的直接冲突，而是间接表现在以城市与乡村作为题材的对话中。

本章以20世纪20—30年代上海中国银行职员的日常生活作为检视的对象。[12]银行职员在20年代的中国享有很优厚的待遇。在上海的中产阶层社会中，银行职员的收入都很高，工作也最有保障。随着第一次世界大战结束后的经济繁荣，许多集合了中国商业资本的银行在上海和天津开业。[13]在广州，孙中山领导的国民党于1923年成立了中央银行。[14]20年代的银行虽然变多了，但是中国银行在其中仍然规模最大、声望最高，分行遍及全国，官股商股参半，从晚清开始，跟国家财政与经济就有特别的关系。[15]

作为个人，银行中层职员很少有人特别出名。然而作为整体，他们全都受过良好教育、拥有相关证书、经过良好职业训练，在大机构里期待逐步升迁。他们是城市里每天随处可见的电车乘客、商场消费者、电影观众、报纸读者、邮政客户和餐厅顾客，占据了城市的中层空间。在他们上头的是一小撮城市的金融界精英，在他们下面的却是一大批从乡村不断移进上海的劳工。

这些人日复一日地在家庭和工作之间来回穿梭奔走。他们在物质上和社会地位上根植于这个城市，他们塑造出的生活，体现和表达了由现代经济支撑的城市理念。而他们的壮志和挫折也表露出现代性带来的局限与机会。

中国银行的重建

中国银行的起源可以追溯到1897年清廷的一道上谕。中国银行最初的名字是户部乾丰银号，1903年六部重组时更名为大清银行，是中国较早的、由中央政府出资成立的西式银行。[16]1911年辛亥革命后，银行继续存在，经过多次重组后变成了中国银行。总部设在北京，当时负责征税、支付官员薪水、运输官银、发行纸币等业务，承担的职能相当于现代化的国库部门。职员都来自以前的征税员和户部乾丰银号的职员，以"一双铜钱眼"和"一副冷面孔"而著名，他们在处理一些与盐商、货币公会和地方军阀相关的业务时，往往得心应手。[17] 1911年的中国，还没有中央政府发行流通货币。这一段空窗期有20多年。其间，中国银行由政府授权，在天津、上海和武汉由分行发行了在三个不同地区流通的纸币。每个分行在财政上保持相对独立，超过分行的发行区，纸币就不可以兑换。民国初年，中国银行经手了大笔的政府开销（袁世凯登基典礼）、军费开支（对德宣战）、外债和赔款。不仅如此，银行人员还得在军阀混战和土匪攻城的情况下将银行运作下去。[18]

即使如此，中国银行业绩仍有巨大的增长，在1930年代尤其显著。作为由清廷上谕创办的一家政府投资银行，中国银行实际上从开始就将分行遍设全国。[19] 与美国私人金融机构不一样，中国银行随后的业绩增长，与其说是靠不断扩张到新地方去，不如说是在地方上密集设立分行，并且大量增聘员工。中行并不愁市场占有率的增长，因为银行的某些业务得益于政府授权的特殊许可。[20] 中行的成长，在于增强其雇员的职业训练，以及提高各分行之间整体组织的综合能力。1928年，银行总部从北京迁到上海后[21]，银行业务开始向"市场化"的方向转型，对内部的管理跟训练更为看重。[22]

中行总部搬到上海后，进入一个银行林立的金融中心城市。以八仙桥为例，中行的分行在这里，周围有许多其他私人银行与钱庄，竞相争夺客户。在这个环境里，中行需要发展新的内部文化，同时还要有相应的市场战略。[23] 中国银行在北方的机构当时还像政府财政部的衙门一样地运转，搬到上海的总行及其上海分行却开始开拓出一种以市场为导向的商业文化，其目的在于争取客户、增加收益、创造利润。银行雇用来自上海西式高校，主修商业、经济、英语和法律的毕业生；招聘的时候，银行注重纪律、效率、对顾客需求的回应和对市场信号的因应能力。中国银行致力于建立一个以商业驱动的组织，而不是一个听从政府指派的部门。总之，在南京政府统治的前十年（1927—1937），中国银行顺利地从政府官办转变成活跃的商业银行，同时也摆脱了国民政府的控制，得以在上海多国并存的银行界取得一席之地。

主持中国银行转型的是张公权（1889—1979），1917年出任中国银行副总裁（时年28岁），并于1928年被选为中国银行总行的总经理。张公权是上海本地人，出身于一个进步的显赫官绅家庭。他早年师从当时名士唐文治、袁观澜等研修新儒学。这些人以"诚""正""宽厚"作为主旨，讲授孟子哲学。[24] 张公权随后去了日本东京，在庆应大学修习金融理论和银行业务，"尤其喜欢自由主义政治经济学理论，而对国家资本主义理论不太感兴趣"[25]。在盛宣怀前往日本视察银行业并夸赞国家资本主义时，张公权还是一名学生。[26]在东京，张公权利用课余时间到日本银行机构实习业务。通过他财政专家和政治哲学家的哥哥张嘉森的介绍，他加入了早期民国议会政治中由梁启超领导的立宪派。立宪派的成员大都是出身世家、具有改革思想的官绅。[27]从传统意义上说，张公权既不仅仅是一个"商人"，也不仅仅是一个学者，而是两者的新式结合体。他是新式教育的产物，并且得到新式商学专业（见第二章）的最高学位。

中国银行在张公权的领导下进行重组，于20年代后期成功地进行了市场化改革。人们普遍认为，30年代初期是中国银行史上的黄金时期。这个时期银行作风审慎，贷款要求低风险、高可靠性。1933年，中国银行拥有140多家分行，全体雇员达到2 000人。中国银行由于大大改善了分行之间的转账记录，降低了长途汇款的风险和成本，相较于钱庄更具有竞争力，所以在核心业务上击败了钱庄。[28]它采纳来自英国米德兰（Midland）和德国达姆斯塔特（Darmstadt）银行的顾问与合伙人的建议，重组了会计系统，改善了分行的账目管理，大幅度改进了跨行之间的讯息与资金的流通。它在伦敦、纽约、大阪开设了新的办事处，新设了一个部门来集中开展外币的兑换、信托和存款业务。它新建了一个研究团队，把银行业务作为研究对象，并且大力收集经济数据，邀请专家撰写金融和国家经济方面的论文，每年出版中国银行年度报告，成为极具公信力的出版物。[29]总之，中国银行的目的在于充分掌握全球最新的金融资讯、知识、技术与产品，并且建立了一个人才丰沛的组织以达成这个目标。国民政府时期，中国银行取代了汇丰银行，成为上海银行业每天门市结束后同业间的总结算所。[30]在行会林立的上海，中国银行成为其中最具影响力的银行业公会的主导。30年代的国际经济进入萧条，国内企业受到波及，中国银行也调度资源投入捐助，展现公民责任和公民道德，因而获得了良好声誉。

尽管中国银行在业务上很重视商学和现代专业知识的运用，但是在银行的管理哲学方面，却深深受到儒家伦理思想的影响。银行高层要求下属具有奉献精神和诚实品格。员工需要人手一本《中国银行行员手册》，手册具体指导一个好的公司员工应该展现出什么样的健全精神和服务态度。根据这本手册，一个管理良好的机构需要每个雇员对他的上层绝对忠诚和服从，下属之于上司，就"如同子弟之于父兄"，服从总经理，就如同服从大家长一般。中行还要求每个雇员利用业余时间参加夜校、讲座、读书会和学习会等活动来"自我进修"。管理层认为，世界金融财经知识日新又新，民国时期上海的白领处于"不进则退"的时代。为了避免工作上跟不上趋势，每个人必须争分夺秒地充实自己，学习各种新知识，以此适应变化的时代。[31]

知识和道德两者都不可偏废。这个企业理念意味着，公司领导层不仅要掌握行政权力，还要以身作则，成为职员的知识导师和道德楷模。就像20世纪下半叶在环太平洋（Pacific Rim）地区出现的"新儒家"企业文化，中国银行强调，下属不能挑战上司的判断和权威。这种上层对下层的限制根植于一种企业文化，也就是坚信一个在公司等级制度之下拥有较高地位的人，也必然拥有高人一等的眼界和道德。[32]

从另一个角度看，对于一个企图在银行晋升的年轻人来说，仅仅关注自己的职责并完成被交代的工作是不够的，更要紧的是对自我修养的注重。同时，这个时候的银行里并没有就业保障的制度。更糟糕的是，如果一个员工表现不好，他的直接上司至少也有同样的责任。所以，为求晋升，一个年轻人就必须不断证明自己不仅有能力胜任业务，而且在道德知识方面也配得上这个身份与位置。

不断学习并指导其他人学习，这是每个人工作的一部分。初来乍到的下属要向上司学习，品学兼优的资深职员则要指导下属。"学"既是知识训练，也是道德修养。如果没有了"学"，"商"在运作时就没有地位和尊严。反过来说，如果与"商"截然分开，"学"就只是象牙塔里的知识，而不会给国家和人民带来利益。因此，中行选定资深行员当教师，负责培训刚刚入行的练习生，后者大都是中学毕业生。中层行员则参加会计、经济、英语、日语的晚间课程，以充实知识与能力。此外，行里还有例行的大会，用来做行规以及伦理价值的宣导。总之，所有的集会或活动都带有培训的意味。没有员工能够逃得掉这样的企业干部训练，除非他希望把自己置身于现代文明社会的范围之外。

培　　训

1933年9月6日业务办公结束之后，中国银行上海分行100多名雇员聚集在五楼的餐厅，听取"中国银行行史大事记"的讲座。这个讲座是系列讲座之一，目的在于让行员们了解这个企业。由高级行员进行讲授，初级行员则是听众。听课的初级行员需要做笔记，并在会后三天内把笔记提交给副经理审查。几位副经理轮流给笔记评分，并挑选出最好的笔记在行员中传看。

这天晚上的主讲是位高层资深会计师，演说的题目是"中国银行的发展"。在他看来，行史上的一个关键时刻，是在总经理张公权早期分管上海分行的时候。当时因为张公权的明智决定，中国银行确立了一个行之有效的原则，对后来的发展至关重要。事情是这样的。1916年，发生了一个臭名昭著的事件，北洋政府因为财务危机，出手干预银行事务，北京政府命令中国银行和交通银行这两家半官方银行交出银行作为储备金的白银，并停止接受银行存户的银钞兑换。中国银行和交通银行的北京总部都服从了命令，天津分行虽稍做抵抗但也屈服了。[33]但张公权领导的上海分行却违抗了总行的命令，拒绝交出白银储备。当时谣言四起，消息传开后引起了几天挤兑的恐慌。张公权置自己的职业生涯不顾，召集上海的金融界，包括国人自营的商业银行、外国银行和钱业公会，要求支援。上海分行在上海金融界的支持下，满足所有支票兑换的要求，消除了公众对跳票的恐惧，消弭了挤兑的风潮。[34]事件过去后，中行上海分行不但得到更高的公众信任，而且从北洋政府以及北京总行得到了更大的自主权。

这次事件过去十多年后，在这个9月的夜晚，演讲者向年轻的行员们讲述在张公权领导下，分行如何度过这次金融危机。这次危机考验银行的领导人，他的反应随后也为银行确定了经营的方向。作为1916年上海分行经理，张公权在保护银行信誉方面显示了卓越的勇气和判断力，因为信誉是一家金融机构在公众眼中最重要的资产。张公权抓住这无形资产的价值，并代表行方的利益不计个人后果，果断行动。这充分表明他做好了准备，能够以总经理的身份来领导银行。[35]

行员们当然也学到了行史上的不同事件。讲课不断强调，高层管理者的判断和勇气是在关键时刻决定企业发展的最重要因素。由于当年上海分行的领导者成功经受住了这前所未有的考验，所以中国银行不仅得以保住信誉，而且增强了股东、顾客和雇员对它的信任。在高层管理者看来，坚守诚信是银行在公众中赢得信任的最重要因素。对于所有层级的员工来说，诚信对于保持银行日常运转至关重要。那些选择银行业作为职业的人，必须好好学习这些道德榜样。对于一个银行从业人员来说，必须"以行为家"，在公私生活中都把自己无私地奉献给银行。

和学校一样，中国银行根据行员入行的时间，把新来的雇员编成一个"班"的学员。同班级的学员一起接受培训，每个人都被指派一个经理级别的指导老师。"学生"一年两次要在正式场合拜会指导老师，这种师生关系跟传统的师徒模式有几分类似。[36]

这些老师兼具主管的身份，他们被期望能严格管教和指导自己的下属或者学生。[37]理想状况下，这种关系如同曾国藩湘军的组织，行员是子弟兵，经理是父兄。全行上下构成一个大家庭，大家齐心协力，目标一致。新入行的行员发展出对上司以及公司这个大家庭的深刻忠诚，以至于不忍离去。[38]

初入行的，有人先当练习生。练习生的课程，经常是从早到晚都被安排好了。他在特定时间起床，学习使用算盘和计算机，还要学习英语，练习中文作文和毛笔书法。练习生要读"有益"的杂志、书籍和报纸，不得看闲书、小人书。练习生要每天写日记，记录日常活动、个人行为以及个人思考，每隔几天把日记提交给经理师傅检查，这个办法跟旧式儒家修身以及当时日本银行的训练制度相似。[39]根据这些日记，师傅可以对练习生进行考核，考核的内容包括"能力"、"勤奋"、"反应"和"合作意愿"。师傅读了日记后，必须针对个人，提出问题，写出评语，并且为个人发展做出指导。师傅也有责任防止学生"误入歧途"。[40]师傅们还会就品行给练习生们进行排序，以便做到褒贬公开。根据这种品行排序，一个新入行的练习生很快就知道自己在公司的评比中处于什么样的位置。

练习生的训练，只需要办公室的一个清净角落。训练那些有妻室的中层雇员，就需要一个更大和更无所不包的企业环境。20年代末期，与当时许多其他中国现代企业一样，中国银行开始在许多城市为员工修建宿舍，鼓励大家搬进去。起初，这一计划并没有激起员工太大的热情，因为如果搬进去，就必然需要放弃目前的各种生活方式。此外，宿舍中邻里之间大小事务相互看在眼里，多少会令人感到不适。同时，人们也注意到宿舍的空间结构其实显示了某种公司想要引介的价值。不过等到宿舍完工，时机到了，还是有许多家庭打消疑虑，搬进中行的各地新村。[41]

生　活

　　中国银行管理层相信让行员们比邻而居有许多益处，这些益处包括增强秩序、方便管理、促进友谊、统一思想、建立团队精神。民国时期社会动荡，军阀混战和强盗横行等事件时常发生，一个城池一旦易手，银行经常成为武力威胁的首要目标，中行各地分行行员不时有人被绑架，有人被杀害，银库被抢劫。银行逐渐认识到，在这样的紧急情况下，把银行所有的雇员安置在高墙大院里面是十分必要的。[42] 然而，在上海或天津这样的租界地带，行方的新村除了集体安全以外，还可以服务于其他功能。在大城市里，高墙大院最重要的作用是强化了企业整体在日常生活各方面的纪律。

　　20年代，中国银行在天津兴建宿舍，周围竖起高栏来圈地，各进出口配上铁门。临街入口正门的上方清楚地大书银行的名字，配上了标志。大门里侧则在上方悬挂了一口大钟。那些听着滴答钟声进入院子的人，首先要穿过一条两边植有树木的小路，然后才进入一个开阔的庭院。小径尽头映入眼帘的是分行经理的居所，这是一座雄伟的两层楼建筑，有着精心设计的大门。院子的布局是这样的：四座两层的楼房散立在经理官邸后面，是副经理们的住所。接着是两排共八座三层楼建筑，每座建筑有六套公寓。每套公寓有独立的卫浴、厨房和入口，按照当时的标准，这是很舒适的建筑。[43] 公寓包括客厅、饭厅、书房和卧室，这样设计主要是为了满足那些带孩子的年轻夫妇。这里有女仆的住处，却没有姻亲的房间。银行为其职员修建了居所，并没有将这种公司的福利提供给职员的大家庭。[44]

　　这样的居住设计把祖父母、父母亲、叔叔、婶婶、堂兄弟和其他姻亲全都隔在外面。行方利用这样的布置，试图把围墙里面的空间扩展成一个小世界，成为一个"以行为家"的社区。[45] 中行新村中小道纵横交错，连接着花园、亭台、运动场、网球场、篮球场、礼堂和教室。礼堂和教室是小学生、中学生上课的地方。30年代初期，学校招收了30多名学生，都是行员子女，并保持着由3位专任教师组成的教师队伍。还有许多位母亲自愿支援老师的教学。晚上，同一个教室可以用来开英语、经济、会计和本地方言等课程。礼堂是重要场地，用来庆祝一些社区里个人的重要日子，包括满月、新婚、晋升或者任职周年纪念。银行的签约医生每周都要来3次看诊，并要为院子里预约的病人看病。晨练者在运动场打网球，或者跟着教练练太极和功夫。孩子们在花园里嬉戏，母亲们则聚在亭子里闲聊。大量的家务由女佣和仆人完成，除了购物，这些行员的妻子们似乎不需要迈出公司圈地的大门。[46]

类似的情况在其他城市的分行也开始盛行。上海分行的中行新村位于租界的最西边，从住所到外滩的中行，需要横穿整个闹市。上海分行的职员因而得以享受一项额外的福利，那就是早晚的银行包车接送，以及中午在行里的午餐。

1928年中国银行总部迁到上海后不久，行方买下了极司菲尔路九十四号的一个英式庄园。这个精心装饰的庄园有花园、草坪、网球场、鱼池和多个会客房间，这个庄园是为总经理准备的住所。但是，总经理张公权只占用了一部分房间。他把剩余的房间变成了会议室和前来出差的分行经理的客房。30年代，张公权建立了一个惯例，叫作"星期五俱乐部"，每周会餐都在周五，每回大约聚集60名银行行员。在这样的聚会上，张公权欢迎大家彼此闲聊、畅所欲言，并鼓励员工表达心声。同僚们互换资讯，了解本部门之外的发展情况，理解公司的整体气氛。一些商业新思路经常在这样的聚会上产生。就这样，张公权的会餐处所变成了银行办公室之外的中心。[47]

与天津一样，在中行宿舍大院里，体育运动是一个极为显著的特色。在上海，周日大家打网球。在哈尔滨，主要运动则是冰上曲棍球。在宜昌，长江边的开阔场地使得骑马相当盛行。这些户外活动必然需要商业资本的投资[48]，回报则是银行形象资本的累积。银行生活逐渐被视为高薪、高知识，而且充满年轻活力。

运动团队和竞赛栏目也为各种社会关系网络提供了往来的新机会。30年代初期，银行不仅有足球队，也有篮球队，经常参加由基督教青年会举办的年度学院比赛和业余比赛。[49]银行组队参加这样的比赛，显示出毕业于商业学院、能说英语的学生带来的一种新企业文化的优势，这种优势把外滩的新银行跟南市的老钱庄清楚地区分开来。

1933年，某些活动成为银行惯例。上司在课堂给年轻下属讲课，所有人在会餐时彼此交谈，参加俱乐部会议。除了运动，还有很多其他活动，包括绘画、戏剧、象棋、合唱团、慈善活动、阅读、社会服务、健走和国内外旅游。银行职员也看电影、阅读报纸杂志、学习摄影、骑自行车旅行，并且观赏运动比赛。在时钟的滴答声里，一份完整的时间表在这个应有尽有的社区里为中行职员以及其家庭组建了一套滴水不漏的日常生活秩序。

家长制

　　1930年代，中国银行以一种开明家长式的思维模式重建它的管理文化。前文已经说到，中国银行在1928年以后丧失了跟南京财政部的特别关系，在国民政府统治下力图彻底商业化，寻求独立经营的出路。尽管如此，中国银行仍然不忘自己大清户部银行的出身，力图有别于普通市井的商业银行。中国银行宣称其服务于中国的现代化，并标榜自己是公益领域的翘楚。

　　中行的高层在金融界创造了一种新形象，这是现代金融家与旧式士绅的结合。在他们经营的环境中，"时间"不仅是机械化、会计作业的计算单元，而且本身具有道德内涵。中行企业文化中，滴答的时钟声提醒大家业务上永远需要与时俱进，日新又新。然而度过光阴最终是为了服务一个更高的道德使命，这个使命并没有时间性。这两个时间概念共存的结果是中行的大家长制，一方面强化职业知识技能必须时时更新，另一方面强调儒家伦理规范历久弥新。[50]

　　这样的家长式制度难免有自相矛盾之处。在现代化的外衣下，银行鼓励进步、追求创新。[51]同时，银行也支持民间公众福利，拥护传统儒家为民谋福利的观念。事实上，两者权衡，中行往往把德性放在能力之前。银行固然需要从最新的经济理论和金融知识中汲取养分，但最终是一个忠于职守、甘于奉献的团队支撑着这一事业。诚然，银行引领新的风气，譬如旗下的足球队显然展示出了城市金融企业的一种新风，但它最终的意义不在于推陈出新，而在于持久稳定。这种稳定性来自掌握金融机构的管理高层具备的道德品行的稳定。由张公权这样富有魅力的领袖领导的银行高层，必须建立起所有员工遵守的永恒道德准则。

　　行方上层经常以一种宣导的方式来向小行员讲述银行大人物从前的经历，作为教诲的材料。但是这些教材以及教导，往往不能跟工作团队的日常体验相互衔接。银行高层的道德权威被赋予如此重要的地位，许多小职员相形见绌，觉得自己在企业中无法具有重要地位。一个年轻职员不管多么努力地提高职业技能，不管多么努力地扩展知识和社会阅历，日复一日的日常杂事都使自己处于一种被限制和被动的境地。这是一种乏味至极的生活,每个人徒劳地在其中寻找生活的意义。

厌　　倦

厌烦情绪经常潜伏在银行职员的生活表面下,他们的生活由一板一眼的例行公事组成。在中国银行里,个人提出这样的抱怨是很普遍的事情。一个处理电报十年之久的电报员,投稿诉说自己的工作机械化,生活乏味。更糟的是,他看不到升迁或者调职的前景,他感到绝望。[52]

银行内部通讯《中行生活》的主编代表总经理发表了长文评论,对这种抱怨进行回应。他评论说:"张公权总经理经常谈到,一个人要想晋升或者成为高层主管,需要天赋、才能、智慧、活力、正直的品德、自我修养和合适的机会。"每个人都渴望成为高级职员,但是很多人都是资质平平的普通人。因此,这些普通人可以被称为"无名英雄",每个人都应该做分内之事且安于现状。[53]编辑继续写到:准确地说,公司并非一个大家庭,而更像是由辐条和齿轮构成的一部大型机器。所有零件都必须运转,以保证机器正常工作。因此,电报员应该对身为"这部复杂大机器里的一个小齿轮"的生活感到满足。他如果被这样的烦恼困扰,就必须做出改变。他应该"振作精神来改变态度,并学会安于现状"[54]。

但是,电报室不是银行唯一的枯燥乏味之地。由于机构在分工方面日益现代,行员们发现他们的工作范畴变得日益狭窄,上级对他们的效率和品质的要求也越来越高。银行决策权集中在少数几个高层人士手中。大部分人执行特定工作,这些业务内容不断重复,让承办人感到乏味麻木。在企业的阶层制度中,所有的指令都单向向下传达,所有的报告都单向向上汇报。晋升很慢,业务往来的运作被限制在很小的范围里。因此,垂直管理普遍,横向联系缺乏。中行员工内部通讯中充斥着对枯燥工作和严格纪律的怨言,抱怨连偷眼看看窗外的机会也没有。[55]

作为中国新兴的沿海经济最成功的行业,银行业将自己塑造成一种充满活力和奋发向上的形象。20 世纪初的几十年里,在上海银行工作意味着显赫和荣耀。到了 20 年代末期,银行业公会取代了钱业公会,成为上海商业界最有力量与威信的领导者。那些高收入且职业稳定的银行职员在婚姻市场上很抢手。当地俚语将银行工作称为"金饭碗",这是相对于"银饭碗"(海关)和"铁饭碗"(交通部铁路局)而言的。在经济波动的环境里,即使"铁饭碗"也相当抢手。所以,行员们尽管抱怨,却很少有人准备提出辞职。不过工作场所的压抑和无尽的厌烦,与银行业充满活力的一般形象相去甚远。

银行的管理阶层认识到这一点,把"厌烦"列入员工训练手册,把它看成一个需要解决的问题。厌烦会使人意志消沉,寻求刺激。有人可能转向赌博、抽烟、喝酒和男女关系。一旦欠了债或者希冀非分的高收入,挪用公款、贪污、投机和其他白领犯罪就会发生。[56]为了防患于未然,中国银行将下班后的阅读、运动等"有益活动"列为重点,希望这些活动在一定程度上能减轻城市罪恶的诱惑和厌烦带来的消极情绪。

许多中国银行的职员刚从高中或大学毕业,他们是奋发向上的群体,愿意读书、运动,以此充实自己的生活。[57]但是,他们的厌烦情绪是深层抑郁的症状。他们忧心在这部精密的现代机器中丧失个人的自主性。[58]而要对付这种混乱感,阅读和运动也只能带来些许的解脱。30年代初期,有些年轻的职员希望"诚实地检验他们的处境",希望管理层提出"具体措施"。[59]然而,管理层没有做出相应的改变,反而大谈事情应该如何,特别是年轻职员"应该如何改变自己,以协助行方"这样的陈词滥调。

公司的阶层结构之间出现隔阂,将上下层割裂开来。上层建立的公司时间是连续而重要的,然而下层体验的时间却是机械、断裂、重复的,且毫无意义。公司上层把自己视为公司形象的化身,而下层则发现公司环境使自己丧失了个性。随着银行不断扩张,张公权的地位也不断提升。然而,在银行建构出来的企业空间里,普通职员发现自己的个人空间逐渐被压缩,因为他们意识到自己的地位仅仅是一台机器,自己被囚禁在由公司制定的、塞得满满的日程表里。

在张公权看来,银行提高效率和不断扩张的关键,是创造一种开明家长制的管理文化。当银行领导为职员展望繁华美丽的城市图景时,一种严重的厌烦情绪却潜伏在表面之下。由于道德和知识权威以强化公司阶层制度的方式进行分配,所以银行的家长式秩序尽管具有温情的一面,却还是一种将所有权力集中于上层的专制结构。在职员平静生活的表象下,焦躁不安的暗流逐渐涌动,虽然银行领导努力想要建立一种完美结构的稳定性。这种焦躁情绪使上司和下属的关系变得紧张，不时地威胁、削弱银行赖以发展的更好的目标和意义。

新的行动策略

30年代初期，在张公权的领导下，中国银行逐渐将注意力从城市转移，以因应中国农村的经济问题。重新调整业务重心的上海大型企业，中国银行不是第一家，也不是唯一的一家。这种调整与转移，跟国民政府的无能有关。30年代的上海上层社会对中国的农村危机有急迫感。这些人既有旧式的新儒家社会改革派，也有新式的教育家、出版商、记者、实业家和金融家，许多人都有海外留学的背景。他们提出的方案有时候有几分社会主义意味。银行上层把目光投向农村，并发起了新计划。下层职工对此兴致勃勃，把农村视为逃避城市无聊生活的去处。

张公权在1932年3月中国银行的年度报告中，毫不隐讳他对时局的危机感以及他对国民政府的尖锐批评。张公权回顾了一年来的大事，包括前一年的内战、反共军事行动的失败、夏季长江流域的大水灾，以及"九一八"事变。这几宗大事，使得国家第四季度出现严重的经济衰退。张公权认为，银行企业如果要成长，就需要稳定的政治环境和繁荣的经济。自从国民党执政，没有一年是太平的。政府也没有努力去将国家从危亡中解救出来。[60]

自此事情变得愈发糟糕。始于美国股票市场崩溃的全球经济大萧条，在30年代初到达上海，出口贸易严重萎缩。由于蚕茧和生丝价格的下降，经济萧条的震荡冲击了上海金融体系。张公权在1933年4月的年度报告中宣布，1932年是"民族遭遇空前灾难的一年"[61]。农村经济遭受严重打击，内地资金大笔涌进城市，结果导致城市流通的货币过量。[62]同时，农民的还债能力严重下降，许多棉厂、面粉厂、丝厂面临缩减的境地，处于破产的边缘。对于现代银行来说，这样的发展状况让人忧虑，因为这意味着热钱泛滥，大量资金追逐有限机会，没有合适的投资出路。[63]

热钱进入上海，债券市场掀起一股投机潮。1931年"九一八"事变后，市场波动极大，政府以前用来稳定债券市场的盐税与海关银落入日本之手。噩兆出现，原本操作毒品与赌盘的青帮进入债券交易所。[64] 1932年1

月中旬，财政部在没有预警的情况下，突然宣布延迟并减少公债本金和利息的支付，上海证交所顿时大乱，交易被迫停止。两周后，日军发动了第一次淞沪战役，也就是"一·二八"事变。这时候大部分上海银行完全停止了营业。[65]

张公权以金融政治家的形象出现，进行公开演讲，为银行业的举措做辩护，说明这些决定是为了国家和人民的利益。[66] 30 年代的危机没有任何缓和的迹象，他认为这是金融业发展前景的主要威胁，他迫切感到必须采取新的策略。因为上海市面金融业竞争异常激烈，张公权将银行业务转移到中国内地，以寻求发展的空间。上海金融服务业中的进出口贸易部分向来完全被控制在外资银行之手。上海之外，绝大部分中国内地还是现代金融业未曾开辟的市场。张公权把眼光投注到沿海城市以外的内地以及农村，把内地城镇看成中国银行下一步该去的地方。[67]

基于这一认识，中国银行推出了新的贷款方案，试图把内地企业和国货厂商（见第三章）包容进银行信贷网络。中国银行为手工业提供低息贷款，帮助地方业主组建合作社，在内地城镇建立购销国货的中间站。中行在县级分支办事处建造仓储的设备，让农民可以用实物作为贷款的担保。没有实物担保的农民，可以通过乡村合作社得到贷款。这样的贷款，中行配合河北定县和山东邹平由晏阳初、梁漱溟主导的各类农村振兴计划，一一试办。[68] 除了上面这些方案外，1933 年中行在内地农村市镇大开办事处，直接为农户提供贷款，上限是每户 50 元（粗略估计，相当于上海工人 3 个月的工资）。有些贷款额度低到只有 2.5 元。[69] 截至 1934 年 12 月，一共有 19 000 户以上的农民贷款，贷款总数达到了 112 万元。[70]

中行领导层为了业务考量而把眼光投向中国内地。中行受困于城市办公室的中小职员，则把内地乡村视为疏解抑郁情绪的地方。[71] 年轻的行员们把农村生活理想化。他们想象自己的写字桌设在乡村的大树下，而不是在上海高楼的顶层。他们想象以自己的专业知识与金融业务，可以帮助农村疏解窘困与剥削。资金、讯息与通路，可以为农村带来财富，把偏村变成花园。银行要在地方上遍设办事处，构成一个网络，银行员工一方面办理金融业务，另一方面为地方上提供知识与资讯。来自城市的专业人才跟内地农村的广大顾客群可以合力建造有助于富裕的金融新秩序。行员们则可以走出城市里由机械钟表节制的企业空间，得以融进自然与城乡。[72]

第四章 时间、空间与纪律

　　中行员工1933年的内部通讯刊载了一篇这样的文章。文章里一位行员突发奇想，想用两年时间走遍整个苏南。他在文章里想象，自己有一天出门散步，不知所之，不经意间来到了S村。这村庄绿树掩映，人来人往，好不热闹。田里有桑麻，村里鸡犬相闻，大家怡然自得。[73]这个开篇，几乎是逐字逐句把陶渊明的《桃花源记》移植到了20世纪。文章接着想象，村子的尽头是市集，有十几家铺子，房屋简单朴素。走到村底，绿树底下赫然竖着一个"中国银行"的招牌。[74]

　　这位30出头的中行职员是一位温和友善的年轻人。他有一张诚实而真挚的面孔。他穿着传统读书人的长衣，而不是城里职员的西式制服。长衣用的是深蓝色的棉布，又叫作"国货布"，是30年代国货机器生产的精品。这位农村银行职员的办公室干净朴素，没有任何城市办公室的精心装饰。仅仅一年之前，这个村子还十分闭塞，商人随身携带现金，店主把银子藏在地板底下。随着中国银行的到来，变化发生了。村民把钱存在银行，可以拿利息，收成后先把实物抵押在银行仓库，以很低的利息得到贷款，等农作物的市价回升后再把收成拿去上市。村民的生活因而改善了许多。[75]

　　行里有两个行员。两人觉得比起城市办公室的枯燥与疲劳，他们现在的生活品质有了显著改善。钟声不再重要。每天的日程由太阳的运行来安排，四季交替由田间的庄稼来决定。两位银行职员早晨待在办公室，下午就关门了，此时村民们都还在田间劳作。傍晚，银行职员把村民聚集在黄瓜架下，给他们讲授现代银行知识，解释清楚旧式和新式农村债权人的区别。此外，他们还在乡村学校里教孩子读书，为文盲组织读书班。[76]他们穿上学者的长袍担任乡村校长的角色。在这幅浪漫图景中，成千上万的银行办事处回归自然，散布在内地乡间。来日的现代金融业一方面帮助农民们实现他们应得的收获，另一方面也从农村内地赢得大批的支援。[77]

　　乡村银行自然只是一个梦想。中国银行的乡村方案由于连年不断的社会动荡而受到干扰。此外，国民政府怀疑新方案倾向左派，因此拒绝合作。1935年3月，张公权还在想办法争取国民政府对计划的支持，财政部却采取了决然的手段。这时候由于美国的《白银收购法案》开始实施，导致中国市场上白银流量锐减，引起金融市场的混乱。政府利用这个机会控制了中国银行董事会，并且在3月28日强迫张公权提出辞呈。[78]张公权的离开，结束了中国银行相对于国民政府的独立运作。此后，中国银行再次重组，财政部控制了大部分股权，中国银行在下一波金融危机中被迫认购大笔国民政府债券。那个农村银行的田园梦想也就到此结束。

时钟、宿舍和纪律

从后来的历史发展来看，中行新村这种自给自足的宿舍大院，与1949年以后各单位的大院似乎有着明显的相似处。许多学者认为，单位体制是社会主义独有的，因为它满足了在经济物质匮乏的情况下，对社会福利控制与分配的双重需求。但是，中国银行的历史表明，类似的群体组织曾经是上海中产阶层经济的核心结构，在解放军入城之前，上海就有了把工作和家庭融为一体的单位模式。中行新村这样的单位，是不是社会主义城市中单位体制的直接或主要的制度原型，在我看来不是问题的重点。中行新村现象值得注意的是，许多城市中产阶层的家庭，在解放区社会主义单位制度进入上海之前，就已经有过类似的集体生活经验。这意味着对于许多上海的白领阶层职员来说，1949年过渡到共产党的统治，并不是一个从资产阶级个人主义的生活方式进入无产阶级社会制度的绝对跨越。[79]更确切地说，资本主义新型企业的人事管理制度，为都市市民过渡到社会主义做了铺垫。

中国银行式的公司纪律与20世纪的中国有着多种联系。尽管机械钟最早是由经济现代化的先行者引入银行大院的，但这并不妨碍新成立的社会主义国家在20世纪下半叶把它转化为别的用途。中华人民共和国成立之前，上海保留着由少数金融精英控制的多重时间与空间。中华人民共和国成立之后，上海变成了统一国家中的一部分，在时间上这个国家从东到西，从海到山，用的是一个时间。民国时期上海时钟在新型企业中使用，强化了这些企业的经济纪律。20世纪下半叶上海时钟在全市各单位中普遍使用，全面强化了各种组织内部的国家政治纪律。单位曾经是企业自发、自我规划而产生的一个时间与空间单元。单位成为社会主义国家普遍实践的制度之后，就变成了依靠时间纪律来总括集体活动的一个空间隐喻。

在张公权的资本主义企业管理哲学中，时钟与演说同样重要，前者为企业建立了纪律，后者为组织宣扬了合法性。对于年轻的中下层行员来说，那些演说里所宣讲的孔孟之道，听起来是从古到今，没有时间限制，随时都有道理。然而，如果拿来实践，作为晋升的阶梯，那么那些大道理就必须在企业人事评估所制定的时间表里面按时进行，否则就失去了功利的意义。总之，大道理需要变成个人所具备的知识与品行。而这个取得，又必须跟上企业与时俱进的变化和步调，必须接上轨。本章以中国银行为例，我们得到的一个结论就是，民国时期资本主义企业对20世纪中国意义最深长的一个贡献，就是透过以时钟制约的管理哲学，把个人修养德行的经济意义制度化，把个人知识的充实与伦理的实践变成添增价值的经济行为。

注　释

1　上海海关于 1846 年成立。第一座建筑在 1853 年的小刀会起义中被烧毁。1857 年，总税务司李泰国（Horatio Nelson Lay）统领的海关迁往外滩。1893 年，赫德（Robert Hart，1853—1911）成为海关总税务司，海关建立了一座西式的三层小楼，中间部分建了一个五层楼高的钟塔。1925 年，旧楼被拆毁，在原址上新建了海关大楼。新大楼以新古典主义的风格建成，于 1927 年 12 月举行了落成典礼。参见上海图书馆编：《老上海风情录·建筑寻梦卷》，上海：上海文化出版社，1998，第 42 页。这口大钟在英国制成，是当时亚洲最大的钟。1966 年 8 月，钟声改变成播放《东方红》的曲子。参见《上海英文星报》2001 年 3 月 22 日。

2　关于"公共时间"的集体强制力相对于"私人时间"的异质性、流动性和可逆性，参见斯蒂芬·科恩（Stephen Kern）：《时间和空间的文化：1880—1918》（*The Culture of Time and Space，1880 - 1918*），马萨诸塞州剑桥：哈佛大学出版社，1983，第 33 - 35 页。

3　戴维·S. 兰德斯（David S. Landes）：《时间的革命：时钟与现代世界的发展》（*Revolution in Time：Clocks and the Making of the Modern World*），马萨诸塞州剑桥：哈佛大学出版社，1983，第 42 页。

4　卡洛·M. 奇波拉（Carlo M. Cipolla）：《钟表和文化，1300—1700》（*Clocks and Culture，1300 - 1700*），纽约：W. W. 诺顿（W. W. Norton），1977，第 87 页。

5　然而，这种交易在很大程度上被限制在广州地区，吸引的是那些将钟表视为地位象征和装饰物的顾客。参见卡洛·M. 奇波拉：《钟表和文化，1300—1700》，第 92 页。

6　参见蒋梦麟（Chiang Monlin）：《西潮》（*Tides from the West：A Chinese Autobiography*），康涅狄格州纽黑文：耶鲁大学出版社（New Haven, CN：Yale University Press），1947，第 34 - 35 页。

7　卡洛·M. 奇波拉：《钟表和文化，1300—1700》，第 89 页。

8　戴维·S. 兰德斯：《时间的革命：时钟与现代世界的发展》，第 29 页。

9　参见雅克·勒高夫：《中世纪的时间、工作和文化》（*Time，Work，and Culture in the Middle Ages*），亚瑟·戈德哈默（Arthur Goldhammer）译，芝加哥：芝加哥大学出版社，1980，第 43、48 - 49 页。

10　参见李文荪（Joseph R. Levenson）：《儒教中国及其现代命运：思想继承问题》（*Confucian China and Its Modern Fate：The Problem of Intellectual Continuity*），伯克利：加州大学出版社，1958，第 15 - 43、51 - 53 页。李文荪将重点放在晚清士绅拥

护的"业余理想"上,这导致他们削弱了技术能力和专业精度的价值。这一看法受到了一些学者的挑战,他们考察了经世之学和实用主义。然而,没有任何一种观点论述了钟表的使用与新儒家之间的任何关联。

11　当然,这并不意味着,20 世纪开始的十年内,上海的白领雇员直接或者完全来自士绅商人家庭,而是相比于城市的工人阶层,白领雇员来自有一定财富和知识背景的家庭——从 1860 年代开始,这种阶级的背景逐渐成形,由于"绅商"的勃兴而成为一种新的社会类型,以及为了应对新的经济机遇而进行的商人和士绅的融合。关于绅商,参见冉玫烁:《中国的精英活动和政治变革:浙江省,1865—1911》(*Elite Activism and Political Transformation in China：Zhejiang Province, 1865 - 1911*),斯坦福:斯坦福大学出版社,1986。也可参见曼素恩(Susan Mann Jones):《宁波帮和上海的金融权》("The Ningpo Pang and Financial Power at Shanghai"),载伊懋可(Mark Elvin)、施坚雅(G. William Skinner)编:《两个世界之间的中国城市》(*The Chinese City Between Two Worlds*),斯坦福:斯坦福大学出版社,1974,第 73 - 96 页;白吉尔(Marie-Claire Bergère):《中国资产阶级的黄金时代,1911—1937》(*The Golden Age of the Chinese Bourgeoisie, 1911 - 1937*),珍妮特·劳埃德(Janet Lloyd)译,英国剑桥(Cambridge, U. K.):剑桥大学出版社,1989。

12　关于地方武装冲突,参见柯博文:《面对日本:1931—1937 年的中国政治和日本帝国主义》。

13　关于天津银行,参见史瀚波(Brett Sheehan):《乱世中的信任:民国时期天津的货币、银行与政府社会关系》(*Trust in Troubled Times：Money, Banks, and State-society Relations in Republican Tianjin*),马萨诸塞州剑桥:哈佛大学出版社,2003。

14　参见洪葭管主编:《中国金融史》,成都:西南财经大学出版社,1993,第 167 -251 页;吴景平:《宋子文评传》,福州:福建人民出版社,1992,第 5 - 89 页。

15　关于户部乾丰银号和大清银行的成立,参见乔治亚·米基(Georgia Mickey):《政治改革:中国银行及其股东(1904—1919)》("The Politics of Reform：The Bank of China and Its Shareholders, 1904 - 1919"),哥伦比亚大学博士论文,2004,第 38 - 111 页。米基认为,英国对中国货币改革的压力也是促成大清银行成立的部分原因。1911 年辛亥革命后,在大清银行重组为中国银行的过程中,商人股东发挥了极为关键的作用。

16　许多建议在 19 世纪下半叶提出来,旨在创办国有西式银行。第一家这样的银行是中国通商银行,由铁路大臣盛宣怀采取官督商办的模式于 1897 年在上海成立。最后,银行脱离了原来的模式,变成了中国银行。参见洪葭管主编:《中国金融史》,第

171 - 177 页。也可参见叶文心:《企业时间、社区空间：上海中国银行的日常生活》("Corporate Time, Communal Space: The Making of Everyday Life in Shanghai's Bank of China"),《美国历史评论》(*The American Historical Review*) 第 100 卷第 1 期 (1995 年 2 月), 第 97 - 122 页。

17 参见《编辑评论》,《中行生活》第 1 卷第 3 期 (1932 年 7 月 15 日), 第 48 页; 曹尔龙:《我所遇见的顾客》,《中行生活》第 2 卷第 16 期 (1933 年 8 月 1 日), 第 319 页; 万文斌 (Man Bun Kwan):《天津的盐商: 晚清中国的治国和市民社会》(*The Salt Merchants of Tianjin: State-making and Civil Society in Late Imperial China*), 檀香山: 夏威夷大学出版社, 2001。

18 参见张公权:《我们的出路》,《中行生活》第 2 卷第 21 期 (1933 年 12 月 1 日), 第 429 页。张公权名嘉璈, 1949 年后, 他在美国居住了很多年, 以 Kia-ngau Chang 的名字出版了英文著作。

19 这并不是说, 在 20 世纪最初的 20 年, 银行实现了一定程度的国内整合。参见洪葭管:《民国时期金融机构在社会变化中的作用》, 加州大学伯克利分校现代上海研讨班上的报告, 1992 年 3 月 6—7 日。也可参见叶文心:《企业时间、社区空间: 上海中国银行的日常生活》,《美国历史评论》第 100 卷第 1 期 (1995 年 2 月), 第 97 - 122 页。

20 在摇摇欲坠的北京政府管理之下, 中国银行是一个半官方银行。它不再管理政府资金, 而由财政部授权, 成为一个控制外汇的特殊机构。参见中国银行总行、中国第二历史档案馆合编:《中国银行行史资料汇编·上编 (1912—1949 年)》第 1 册, 北京: 档案出版社, 1991, 第 6 - 17 页。

21 虽然南京政府前十年 (1927—1937) 的经济发展引起了西方学界的高度关注, 但是其大部分注意力集中在农耕经济。关于这一阶段银行和金融的富有洞见的材料, 参见弗兰克 (Frank H. H. King):《中国近代经济史大纲 (1840—1961)》[*A Concise Economic History of Modern China (1840 - 1961)*], 纽约: 普拉格 (Praeger), 1969; 杨格 (Arthur N. Young):《1927—1937 年中国的建国努力: 财政经济记录》(*China's Nation-Building Effort, 1927 - 1937: The Financial and Economic Record*), 斯坦福: 胡佛研究所 (Hoover Institution), 1971; 弗兰克·塔玛格纳 (Frank M. Tamagna):《中国的银行和金融》(*Banking and Finance in China*), 纽约: 太平洋关系研究所国际秘书处 (International Secretariat, Institute of Pacific Relations), 1942; 马若孟 (Ramon H. Myers) 编:《中国经济发展论文集》(*Selected Essays in Chinese Economic Development*), 纽约: 加兰出版社 (Garland Publishing), 1980。最近, 关于这方面最重要的著作是弗兰克 (David J. S. King) (Cathering E. King):《汇丰银行史》(*The History of the Hong Kong and Shanghai Banking Corporation*), 4 卷

本，纽约：剑桥大学出版社，1987—1991。

22 银行改组了董事会，增加了其资金结构中的商业股份，调整了营业方向，使其业务转为经营私人账户、工厂贷款、外汇服务。关于中国银行在1928年的重组，参见洪葭管：《民国时期金融机构在社会变化中的作用》，第380-382页；谭玉佐：《中国重要银行发展史》，台北：联合出版中心，1961，第173、219-226页；洪葭管：《在金融史园地里漫步》，北京：中国金融出版社，1990，第261-264页；中国人民银行总行金融研究所金融历史研究室编：《近代中国金融业管理》，北京：人民出版社，1990，第354-356页。也可参见张公权：《恶性通胀：中国的体验，1939—1950》(*The Inflationary Spiral*：*The Experience in China*，*1939-1950*)，马萨诸塞州剑桥：麻省理工科技出版社，(MIT Technology Press)，1958；杨格：《中国的战时财政与通货膨胀（1937—1945）》(*China's Wartime Finance and Inflation*，*1937-1945*)，马萨诸塞州剑桥：哈佛大学出版社，1965。

23 参见张公权：《我们的出路》，《中行生活》第2卷第21期（1933年12月1日），第430页。关于钱庄或者地方银行的历史和运作，参见柯爱莲：《上海旧式银行，1800—1935：变革社会中的传统组织》。

24 参见姚崧菱编著：《张公权先生年谱初稿》，台北：传记文学出版社，1982，第10页。关于唐文智，参见叶文心：《疏离的学院：中华民国时期的文化与政治，1919—1937》(*The Alienated Academy*：*Culture and Politics in Republican China*，*1919-1937*)，马萨诸塞州剑桥：哈佛大学东亚研究委员会，1990。

25 姚崧菱编著：《张公权先生年谱初稿》，第11-12页。

26 参见盛宣怀：《盛宣怀日记》（遇斋东游日记），扬州：江苏广陵古籍刻印社，1998。

27 1913年，张公权回到北京后，成为梁启超进步党的执行秘书，1911年辛亥革命后，进步党与新政权有着紧密的联系。关于军阀混战时期的政治，参见黎安友（Andrew Nathan）：《1918—1923年的北京政治：派系斗争和立宪运动的失败》(*Peking Politics*，*1918-1923*：*Factionalism and the Failure of Constitutionalism*)，伯克利：加州大学出版社，1976。张公权在上海银行界人脉很广。参见姚崧菱编著：《张公权先生年谱初稿》，第21-28页。关于这一时期上海金融圈的中英资助人网络，参见张仲礼、陈曾年：《沙逊集团在旧中国》，北京：人民出版社，1985，第127-144页。

28 参见唐钰孙：《如何成为本行的劲旅》，《中行生活》第3卷第22期（1934年1月15日），第459页。分行的数量在1934年底增加到203家，参见中国人民银行总行金融研究所金融历史研究室编：《近代中国金融业管理》，第359页。

29 参见中国银行上海国际金融研究所行史编写组编写：《中国银行上海分行史，

1929—1949》，北京：经济科学出版社，1991，第84-85页；谭玉佐：《中国重要银行发展史》，第174、193页；中国人民银行总行金融研究所金融历史研究室编：《近代中国金融业管理》，第358、362-363页。

30　参见谭玉佐：《中国重要银行发展史》，第209-211页；中国银行上海国际金融研究所行史编写组编：《中国银行上海分行史，1929—1949》，第77-79页。

31　参见中国银行总管理处编：《中国银行行员手册》，南京：第二国家档案馆藏，第3-9页。

32　20世纪日本公司的例子，傅高义（Ezra Vogel）提供如下观察："上司不会提拔那些不能在同事中赢得喜爱和合作的人，因为一个人的价值取决于他与同事、上司、下属共事的能力。"[傅高义：《日本第一：给美国的经验》(Japan as Number One: Lessons for America)，马萨诸塞州剑桥：哈佛大学出版社，1979，第56页]

33　富有洞见的讨论，参见史瀚渤：《乱世中的信任：民国时期天津的货币、银行与政府社会关系》，第54-75页。

34　参见乔治亚·米基：《政治改革：中国银行及其股东（1904—1919）》，第193-328页。

35　参见《新闻摘要》，《中行生活》第2卷第17期（1933年9月1日），第379页；张公权：《中国银行之基础安在?》，《中行生活》第2卷第14期（1933年6月15日），第271-272页。

36　在上海分行，这样的典礼第一次在1931年8月2日举行。参见《中行生活》第1卷第6期（1932年10月15日），第89、95页。

37　艾尔弗雷德·钱德勒（Alfred Chandler）讨论了美国管理阶层制的发展，对思考中国的情况亦有裨益。他把阶层制视为在市场扩张和现代技术重要发展的背景下，以功能和专业进行劳动分工的结果。参见艾尔弗雷德·钱德勒：《看得见的手：美国企业的管理革命》(The Visible Hand: The Managerial Revolution in American Business)，马萨诸塞州剑桥：贝尔纳普出版社（Belknap Press），1977，第381-414页。

38　参见《中行生活》第1卷第6期（1932年10月15日），第89、95页。

39　参见《中行生活》第2卷第15期（1933年7月1日），第304页。写日记作为职员道德训练的一部分，显然是当时很普遍的事情。参见张公权：《银行行员的新生活》，南京：正中书局，1934，第36-38页；戴霭庐：《银行家银行员座右铭》，上海：黎明书局，1932，第178-179页。关于日本银行中写日记的活动，参见秦博理（Barry Keenan）：《帝国最后的书院：1864—1911年长江下游的社会变化》(Imperial China's Last Classical Academies: Social Change in the Lower Yangzi, 1864-1911)，伯克利：加州大学出版社，1994。

40　参见《中行生活》第 2 卷第 11 期（1933 年 3 月 15 日），第 197 页。

41　上海交通银行的前职员谈到了类似的经历。1991 年 1 月 12 日，在上海交通银行的宿舍与庐绳祖的交谈。

42　参见一侯：《共同生活之一斑——津中里》，《中行生活》第 1 卷第 4 期（1932 年 8 月 15 日），第 60 页；孝逸：《共同生活之一斑："九十四号"》，《中行生活》第 2 卷第 13 期（1933 年 5 月 15 日），第 259 页；李缙：《吾人应当省察自己的病态》，《中行生活》第 2 卷第 12 期（1933 年 4 月 15 日），第 233 页。

43　关于城市住房，参见罗苏文：《大上海　石库门：寻常人家》，第 3-13 页。

44　参见一侯：《共同生活之一斑——津中里》，《中行生活》第 1 卷第 4 期（1932 年 8 月 15 日），第 58-60 页。

45　在乡村大家族或者血缘谱系仍然起着规范作用，关于民国城市小家庭的兴起及其重要性，参见叶文心：《进步杂志与小市民：1926—1954 年的邹韬奋和〈生活〉周刊》，载魏斐德、叶文心编：《上海寄居者》，第 205-214 页；也可参见葛淑娴：《家庭事务》（"The Business of Family"），1994 年 3 月 25—27 日波士顿亚洲研究协会年会上提交的论文。过去学术上讨论 20 世纪的中国"家庭革命"，强调西方的自由思想和个人主义的影响。最近的研究显示了在城市经济和中国民族国家兴起中的新家庭保守主义面向。参见韩格里（Gary Hamilton）编：《东亚和东南亚的商业网络和经济发展》（*Business Networks and Economic Development in East and Southeast Asia*），香港：香港大学亚洲研究中心，1991。

46　参见一侯：《共同生活之一斑——津中里》，《中行生活》第 1 卷第 4 期（1932 年 8 月 15 日），第 58-60 页。晚餐聚会显然是这些家庭最普通的社交形式。1991 年 1 月 12 日，在上海与李文权的会谈。

47　参见一侯：《共同生活之一斑——津中里》，《中行生活》第 1 卷第 4 期（1932 年 8 月 15 日），第 58-60 页。

48　参见皮埃尔·布尔迪厄（Piere Bourdieu）：《运动和社会阶层》（"Sport and Social Class"），载尚德拉·穆克吉（Chandra Mukerji）、迈克尔·舒德森（Michael Schudson）编：《通俗文化再思考：文化研究的当代视角》（*Rethinking Popular Culture: Contemporary Perspectives in Cultural Studies*），伯克利：加州大学出版社，1991，第 386 页。

49　参见沈书钰：《沪行球艺部之过去及其近况》，《中行生活》第 2 卷第 17 期（1933 年 9 月 1 日），第 386-388 页；裴观：《沪行同人公余生活写真》，《中行生活》第 2 卷第 16 期（1933 年 8 月 1 日），第 327-329 页。西方运动的现代特点，参见叶文心：《疏离的学院：中华民国时期的文化与政治，1919—1937》，第 72-74、101 页。

50　这样的解释，参见《中行生活》第 1 卷第 6 期（1932 年 10 月 15 日），第 86 - 89 页；张公权：《中国银行之基础安在?》，《中行生活》第 2 卷第 14 期（1933 年 6 月 15 日），第 272 页。

51　参见李欧梵：《现代性的追求：对于 20 世纪中国历史新思想的一些想法》（"In Search of Modernity: Some Reflections on a New Mode of Consciousness in Twentieth Century Chinese History and Literature"），载柯文（Paul A. Cohen）、戈德曼编：《跨越文化的观念：献给史华慈先生的中国思想论文集》（*Ideas across Cultures: Essays on Chinese Thought in Honor of Benjamin I. Schwartz*），马萨诸塞州剑桥：哈佛大学东亚研究委员会，1990，第 109 - 135 页。

52　参见李吉禄：《我对于同人的两句话》，《中行生活》第 1 卷第 5 期（1932 年 9 月 15 日），第 82 页。

53　关于个人英雄主义和组织强调的"无名英雄"之间的紧张关系，参见叶文心：《戴笠和刘戈青：抗日期间的中国特务英雄主义》（"Dai Li and the Liu Geqing Affair: Heroism in the Chinese Secret Service during the War of Resistance"），《亚洲研究杂志》第 48 卷第 3 期（1989 年 8 月），第 545 - 562 页。

54　李吉禄：《我对于同人的两句话》，《中行生活》第 1 卷第 5 期（1932 年 9 月 15 日），第 37 - 38 页。

55　参见甄润珊：《谈谈银行生活》，《中行生活》第 1 卷第 7 期（1932 年 11 月 15 日），第 119 页；赵福生：《大连民众娱乐及我行同人生活》，《中行生活》第 2 卷第 15 期（1933 年 7 月 1 日），第 302 - 303 页；包文藻：《我对于职务调易之感想及工作经过的兴趣》，《中行生活》第 3 卷第 25 期（1934 年 4 月 1 日），第 565 页。

56　关于这些例子，参见报告《本行如何发现上海银行陈案的经过》，《中行生活》第 3 卷第 32 期（1934 年 11 月 1 日），第 800 - 802 页。也可参见 1991 年 1 月 12 日在上海与李文权的对话。这几个案子被记录在第一特别区法庭档案，是上海市对白领犯罪的关注重点。参见上海市档案馆，民国- 31 -苏-公- 831，民国- 31 -苏-公- 390。这样的犯罪在小的商业银行中非常普遍，中国银行的职员很少牵涉其中。

57　一些人建议银行高层主管每天坚持锻炼身体 20～30 分钟。其他人建议在晚上 11 点切断所有宿舍的电源。参见兰：《我所希望本行实现的几件事》，《中行生活》第 3 卷第 22 期（1934 年 1 月 15 日），第 474 - 475 页。

58　有人这样形容："个人不能控制自己的命运。思想和结果失去了关联性。"在阅读和锻炼中寻找慰藉没有多大作用，因为"一个人对所有事物都失去了兴趣。完全麻木了。我们所有人都烦躁不安"。这个问题显然是没有机会"穿越制度之墙而远眺"和"思考生活和宇宙的意义"。银行生活被认为是"单调乏味和机械"。参见益民：《提出一个读书上的问题》，《中行生活》第3卷第32期（1934年11月1日），第774－775页。

59　用一个年轻出纳员的话来说，"年轻人喜欢自己看到有说服力和强有力的行动，而不是安慰性的花言巧语"。他的同事同意其看法，要求"真正描述我们存在的问题"，"给出具体的意见改变现状"，"切实改善我们工作的处境"。参见徐宗泽：《希望给予有"利"的东西造成"好"的环境》，《中行生活》第2卷第13期（1933年5月15日），第239页。

60　参见姚崧菱编著：《张公权先生年谱初稿》，第119页。年度报告全文，参见中国银行总行、中国第二历史档案馆合编：《中国银行行史资料汇编·上编（1912—1949年）》第3册，第2097－2132页。

61　姚崧菱编著：《张公权先生年谱初稿》，第127页。

62　中国一直到1934年都是银本位。关于美国《白银收购法案》的冲击，参见弗兰克：《中国近代经济史大纲（1840—1961）》，第135－138页；米尔顿·佛利民（Milton Friedman）：《货币的灾害：货币史片段》(Money Mischief: Episodes in Monetary History)，纽约：哈科特·布雷斯·乔沃诺维奇（Harcourt Brace Jovanovich），1992，第157－158页。关于通货膨胀和民族主义的崩溃，参见张公权：《恶性通胀：中国的体验，1939—1950》。

63　参见《各界对于本行二十一年度报告之评论》，《中行生活》第2卷第13期（1933年5月15日），第265－266页。

64　关于青帮和"债券持有者协会"的角色，参见中国银行上海国际金融研究所行史编写组编：《中国银行上海分行史，1929—1949》，第67页。关于青帮本身，参见魏斐德：《上海员警》("Policing Modern Shanghai")，《中国季刊》第115期（1988年9月），第408－440页；布赖恩·马丁：《"魔鬼条约"：青帮和上海法租界的关系，1925—1935》("'The Pact with the Devil': The Relationship between the Green Gang and the Shanghai French Concession Authorities, 1925－1935")，载魏斐德、叶文心编：《上海寄居者》，第266－304页。

65　参见中国银行上海国际金融研究所行史编写组编写：《中国银行上海分行史，1929—1949》，第66－67页。

66　参见汪叔梅：《艰苦中得来的生命》，《中行生活》第2卷第12期（1933年4月15日），第216页；祝仰辰：《一个后进行员的自励与希望》，《中行生活》第2卷第12期（1933年4月15日），第220页。

67　关于上海相对于小的地方城镇的商业策略，参见高家龙：《进入上海市场的三条路：1895—1937年贸易竞争的日本、西方和中国公司》("Three Roads into Shanghai's Market: Japanese, Western and Chinese Companies in the Match Trade,

1895-1937"),载魏斐德、叶文心编:《上海寄居者》,第35-75页;高家龙:《中国大公司:1890—1930年烟草工业的中外对抗》,第一章。

68 定县实验和邹平计划的目的都是通过组织农民自立来减轻乡村的贫困,重点放在西式农业和医疗技术或者道德培养和乡镇联系上。参见何复德(Charles Wishart Hayford):《为了人民:晏阳初和乡村中国》(*To the People*: *James Yen and Village China*),纽约:哥伦比亚大学出版社,1990;艾恺(Guy Alitto):《最后的儒家:梁漱溟与中国现代化的两难》(*The Last Confucian*: *Liang Shu-ming and the Chinese Dilemma of Modernity*),伯克利:加州大学出版社,1979。

69 中国的元和美元之间的汇率在1929—1936年波动很大。参见弗兰克:《中国近代经济史大纲(1840—1961)》,第136-137页;米尔顿·佛利民:《货币的灾害:货币史片段》,第171-174页。

70 参见中国人民银行总行金融研究所金融历史研究室编:《近代中国金融业管理》,第371、375-378页;姚崧龄编著:《张公权先生年谱初稿》,第123-124、128-129、139页。

71 参见陈炳铁:《希望分支机关遍设国内外》,《中行生活》第3卷第22期(1934年1月15日),第466页;曹志白:《我们要走上新路去》,《中行生活》第3卷第22期(1934年1月15日),第466页。

72 参见叶伯言:《乡村办事处之一瞥》,《中行生活》第3卷第22期(1934年1月15日),第464页。

73 参见上书。

74 参见上书。

75 参见上书。

76 参见上书。

77 参见上书。

78 1934年5月美国《白银收购法案》,"指示财政部在国内国外市场收购白银,直到白银的市场价格达到每盎司1.29美元,或者财政部储备的白银价值达到了黄金储备的三分之一"。中国在1935年11月不再是银本位国家,开始了全面的货币改革。参见米尔顿·佛利民:《货币的灾害:货币史片段》,第163-164、175页。关于国民政府对中国银行的控制,参见柯博文:《面对日本:1931—1937年的中国政治和日本帝国主义》,第六、七章。

79 关于日本工业化过程中的上班族,参见傅高义:《日本的中产阶层:东京郊区的上班族和家庭》(*Japan's New Middle Class*: *The Salary Man and His Family in a Tokyo Suburb*),伯克利:加州大学出版社,1963。

1920年代的上海南京路

图片来源：史梅定主编：《追忆：近代上海图史》，上海：上海古籍出版社，1996，第193页。

清末民初明坦洪槐公二代图（图中两人分别着新旧服饰）

图片来源：熊宜中：《明清官像画图录》，台北：台湾艺术教育馆，1998，第77页。

打台球的女子（晚清吴友如画）

图片来源：吴友如：《吴友如画宝》第 3 卷，上海：上海书店，1983。

摩登饭厅使用西洋餐具进餐的女子（晚清吴友如画）

图片来源：吴友如：《吴友如画宝》第 3 卷，上海：上海书店，1983。

中国银行总经理张公权像

图片来源：徐矛、顾关林、姜天鹰主编：《中国十银行家》，上海：上海人民出版社，1997，插图第1页左。

永安百货公司职员像

图片来源：史梅定主编：《追忆：近代上海图史》，上海：上海古籍出版社，1996，第186页。

美国可口可乐公司广告

图片来源：益斌、柳又名、甘振虎编：《老上海广告》，上海：上海画报出版社，1995，第72页。

中国山东烟公司广告(金梅生20世纪30年代作品)

图片来源：宋家麟编：《老月份牌》，上海：上海画报出版社，1997，第37页。

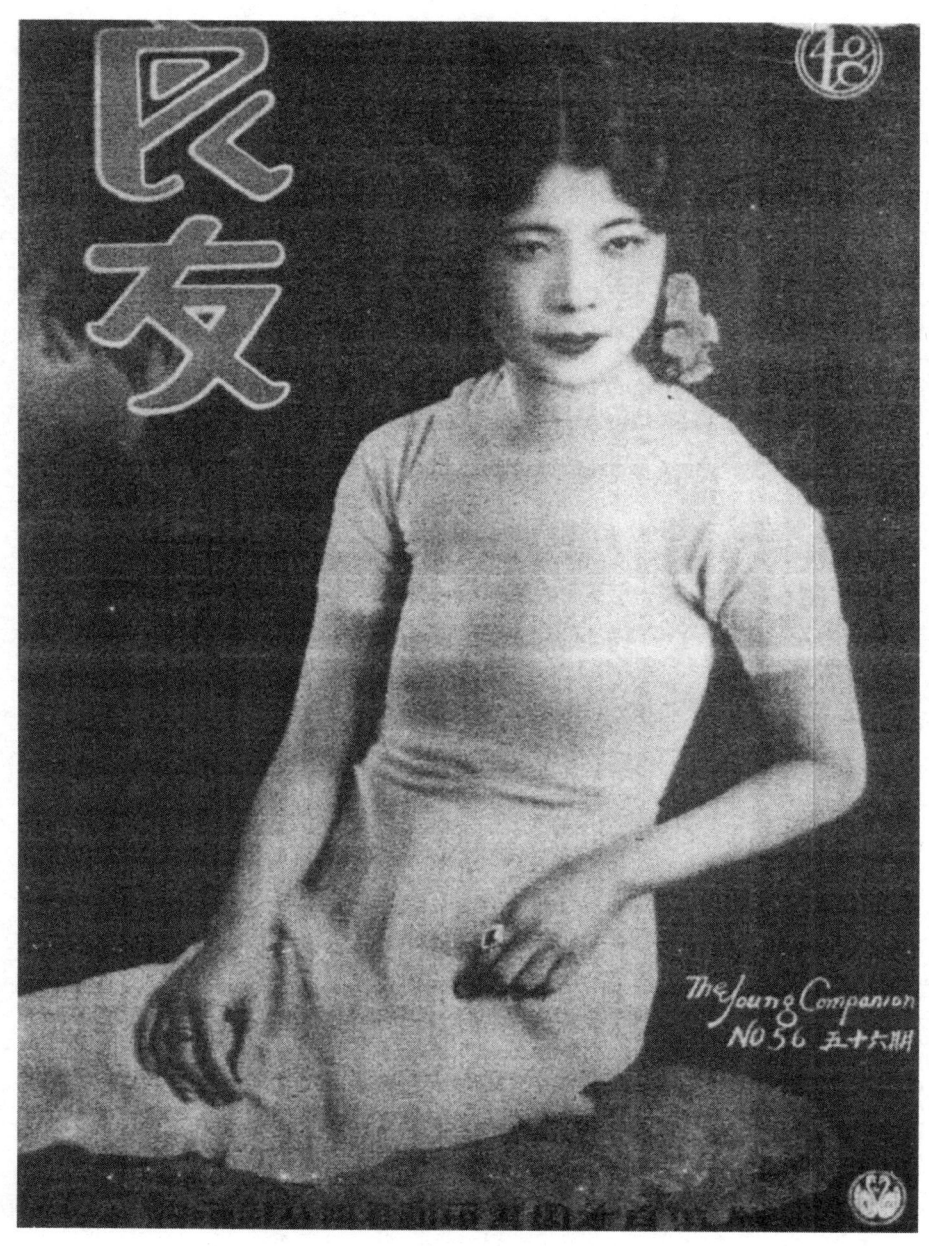

《良友》画报封面上的"摩登"女郎

图片来源:《良友》画报第56期(1931年4月)。

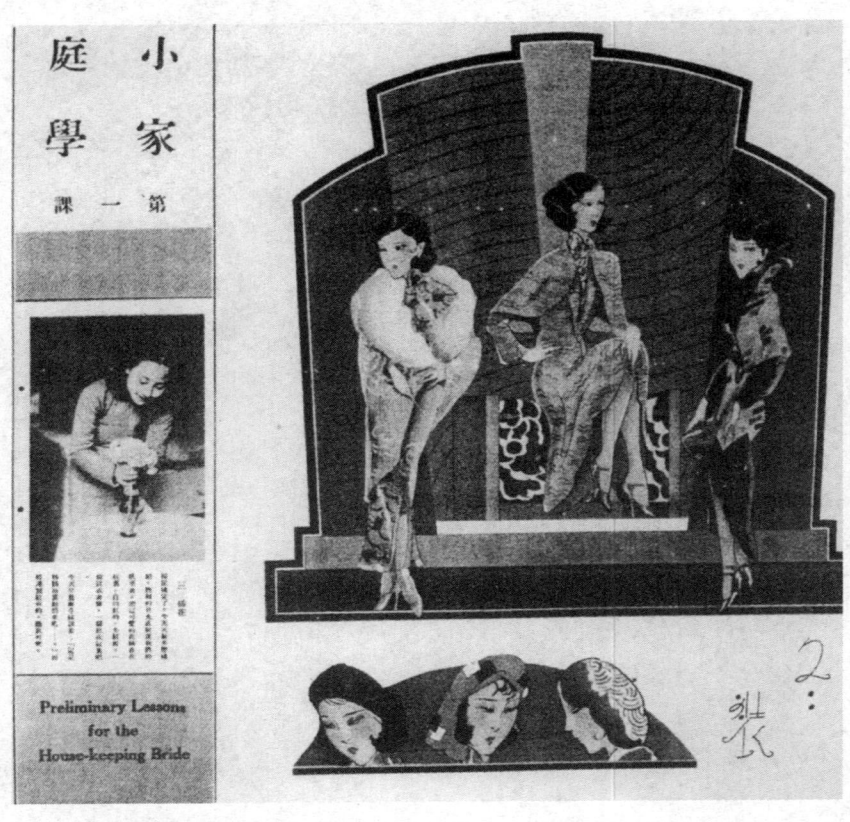

右:《良友》画报的冬季时装

　　图片来源:《良友》画报第 53 期（1931 年 1 月）；第 101 期（1935 年 1 月）。

左:《小家庭学》第一课

　　图片来源:《良友》画报第 101 期（1935 年 1 月）。

《一个平凡的故事·商店雇员》（胡其藻作）

图片来源：上海鲁迅纪念馆、江苏古籍出版社编：《鲁迅藏现代中国木刻全集》第2卷，南京：江苏古籍出版社，1991，第337页。

《一个平凡的故事·上海码头徘徊的母亲和小孩》（胡其藻作）

图片来源：上海鲁迅纪念馆、江苏古籍出版社编：《鲁迅藏现代中国木刻全集》第2卷，南京：江苏古籍出版社，1991，第350页。

1937年8月14日轰炸后的认尸现场

图片来源:"Virtual Shanghai"网站,编号2409(图片藏于里昂第二大学东亚研究院)。

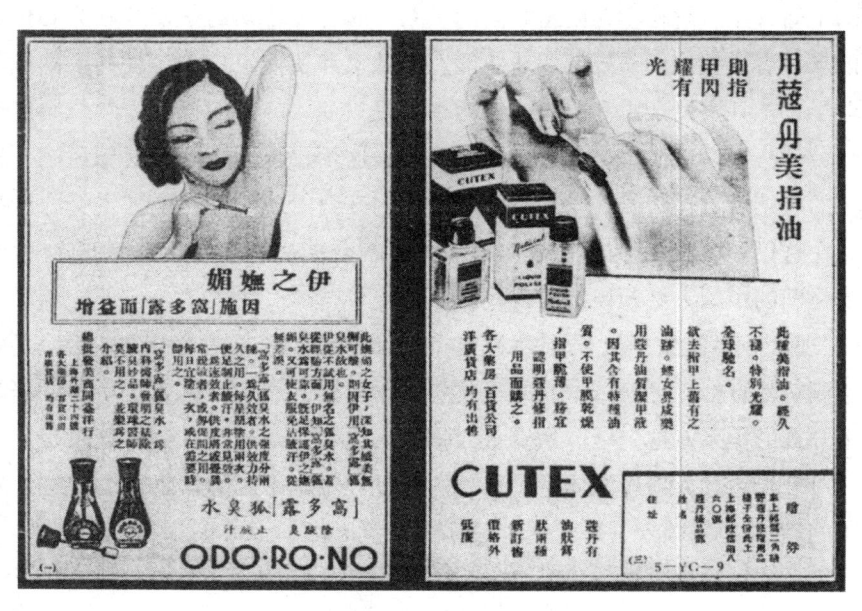

女性美容品广告

图片来源:《良友》画报第109期(1935年9月)。

第五章
大家长与小家庭

"现代性"在上海渐渐展开,把外来的商品渐渐变成了本土的一部分,让机械生产与科学观念渐渐进入了人们的日常。在这个过程中,"现代"上海动员起印刷产业的力量,发起了一场旨在说服人们接受新观念的宏大运动。企业家、官员、教育者以各自的方式,为这场运动添砖加瓦。最终,一种新的信仰出现了:它相信以科学为基础的现代企业能促进经济发展,并带来物质繁荣;科学与繁荣的结合又可以实现国富民强的目标。就这样,许多新的书籍开始讲解科学与财富之间的关系,而各种各样的学校开始为心怀梦想的求职者讲授他们需要的职业技能。金融家和实业家出资,创办了商业与职业学校,并资助杂志和出版。社会名流发表演讲,组织协会,参与制定经济与劳动法案。他们声名日盛,交往日广。这不仅提升了大众对新风潮、新趋势的敏感度,也将金钱与利益之种种,上升到了现代性与爱国主义的新高度。在这里,"现代"与"中国"不仅可以融合在一起,而且必须彼此同步:一个爱国的中国人必须要走向现代。

"现代"不仅关乎物质层面的富裕生活,也是道德意义上的正直生活。中华职业教育社(见第二章)的建立就基于这样的理念,也就是新的经济是一个开放的体系,这个新体系看重的是个人的能力,其中机会的分布是公平的。对于希望加入新经济体系的青年人来说,他们需要的仅仅是掌握这种新经济的运作原则。

为了传播这个思想,1925 年中华职业教育社开始发行机关刊物《生活》周刊,这份杂志定位的读者是上海工作场所的"职业青年"。在邹韬奋(1895—1944)的主持下,《生活》周刊很快成为上海小市民中最有影响力的刊物。

读　者

　　1920年代，大约有30万人在上海的小工商业界供职，其中大部分人的雇主都带领着家人参与经营，每人平均雇用的劳动力不到12人。上海有上百种不同的行业，但并非每种行业都有同业组织。所谓初级雇员，有人在旧式制度下充当学徒，有人在新型企业中做练习生。作为一个社会"阶层"，这些识字、进过学堂、受过教育的城市中下层雇员分布在各行各业。[1]他们之间除了大家都识字之外，很少有共同点。[2]他们识字的途径也千差万别。有些人曾经在私塾开蒙，有些人则曾经在中学接受过正式教育。[3]

　　这群底层雇员中不乏"职业青年"。他们从前上过学，如今在各行各业担任初级的职位。他们从前的同学们得以继续升学，读高中甚至上大学，他们则必须就业谋生。几曾何时，他们加入了"小市民"行列，成了上海石库门的住户，构成了城市形象的受众与现代化商品的消费者。

　　和"职业青年"一样，"小市民"是当时社会政治结构的产物，也是文本叙事构建出来的群体。他们在室内办公桌上工作，拥有月薪。他们出现在游乐场、茶馆、风月场和成排商店大街上的拥挤人群中。小市民看报纸、听收音机当作消遣，正是因为他们的品味，后街小贩们的劣质小说和连环漫画长盛不衰。单身汉喜欢喝点小酒、小赌一把，和邻居、同事一起消磨闲暇时光。已婚的人则抽烟，一起讨论家庭的生活消费。他们的日常生活充满了各种需求、例行公事、花费开支、街谈巷议，以及公司、邻居和家庭中的人际纷扰。他们或许抱怨自己陷入了恶劣的生活环境，但是似乎也没能力去实现什么伟大的抱负。在教育者与改革家看来，这些人生活在大变革的时代，却身陷旧式思维的泥沼，只关心琐碎的小事。

　　"职业青年"跟"小市民"不同，他们对现实感到不满，因为他们缺少在新经济体系中担任高层职位的必要资格。他们在职场与社会中处于弱势地位。他们在底层的位置上备受剥削。他们不得不直接面对残酷的市场竞争。他们熬过了学徒生涯或实习训练，成为身穿"长衫"的店员或公司职员。按理说，他们应该是坐在办公室里从事脑力劳动的精英员工。但事实上，他们却不得不从事繁重而琐碎的日常工作，以至于和那些身着短衣、挥汗如雨的体力劳动者并无二致。"职业青年"的日常是各种患得患失，既担心从现在的社会阶层下滑，又渴望在职场节节高升。[4]这一阶层对自己的身份有一种特别的焦虑。

《生活》周刊旨在帮助他们理解这样的环境。如果说这些年轻人深感新体制的不公并心怀不满，那么《生活》周刊则为他们提供希望和指导。还有一些人不求上进，觉得生活中的坏习惯与个人的小消遣无伤大雅。对于这些人，《生活》周刊旨在改变他们自我满足的现状，让他们接受新经济的逻辑。《生活》周刊告诉他们，现代化开启了一个新的时代，进步永无止境，新的财富无穷无尽；在这个新的世界里，所有人都可以过上更好的生活。教育家和出版商就要把这样的"正确"建议提供给广大年轻人。

《生活》周刊（1925—1933）

1926年10月，邹韬奋接受了中华职教社的邀请，担任原本枯燥无味的《生活》周刊的主编。[5]此前，他是中华职教社月刊《教育与职业》的主编；1922年起，又主编了中华职教社的系列丛书[6]，而当时中华职教社只有不到500名学生。[7]《生活》周刊则面向生活不如意的年轻市民，告诉他们职业教育对当下生活和未来事业都大有好处。

自创刊以来，有很长一段时间邹韬奋都是整个杂志唯一的编辑、撰稿人、校对和经营者。他用多个笔名发表随笔，每周进行大量创作，有时还会编译美国体育、旅游杂志的文章。《生活》周刊大部分的评论都简明扼要，由于版面有1 500字的限制，因此每篇随笔都要有效地表达生动的意象，并输出具有引用价值的警句，这样才能抓住那些忙碌于职场的青年们的注意力。作为一名出版商和评论家，邹韬奋充分考虑到关键性阅读受众的阅读习惯，在写作风格上力求贴近大众。他很清楚，城市职员掌握的词汇有限，平时闲暇时间又很短暂。他希望写的文章，是读者们即使粗粗翻过，也能从中受益的。

作为面向大众的传播者，邹韬奋开创了自传式的叙述风格，以第一人称来讨论社会和经济问题。他从不以高高在上的口吻对读者说话，总是将自己放在普通辛苦工作者的位置。同时，他介绍了很多经济精英人物的生活故事：会计师潘序伦、银行家王志莘、制造商项康元和律师徐永祚。聚光灯下的精英与默默无名的读者，在地位和成就上有着天壤之别；邹韬奋告诉大家，这不是运气或家境使然，而是历经岁月与心怀抱负的结果。《生活》周刊描述上海新兴精英的职业生涯，由此揭开他们名声与财富背后的神秘面纱，鼓励年轻人沿着他们的足迹努力前进。

邹韬奋以自己的经历为周刊确定了基本方针，揭示了成功背后的秘密。邹韬奋告诉读者，自己毕业于圣约翰大学，也就是上海顶尖的教会学校。然而，与同学们不同的是，他来自一个付不起学费的家庭。邹韬奋原籍福建，父亲是一名补官道，虽然有读书人的身份，但是没有相应的收入。父亲似乎对自己的妻儿不闻不问。母亲来自浙江书香门第，邹韬奋对母亲的回忆充满深情。母亲29岁就去世了，那时邹韬奋才12岁。

邹韬奋以动人的笔触讲述自己的母亲，"我生平所见过的女子，我的母亲是最美的一个"。她让女仆到附近施米给穷人的一个大庙里去领"仓米"，自己在家里怀抱着哭啼的二弟踱来踱去。邹韬奋写道："我旁坐在一只小椅上呆呆地望着母亲，当时不知道这就是穷的景象，只诧异着母亲的脸何以那样苍白，她那样静寂无语好像有着满腔无处诉的心事。"[8]

邹韬奋进了圣约翰大学后，学费还是个问题，他依靠在图书馆打工和做家教赚取收入。他做得很出色，不仅解决了自己的学费问题，而且还能供弟弟上大学。他读美国科学杂志上的报道，把想法写成文章，向杂志社投稿赚稿费。[9] 和很多年轻读者一样，他来自一个没落的士绅家庭。他要告诉大家，对于那些愿意用自己的才智努力工作的人来说，新的经济会为他们提供机会与回报。[10]

一个人在奋斗的道路上，最重要的素质是工作伦理与个人品德。理学家所讲究的自我"修养"自然符合这些品质。[11] 在现代上海，这个传统自省功夫正是通向中产阶层成功之道的入门。邹韬奋通过《生活》周刊杂志公开为自省的青年提供帮助，他创办了新的栏目《读者信箱》，刊登读者来信；这一栏目很快成为一个新的平台，不同的人以自己的第一人称视角讲述自己所关注的社会现实问题。每天有大量来信涌入，邹韬奋从中选出一些，刊登在每期周刊上，并挑选出另一些以其他形式编辑出版。所有的信件都涉及青年职员所关心的现实问题，以及他们的艰苦境况——他们寻求美好的未来，渴望得到"正确"生活方式的指导。

拥抱苦难

艰苦，对于年轻人来说是无法改变的事实，也是不可避免的环境。他们资历尚浅，薪水微薄，肯定免不了要体验"苦"的滋味。旧式做学徒，师傅会一再重复这样的古训："孺子当习勤苦。"[12] 工时漫长，生活艰苦，没有什么娱乐，几乎没有零花钱。雇主要求严格，同仁之间互相忌妒，流言蜚语与权术阴谋无处不在。对于尔虞我诈的政客，这或许是一所天然的学校；对于渴望发展的青年，这绝不是一个健康的环境。所有这些都限制了个人的自由与选择。公平与机会成为大家痛切关心的问题。

当代白话诗人刘半农写道："学徒苦！学徒进店，为学行贾；主翁不授书算，但曰'孺子当习勤苦！'"[13]

> 朝命扫地开门，暮命卧地守户；
> 暇当执炊，兼锄园圃！
> 主妇有儿，曰"孺子为我抱抚"。
> 呱呱儿啼，主妇震怒，
> 拍案顿足，辱及学徒父母！
> 自晨至午，东买酒浆，西买青菜豆腐。
> 一日三餐，学徒侍食进脯。
> 客来奉茶；主翁倦时，命开烟铺！
> 复令前门应主顾，后门洗缶涤壶！
> 奔走终日，不敢言苦！[14]

刘半农描述了一个十几岁学徒的生活。师傅和老板娘的威风，把他笼罩在恐惧之下，不管他多么努力工作或者强装笑脸，"学徒虽无过，'塌头'下如雨"。而且，年轻人还受到老板娘无休无止的刻薄对待：

> 足底鞋穿，夜深含泪自补！
> 主妇复惜灯油，申申诅咒！
> 食则残羹不饱；夏则无衣，冬衣败絮。[15]

同样，学徒若因营养不良以至于病倒，还会被当作懒惰的借口：

> 腊月主人食糕，学徒操持白杵！
> 夏日主人剖瓜盛凉，学徒灶下烧煮！
> 学徒虽无过，"塌头"下如雨。
> 学徒病，叱曰"孺子贪惰，敢诳语！"[16]

然而，不论环境多么残酷，年轻人的思考能力是天生而且无法控制的：

> 清清河流，鉴别发缕。
> 学徒淘米河边，照见面色如土！
> 学徒自念："生我者，亦父母！"[17]

刘半农的诗句十分感人，为学徒们长久以来不得不忍受的艰苦际遇赋予了一种新的况味。诗中的意象，无非文本中大家耳熟能详的场景，如店主如何在小店里作威作福、虐待学徒，但诗人在结尾处却呈现出了人类任凭压迫却依然思考的天性。思考之中，包含着救赎。从这个角度来说，没有什么比失去接受教育的机会更不幸了；因为一旦失学，年轻人就不再有机会磨砺、开展自己的心胸。

在职业青年的生活中，最让人颓丧的事情就是失学。失学迫使他们离开校园，去职场上讨一份生活。《生活》周刊与读者一起探讨了失学问题的几个不同面向。

读者洪庚阳在写给编辑的一封信中，列举了当时教育制度的缺陷。学校收取学费和其他杂费，没钱的人被拒之门外。课程的主题脱离实用知识，减少了个人教育"投资"的"回报"。校园文化并没有培养自力更生与诚实工作的态度。学校似乎更看重富裕学生的家世背景。这使得有些人原有的优势在新的职业场所得以延续，并成为新偏见的基础。那些家境殷实的年轻人很自豪，因为他们无须为五斗米折腰。

洪庚阳继续写道，不公平的事还不止如此。富裕家庭中娇生惯养的孩子对国家总体财富的贡献微乎其微，于是他问："如果这么多人只消费而不生产，民族怎么可能免于贫穷？"像洪庚阳一般在新经济制度下具有生产能力的人，应该有接受职业教育的机会。在美国，"林肯从一个普通家庭起家，最后都能当上美国的总统"[18]，中国的职业青年也应该可以有同样成就的机会。

《生活》周刊虽然抨击旧式雇主的保守态度，但却只是要求雇主改善他们的行为，并没有进一步检讨经济制度的结构性缺陷。对于雇员们，《生活》周刊则要求每个人对自己的前途负责。一个年轻人的职业生涯最终取决于他对待工作的态度，以及个人主动开拓的能力。通过种种成功人士的小传，《生活》周刊传递出的观念直截了当：财富和舒适是勤奋与诚实的回报。新经济制度提供公平、容易取得的机会，成功取决于力求向上的年轻人对个人品德的完善和对美好前景的憧憬。

一个人年轻的时候体验艰难，事实上是为后来的成功打下坚实基础，因为经济上取得成功的关键正是个人品德。明代的王阳明、清初的孙夏峰、晚清的曾国藩，这些理学大师都体验过有助于修身的艰苦生活。根据《生活》周刊的说法，王阳明主张"尽心知性"，以善行感化人，不以暴力压迫人，因此《生活》周刊引申王阳明的话："责善，朋友之道，然须忠告而……使彼闻之而可从。"如果"暴白其过恶，痛毁极诋，使无所容"[19]，那么那个人必然因为羞恨而反击，反而让说服不成功。

孙夏峰认为道德修养在"贫穷、疾病、挫折和失望交错的时候"正是修养的关键。[20] 曾国藩教人要有毅力，不要耽于眼前的逸乐，要一丝不苟地做到"敬"和"恒"。[21] 总之，这些为现代职场上的成功提供了极为重要的指导。

根据《生活》周刊，上天赋予人的天赋和才能确实各不相同，只有少数人天赋异禀，然而每个人都可以通过修养获得美德。美德不仅对于世俗的成功必不可少，而且对于心灵的平静同样不可或缺。"在德性纯全者，固自有其天真之乐，不因境而移也。"[22]

总之，《生活》周刊要告诉"职业青年"的是，儒家传统的修养至关重要。如果事情没有按照既定的方向发展，一个职员必须要透过自省找到失败的缘由。要改善身处的逆境，最好的方式就是采用理学家教导的诚意正心。一个年轻人必须充分利用环境，学会自我节制，并且培养宁静的心灵。这是因为财富上的成功不是与生俱来的，而总是克制和坚毅的结果，贫穷并不会成为年轻人最终发展的障碍。只要心智朝着正确的方向前进，任何人都能攀上上海商业和实业界的顶端。

然而，在当时许多人看来，要在上海找到一份工作，家族背景与人际关系非常重要。上海的中层是由许多密集的社会关系网络构成的，地方行会、师徒情谊、婚姻纽带以及其他种种关系，把雇主和雇员联系在一起。

《生活》周刊并非无视这样的关系网络。它逆流而上，强调家庭关系与人际网络并不能确保职场和商业上的成功，能力与经历才是现代化经济真正的要素。任何职位都有来自关系网的许多竞争者。最后胜出者，所依靠的是努力工作和自我提升。此外，如果一个年轻人明白自己的责任，而且能够做出真正的贡献，也会有利于整个家庭。[23]

如此一来,自我修养便是找到并且保住工作的关键。工作和闲暇的时间都要用来提升自己的修养。如果一个年轻人下班后不能抗拒赌博和嫖娼的诱惑,那么他就离欠债和犯罪不远了;最终,他会在城市的种种诱惑下腐化堕落。[24]

与此同时,《生活》周刊认为雇主应肩负起家长的责任,确保年轻职员能够将闲暇时间用在有益的事情上。20年代上海许多行业推行开明家长制,就像中国银行一样,要求年轻员工抓住各种机会,提升自己的修养。[25] 为了这个目的,上海商业联合会协助建立了中华职教社。然而,在家长制下"建议"和"要求"的界限很模糊,很多时候,雇主家长式的关心与他们对资源和机会的控制结合起来,他们的"希望"或"期许"变成了义务性的任务。如此一来,年轻职员发现他们是被要求,而不是被邀请去从事一项符合他们利益的特别活动。

成功的秘诀

努力工作的青年人渴望成为自己的主人。他们想拥有自己的事业。他们想成长为师傅或雇主。他们愿意照顾妻子、孩子、下属,做到"仰事俯蓄",成为一家之主,真正承担起一家之主的责任。

然而,上海的现代经济体系结构复杂,普通职员和会计似乎看不到拥有个人事业的希望。长年的辛苦工作既不能保证获得晋升或者拥有自主权,长时间的劳累也不能保证努力得到认可。

邹韬奋曾经写过一个如此的小故事,主人公是上海某报社的一个职员:

> 上海有一家报馆里有一位校对先生,今年五十五岁了,他勤勤恳恳地做校对先生,已有二三十年之久。月薪从十几块钱起始,现在每月有五十块钱。……
>
> 他的本乡是在沿沪宁铁路一个工业中心的县城。他一年只于年底回乡一次,其余的时间都用在上海,而且都用在报馆的屋子里,大门也不容易轻出。他在上海一年的零用只有三块大洋!从报馆里领到的薪水,寄在账房里,总不肯放在银行。有人问他何不借此得些利息,他说恐怕银行倒闭!他把薪水寄回家的时候,也不肯用邮汇,因为汇水可惜。每

次积存三四个月之后，托最可靠的亲友顺便带回去，可以一钱不花！

他年底回乡的时候，有时不带行李，他连电车都舍不得坐！由望平街拖着两条腿，一路拖到火车站！……到了火车站，他总设法钻到四等的贫民车里面，因为他的回乡火车费，也包括在全年零用的三块钱里面！

他所用的鞋子袜子，都是他的"贤内助"在家乡做好……甚至他所换下来的衣服……也要包存托亲戚带到家乡给"贤内助"去洗！……至于他的穿衣……到了阴历的十二月初一日，必把一件皮袍子穿上身……到了阴历六月初一日，必穿上一件夏布长衫……他抱守这种一定的时间，寒暖反不大在意！

诸位想他剪头发总要用一角线罢！却也不然。他……总跑到一个外国坟山的前面排着的剃头担，去括一个和尚头，只要十八个铜板！……至于洗浴呢，他就老不客气，一年到底不洗浴……

邮政局对他也只好谢谢，因为他一年到底不写信的。

…………

他虽二十多年的"埋首"于"校对"，却以工作为乐，年底回乡七天，他常叫苦连天，说闲得可厌……

他赚得的钱差不多统统交给他的夫人……现在已积得数千金。他的儿子已娶亲生孙子……到了六十岁的时候，就要告老返乡，以乐余年。[26]

他是一名校对员，却并不读书看报；他以文字为生，却对文字的内容不感兴趣。这是一种新的存在方式，也是新社会的缩影。他游离在所校对的文字之外，就如他游离在所工作的城市之外。他严格服从城市单位的工作时间，却保持着乡村消费的水平。他在穿衣、居住、卫生、交通和金融服务等方面的消费方式，不仅因为他收入有限，也因为他并不信任城市的新兴机构与各种做法。他多年努力工作，存款充裕。但是，存款只让他维持着一种清苦的生活方式。他的生活方式不同于那些想象自己重回田园的中国银行职员，他们将乡村想象为自己的桃花源（见第四章）；这名上海校对员本质上仍是一个来自农村的人，只是谋着一份城市里的职业。在上海，他没有舒适的家居环境，但也养活了一家人，没有采取城市的生活方式，但也站稳了脚跟。他正好体现了一种简单的美德，而这种美德是上海有志向的年轻人应该具备的：他是报社企业这一复杂机器中的一枚可靠的"螺丝钉"。这名校对员也与中国银行的电报员没什么不同，他在工作了几十年后，准备回乡下去享受田园和乡居。我们可以断定，他在这个城市永远不会攀升到组织的顶层。

家　　庭

《生活》周刊倡导一种"小家庭"的观念，即由夫妇和他们未成婚的孩子们组成的核心家庭。[27]"小家庭"是相对于"大家族"而言的，大家族是传统意义上的家庭组织，在民国时期是许多地区主要的家庭生活模式。儒家思想要求子孙孝顺、女子恭顺，这样的观念赋予了大家族神圣的地位：它是宗族权力的基础，许多世纪以来，在乡村发挥着重要作用。小家庭效法西方、扎根城市，直接挑战了传统权威。小家庭是消费单位而非生产单位，小家庭从情感纽带中获取力量；它旨在让现代经济体制下努力工作的个人获得新的幸福感。

《生活》周刊认为，核心家庭首先必须是男女交往的结果，而这种交往必须基于双方的自由选择，而不是父母的安排。这种婚姻建立在相互承诺的基础上，新婚夫妻必定脱离父母而独立居住。在国民政府新颁布的民法中，这样的婚姻组合成的家庭是具有完整财产权的法律实体。

20世纪初，中国知识界经历了一场文化与观念的革命，挑战孝顺与贞洁的伦理规范。[28]和那些激进的知识分子相比，邹韬奋并没有旗帜鲜明地谴责、抨击传统观念。他关注的是每天日常生活中具体而实际的事情。他倡导以新的言说方式来重构情感生活和家庭关系。例如，在他的推动下，"甜蜜爱情"和"追求幸福"成为小市民日常谈话中的常用表达。[29]他称赞一些夫妇以"达令"互称，其中亦包括蒋介石和宋美龄[30]；当时中国许多地方将女孩称为"赔钱货"，认为嫁女儿就是"卖"新娘。新的称呼与旧的说法形成了强烈的对比。[31]在邹韬奋看来，语言的文雅修辞标志着思想上的进步。

《生活》周刊的读者们在投书中牢骚满腹，表达了他们与传统爱情和婚姻观的格格不入。

> 我的家庭是旧式的……他们要替我订婚，只知道资产与门第，并不

注意对方的本人。……近来我同一位朋友很要好。……我父亲查得我的朋友已经订婚了,又赶紧要把我议给官僚的腐化儿子,自然我又要反对的……我因为爱他……不幸有了结晶……[32]

《读者信箱》常常会收到这样的信件:

> 贵刊负改良社会之责……尤其对小家庭竭力提倡,我侪未婚之青年,读之如获至宝。……我是一个十九岁未婚的高小毕业生,入商已三载,仅能自顾个人生活,双亲健在,因无兄弟姊妹,故促婚甚急。而我则鉴于生活之难,绝对拒绝,因此常使父母担心。又因社交尚未公开,那里有机会来择女友?像上海的交际场,是少爷小姐的俱乐部,我们这一般穷小子,休想休想!意中人从何处选择?假使仍由父母之命,则明知要犯旧婚姻同床异梦的毛病,心殊不愿。我抱独身主义吗?父母不悦。及早成婚吗?自身难受。唉!将如之何?将如之何?[33]

许多写给编辑的信都表达了事情的紧迫:一周之内就要结婚,家庭下达了最后通牒,威胁切断经济来源,除非立即答应,否则宣称要采取法律行动,等等。《生活》周刊不时报道年轻人走投无路以自杀了结的事件。年轻人反抗家长的权威,难免承担苦痛与风险;当面对这样的家庭危机的时候,邹韬奋谨慎地发表看法,给予指导。编者的回信,对于那些恐慌或者迷惑的投书者来说,不是泛泛的评论,而是自己行动的指南。投书发表后,其他读者读到,也不时陈述他们的经验与意见。透过《生活》周刊的读者投书,许多人得到了广大的道义支持与各种建议。

《生活》周刊给出的解决办法有时正与传统背道而驰。例如,杂志曾经报道了一桩"名流丑闻"事件,主角是黄慧如跟家仆陆根荣。黄小姐本来跟贝先生订了婚,贝先生出生于苏州洞庭东山,家族在上海工部局理事会上占有一席。然而婚约因故取消,其后就传出黄慧如跟仆人陆根荣有特别关系。黄小姐怀孕了,她哥哥把仆人告上了法庭,这个秘密成为轩然大新闻,上海的各家小报争先恐后用耸动的标题和猥亵的细节来报道。

《生活》周刊也详细追踪报道了这件新闻,但是与小报不同的是,它将注意力放在这位哥哥而不是这对情人身上。邹韬奋指出,如果这位哥哥不是满脑子地位、礼节的旧式思想,如果对妹妹的感情能有多一点的尊重,就不会闹出这样的事情。黄小姐的耻辱是她哥哥造成的。[34]

邹韬奋同样批评了那位仆人陆先生。在邹韬奋看来，陆先生的行为就是在女主人心情低落的时候乘虚而入。[35]在《生活》周刊的意见中，黄小姐是男人们追名逐利下的牺牲品，而不是丑闻中的堕落女子。邹韬奋写道："我们认黄女士是个好女子，她一时的不幸受欺是不良的家庭环境和社会环境有以促成的。"[36]诚然，黄慧如不是一个值得仿效的女英雄，但是她的耻辱凸显了男性道德规范的缺陷。《生活》周刊认为，她应该得到同情和支持，而不是羞辱和谴责。任何男人能在这个时候站出来用真爱去挽救她，那么他就是一个英雄。[37]邹韬奋成功地引导大家从不同的角度来解读这桩社会新闻；之后，《生活》周刊收到了很多年轻女子的来信，都对这位颜面扫地的黄小姐表达了同情。[38]

在那个年代，很多离家外出工作的年轻男人，会突然从家信中得到通知，得知自己已经被安排了婚事。下回春节回乡，很可能就发现自己成了新郎。新娘完全是个陌生人，但这是父母的决定。完婚之后，新郎的假期也结束了。他只身回到上海，有的是因为经济上太不稳定，不能带上妻子；有的是因为相处不愉快，不愿意带上；有的是因为太传统，不愿意违背父母的期望，决定把新娘留下来侍奉公婆。

下面这封信的摘录代表了这一问题的基本状况：

> 我是一个旧家庭里的产儿，自然我的婚姻也是由家庭里一手包办的，订婚的时候，我不过十四岁……完婚的第三天，我挟着满怀的抑郁离开了故乡，也就由此走入了悲哀的路上去了，我觉得她的一切即使叫《自由谈》中的改造博士来，恐怕也无从措手，要想用我的能力去陶冶她成为我所怜爱的妻子，那是比挟泰山以超北海还要难办的……（1）我觉得要重燃我的生命之火，只有离婚，或者离婚之后而使她能得着一个同情于她的丈夫，也未可知，就不至于把两人的幸福，生生的葬送到坟墓内去，不卜先生以为如何？（2）照上面的情形能否提出离婚条件？法律上有没有问题？（3）在没有正式解决以前，能否另外与他人恋爱？（4）离婚后要怎样才使我的良心上不抱歉于她，使她的心中也不加怨于我？因为我虽不能爱她，却是很可怜她的。[39]

许多言论利用性解放与恋爱自由来抨击大家族，能够引起广泛共鸣。但随后而来的小家庭事实上却不是浪漫感情的高峰。随着成婚，新夫妻开始建立新家，新家的中心就是二人共同拥有的居住空间，由女主人全职打理，好让这里一尘不染，井井有条。[40]这个家，既是舒适的生活环境，也是成员的精神港湾。一家之主下班回家时，晚餐已经煮好端上桌了；迎接来访客人的是女主人的温文软语、孩子其乐融融的嬉笑声，以及钢琴或小提琴伴奏下的歌声。这里不应该有刺耳的谩骂，以及随之而来的啜泣。[41]

这样的生活并不是每一位女性天生都能胜任的。传统家庭中，年轻的妻子不仅要经营与丈夫的关系，还要学会与家族中的其他女性相处，这些女性包括母亲、祖母、嫂子、姑姑、堂姐、侄女、女佣和女客人，等等。一群女人聚在一起，就免不了闲杂琐碎，尤其当不识字的妇女们聚到一起的时候，更会因为共同的保守观念与迷信信仰而找到同好。另一些时候，她们变得争吵下休、歇斯底里、恶毒尖刻。作为母亲，这样的妇女就有所不足，因为母亲的任务不只是生养，也包括教育。作为妻子，这样的女人也有欠缺，因为她们的另一半在一天漫长辛苦的工作后，渴望的是家庭的宁静与平和。

作为家庭主妇，大家族里的年轻妻子往往不善理财，因为家庭财务通常控制在婆婆手中。家族中的成员并没有个人财务的概念，因为资产和债务都是由家族共同拥有和管理。个人维持的生活方式往往符合社会身份，但不一定配合经济状况。高社会地位家庭中的男女不从事生产性劳动，不管这种做法是否合乎财务需求。[42]新文化运动的主将胡适抱怨说，时间对于许多同胞好像没有任何意义，因为他们都在茶馆里透过闲聊打发时光。富人家的女人似乎不知道除了从事无聊消遣之外还有别的事可做，她们整日赌博、抽烟和看戏。[43]

女人必须接受新式教育，才能在小家庭中扮演现代妻子和母亲的角色。王效冲在他的读者投书中哀叹道："女人往往受制于男人，被剥削操纵、呼来唤去，没有独立的方法。"[44]他的观察反映的是民国城市中大家普遍的观察。如果要提高妇女的地位，就必须让妇女认字、具备常识。认字与常识本身就是让妇女接受教育的好理由，更何况有知识的妇女还可以学好持家理财、育儿、家庭保健、美化居家，以及中产阶层女主人间的社交技巧。

在民国时期的城市里，新式学校已经教育出一批有教养的新女性。与传统女性相比，这些能干的新型妻子注重举止优雅、谈吐文明，她们精于家庭管理，有着良好的判断力。她们受教的教会女校，授课内容一面是西方艺术与音乐欣赏，另一面是护理、室内装饰、家庭财务、记账、文雅与实用兼修。[45]

《生活》周刊中理想的中产主妇是一个头脑冷静的家庭经济学家,一个兢兢业业的家政管理员,一个一丝不苟的孩子的教育者,一个邻居眼中的好市民。这是一个全方位无可指摘的女性形象[46],其中儒家所倡导的"贤妻良母"观念仍然十分重要。简而言之,女人要获得幸福,就要身兼不同伦理体系所赋予她们的角色,就像她们的丈夫在城市职场中那样。男人在办公室努力工作,同时他们的妻子也在家里辛苦劳动。只有当孩子长大成人后,母亲才会外出工作。女性可以担任的被社会认可的职业并不多。当时的中国就像当时世界上其他地方一样,女性可以担任的工作往往有关照护、养育以及辅助,工作场所多数在学校、银行和医院。

尽管妻子在小家庭中的角色不可或缺,但是这个家庭秩序的骨干仍然是辛苦工作的丈夫。丈夫的职责是为家庭提供保障,是他挣来的钱使整个小家庭的生活得以维持。庄泽宣是留学美国的教育家,他在面向年轻人的辅导手册中写道:"我们认为婚姻的先决条件是经济独立。"[47]邹韬奋同意这个看法,他建议年轻人晚点结婚,靠自己的积蓄——而不是向亲戚举债——来办妥婚姻大事。[48]为了在大家族中取得一定的话语权,年轻的丈夫必须先有能力养活自己的小家庭。经济独立对于志在"脱离"大家族的夫妇来说至关重要。要摆脱大家族那种纠缠错杂的关系,经济独立是第一步。[49]

《生活》周刊在讨论职业发展的时候,看重个人追求进步、提升修养的主观能动性;在讨论核心家庭的可行性的时候,则强调物质基础。稳定的经济为自主和安全奠定了基础,经济不独立,小家庭就不能获得幸福。对于那些身处包办婚姻深感不幸的人,他们会从《生活》周刊中读到自己并没有做错什么,错的是整个过时的习俗以及不明事理的权威。至于那些写信给《读者信箱》反映个人问题的年轻读者,他们在回信中得到的不是长篇大论、老生常谈的教训,而是建议与鼓舞,支持他们打破旧传统的束缚。此外,许多来自女性的信事实上出于男性之笔。《生活》周刊对家庭问题的讨论比对职业问题的讨论更能打动青年,让周刊到处通行。《读者信箱》偶尔也会回答关于性病和性健康的疑问。对于1930年代的读者来说,《生活》周刊就是这样一份杂志:它帮助读者了解自己想知道而又不敢开口去询问的事情。

跨国婚姻：两个故事

邹韬奋在《生活》周刊前后连载了两种由他翻译、拣选并且加上评语的美国中篇小说。个中的内容可以说代表了《生活》周刊对中国传统家庭关系所展开的系统批判。小说讲述了西方女性与中国男性的婚姻。邹韬奋略过了英文原著中所凸显的种族问题；他在翻译中加入了大量编辑评论。他以两对融会中西文化的夫妇为切入点，借助他们的视角详细比较中国与西方的恋爱、婚姻和家庭生活。[50]

在两个独立的系列文章中，邹韬奋讲述了两对夫妇的故事，他们在西方相遇，克服种种的障碍与偏见，最终走到一起。结婚之后，两位中国丈夫各自带着他们的新娘——一位来自英国，另一位来自美国——回家，探望人数庞大的家族亲戚。在两个故事中，男方家境都相当优渥，也都是积善之家，新婚夫妇在亲戚中也享有较高的地位；但即便如此，回乡也几乎毁掉了丈夫和妻子之间的浪漫关系。妻子发现中国上流社会拥有的特权迫使自己无事可做，甚至管不上自己夫妇切身的事务。男性和女性分别有自己的社交世界。女性有各种程式化的仪式要参加，这些照本宣科的活动往往又以家族的女性长辈即婆婆为中心。

邹韬奋尽量避免一味地谴责传统的仪式和期待。尽管如此，其核心思想却铿锵有力、掷地有声：中国大家族中，名声和规矩这些条条框框禁绝了感情的表达，遏制了个人的创造力，迫使健康、健全的人把生活变得毫无趣味与生气，只是规规矩矩地遵守各种戒律。最终，两个故事中的丈夫都因病去世，外国妻子带着欧亚混血的孩子回到西方去了。

在1920年代的上海，每个核心家庭都是慎重选择的结果，当事人拒绝了当时盛行的大家族的生活，选择建立自己的小家庭。因此，对于小家庭的一家之主来说，他必须要在夫妻小家庭与原生大家族之间充当协调人。这份重担完全落在丈夫身上，因为女人受道德规范的束缚，不能表达她们的要求。这个情况之下，除非丈夫积极为了维护夫妻小家庭的完整而战，否则就不可能建立起有效的小家庭。例如，上海戈登路大隆铁厂的孙立，他虽然娶了妻，但却没有过上小家庭的生活。他结婚的目的是把妻子送回离上海300里的老家，要她去伺候年迈的双亲。[51]许多想要组织小家庭的人会发现，他们身陷父母和妻子之间，处于非常尴尬艰难的境地。[52]

《读者信箱》刊出的大量来信，从两方面讨论城市居民的家庭问题，有吹捧，也有批判。有人来信赞扬理想的小家庭：城市小家庭的涌现，意味着职业青年开始走向经济独立，而受过新式教育的女性有了新的追求。有人来信谴责大家族的模式，说它们是"农村的"、"传统的"、"压迫的"、"不健康的"、"没有生产效用的"和"不道德的"。可以说，小家庭和大家族在空间上反映了"城市"与"乡村"的对立。在乡村，大家族的背后是各种主从与财产关系，它不仅压抑了人们感情的真实表达，也鼓励不肖的成员放弃他们基本的社会责任。在城市，小家庭的结构不仅是城市职业青年建立家庭乐园的选择，而且标志着他们排除乡下大家族各种恶习的努力。没有这种努力，农村落后地区的旧道德、旧观念就会毁掉每一个人，让大家陷于保守的习俗、封闭的思想，以及贫穷、无知、迷信、低效、没有担当等种种困境。[53]换而言之，积极而坚定地宣传小家庭的价值不只是为了个人幸福，同时更是城市人的公民责任。

以上所描述的中产阶层理想小家庭，关于经济、道德以及男女分工问题的观点，其实是十分保守的。然而在民国时期的城市中，它却不失进步意义，因为城市资产阶层小家庭是相对于内地旧制度的直接挑战。在大家庭制度中，特权归于男性与长者。在20至30年代的社会背景下，这种资产阶级家庭思想，事实上融合了一种通俗的儒家修身概念，强调了个人的道德责任以及实用上的可行性。在《生活》周刊看来，个人很难凭借一己之力改变整个经济秩序。但对于那些要在新经济中谋得一席之地的人来说，要建立一种新的理想家庭则大有可为。

当城市中产阶层的雇员环视周遭，他透过《生活》周刊的评论和报道，所见到的是中国广大内地乡村处于饥荒、洪水、强盗横行、军阀混战、士兵抢劫、农民暴乱、鸦片肆虐和赌博成瘾的险恶环境。[54]相较之下，城市不仅提供了工作的机会、发展的空间，而且本身就是一个精心设计的空间：这里有林荫大道、公园、私人花园、霓虹灯、绚丽的商店门面、熙熙攘攘的娱乐区和高耸的写字楼。城市居民可以享受各种现代文化：戏剧、电影、音乐会、运动、书店、出版社、报纸以及学校。城市也意味着更加有保障的生活，有医生、医院、警员、消防员、福利机构和慈善团体。[55]如果说落后的农村是没有出路的，那么对于这个国家来说，城市不正是构筑希望的最佳场所吗？一个城市中产阶层的生活包括了努力工作、自给自足、家庭和乐，肩负个人责任的特质，正是捍卫这种希望的最佳特质。《生活》周刊从中华职业教育社的会刊演化而来，完整地呈现了这样的立场：中产阶层的生活与工作理念，也就是小家庭的正常生活与职场上不断修养、寻求上进的经济伦理，不仅能够成就个人幸福，同时所谋求的也是健康的社会与人民的幸福。[56]

爱情和法律

在讨论眼下社会现象的时候，邹韬奋总是饱含担忧和激情。对于那些冥顽不灵、坚持传统道德准则的专制家长，他会厉声表达愤慨；对于那些罔顾当事人愿望、强行施行包办婚姻的人，他会予以强烈谴责。[57]他的观点总是一针见血、直截了当。然而，在回复读者来信时，邹韬奋以自己理性、谨慎的口吻，娓娓道来。彼此交流过程中，年轻的来信者常常洋洋洒洒写了好几张信纸，抒发自己的不满；作为编辑的邹韬奋往往言简意赅地提供实际的指导。

邹韬奋关于爱情的理解简单明了：真正的爱情是严肃的担当，绝不能与寻花问柳、玩弄感情混为一谈。实际上，这一见解又意味着以下原则：不要把自己的幸福建立在别人的痛苦之上；不要靠虚假的信息来追求对方；要完全承担自己做了的事的后果；发生争论时，要先以温和的方式尝试说服对方，不行的话再直面分歧；永远不向权力与阴谋低头。男方要了解自己对家庭的责任，永远不要轻易说出离婚。同时，女方则要知道，自己拥有过上美好生活的权利，不管自己选择离婚与否。邹韬奋说，女人陷入绝望时，永远不要选择自杀，"就是不做'妻'，未尝不可做'人'"[58]。

对于复杂的问题，邹韬奋努力寻求简单的解决办法；他慎重地给年轻人可行的建议。他总是这样建议："目前你应该再三恳求母亲，希望她改变想法。""可能你的叔叔会对你父亲说一些好话。你一定要有耐心，不要失去信心。""在你父亲愤怒平息前，难道你没有亲密朋友或者亲戚，可以去哪儿待上几天吗？""你必须要记住，坚持在结婚前取消婚约。这比婚后离婚容易得多。坚持下去！"从长远来看，耐心加上坚持显然是最有效的说服方式。

1928年后，国民政府颁布实施了新的法律，彻底改变了婚姻和离婚的条件。满了法定20岁的成年人，有权自行签订婚姻协议，不需要父母的同意。

未成年人的婚姻只有亲生父母有权安排，大家族中的其他成员，诸如祖父母、叔叔、婶婶、哥哥、姻亲等，都没有这个权利。对于女性来说，至少在法律上离婚变得比以前容易多了。[59]

邹韬奋经常适时引用新的法律条文，为读者咨询律师，帮助大家了解诉讼程序与费用。"法律规定，未经未成年人本人同意而签订的婚姻协定，在本人二十岁成年之后可以不予承认。你祖母以为她是谁，胆敢蔑视国家的法律？""教育部禁止初中学生结婚。你将来的亲家要求将你十六岁的女儿娶过去时，他们就违背了教育部的规定。如果男家想法这么愚昧，婚后肯定会出现严重的问题。你最好现在就取消婚约，让你的女儿免于更深的痛苦。"[60] 然而，法律没有为家庭暴力提供足够的保护，而现实中离婚诉求很难如愿以偿。邹韬奋只能默默叹息："可能你姐姐需要地方妇女协会的帮助，但是我怀疑没有什么效果。很抱歉，没有比劝她不要放弃希望更好的办法了。"[61]

当没能提供法律上的帮助时，邹韬奋和读者会提供道德上的支持：

> 听到你的未婚夫有了第三者，我很难过。幸运的是，你还没有结婚，可以有自己的爱人。法律规定，一旦订婚，在解除婚约之前，不能与第三者发生任何关系。非法的私通构成解除婚约最充足的理由。既然你已经年满二十岁而且受过中学教育，应该考虑离开家庭，找份工作养活自己。这或许是你解除婚约之后的最佳对策。你父亲不用担心要对男家负法律责任，因为你不再是未成年人了。当然，你离家，必须详细规划好自己的旅程，并且确保安全。[62]

久而久之，《生活》周刊中的一件件事成了大家参考的范例。邹韬奋写道："在那种情况下，你应该试着离家出走，就像沈女士那样。"因为《生活》周刊，人们在面对困难的时候有了更多的选择。有着共同兴趣的读者们渐渐形成了一个行动的共同体：他们有着共同的记忆、词汇、价值与期望。

政　　府

《生活》周刊引用法律来为年轻人辩护，同新的国民政府一起推动新的生活方式。《生活》周刊寄希望于一个现代的政府，希望它可以委任开明的官员，从而消除"恶劣士绅和本地恶霸"对地方事务的控制，并以此削弱保守反动派的权力基础。邹韬奋希望，孙中山建立的革命党会开创一个秩序井然、正直向上的新社会。

《生活》周刊在1927年前，对广州的国民党并未给予太多关注。当国民党在南京建立政权，《生活》周刊曾经对南京政府给予相当的期望。1927年12月29日，东三省保安总司令张学良宣布易帜，服从南京的领导，《生活》周刊兴奋地评论道："全中国只有一种国旗了！"[63] 国民党为孙中山迁葬，把孙中山从北京移灵，安葬在可以俯瞰南京的钟山。在上海，成千上万的人在电影院看到新闻短片。邹韬奋描述道："孙中山的遗像一现在银屏上，观众即不约而同地掌声如雷。"他们随即感动流泪，以崇敬庄严的心情看着仪仗队伍把孙中山的灵柩"自碧云寺上沿着石阶抬下来"[64]。

国民党宣布遵从孙中山的三民主义。根据其中的民生主义，公共事业、重工业和经济基础建设由政府公营，其他经济领域则开放私营，由政府支持充分发展。民生主义把乡村建设跟城市发展同时列为国家发展的重要目标，提出的愿景是，以经济发展来解决社会分配的不公，以政府税收来促进社会公平，以资源的再分配以及健全的国家财政来提高社会福利以及公民教育。

然而邹韬奋很快就意识到，事情并没有往这个方向发展。蒋介石治下的国民政府把军事与政治斗争当作第一要务，把孙中山的改革主张放在一边。1927年新政府的就职典礼并不是内战的结束。它所标志的是国民党寻求武力统一全国的开始。蒋介石先在华北跟军阀激战，然后把重点转向消灭共产党，目标直指江西苏维埃政权。蒋政府把巨额军费转嫁给上海的银行以及新型企业。孙中山所描绘的经济建设图景看起来遥遥无期。更糟糕的是，为了应对批评，国民党不断加强对政治组织的管控，还颁布了新的法规，以严格的审查来控制新闻媒体。[65]

到了30年代初，人们对南京政府越来越失望，这直接反映在《生活》周刊的时事评论中。[66]《生活》周刊对政府的批评越来越直接。同时，它强调自我修养对于提升小市民生活水平的重要性。如果党与国不能兑现在革命开始时对人民的承诺，那么具有技能、美德、知识和纪律的城市中产阶层就应该自己承担起改善国家前途的任务。小市民们如果要做好承担这项任务的准备，首先要把自己建设成城市政治舆论中的一股力量。此外，还需要扩大范围，能够面向社会与大众。《生活》周刊和中华职教社在原本的"职业训练"课程之外，添增了识字、扫盲课程，以函授学校和夜校的形式，以及图书馆和读书俱乐部等组织，为上海的广大小市民提供了包括音乐、戏剧、艺术、运动等各种内容的课程。[67]

国民政府教育部为了推行"党化"，颁布了一系列法规，间接强制学生们选择政府认可的学校（见第二章）。党化的要求，让邹韬奋跟国民政府的关系迅速恶化。南京政府的政策降低了许多夜校、识字班、函授课程、自学班的公信力，而这些项目正是中华职教社的社会教育家和企业改革家所大力资助的。[68]

同时，新的审查制度要求所有的稿件在出版前都要送审，接受政府的审查。这大大妨碍了《生活》周刊的编辑工作。上海的审查工作由上海市政府社会局担任。邹韬奋十分恼火，痛斥南京政府企图控制新闻出版。他大声疾呼，倡导言论自由，强调不受限制的资讯和独立的公众舆论对于一个真正民主政体的重要性。不久之后，《生活》周刊开始抨击国民党高官的腐化堕落，控诉他们沉迷于吸食鸦片等恶习。《生活》周刊痛斥那些自称"孙文信徒"的革命者背叛了革命理想，堕落为卑劣的暴君和无能的独裁者。[69]

1931年"九一八"事件爆发，《生活》周刊与政府完全决裂。在邹韬奋的主持下，《生活》周刊主张不惜一切代价，武装反抗日本的军事侵犯。[70]邹韬奋严肃地指出，摆在中国人民面前的，不是死亡就是耻辱。中国必须抵抗，否则整个民族就会沦为奴隶。[71]对于上海市民来说，这场战争也是对他们所渴望的新生活的沉重打击。国民政府无意保护自己的市民。《生活》周刊刊登了亲历者的讲述，着重描述了日本军人对中国妇女和儿童的屠杀，并且刊登了中国士兵被俘虏后的屈辱照片。[72]

《生活》周刊的读者们投书编辑，展现了高度的恐惧与愤怒。读者们纷纷捐款救国，《生活》周刊高度赞扬了那些将储蓄罐里的钱全部捐出来的妇女和儿童。[73]杂志的发行量创纪录地销售了15万份。受到这样的鼓舞，邹韬奋和朋友们开始筹划《生活日报》这份报纸，承诺要更加反映街头民众的疾苦。[74]

与此同时，邹韬奋的评论更加犀利大胆，以大量篇幅痛斥国民党的绥靖政策，不惜挤占其他版面的空间。南京政府一再下令国民政府的军队在日军压力下撤退。邹韬奋于是公开宣称，政府的无能与无耻已经"广播下革命的种子"[75]《生活》周刊开始讨论国内的压迫阶级，指出这些"当事者"良心既永不发现，国家法刑又不能加以制裁。[76]当这些人公然与民众为敌的时候，邹韬奋发出了警告:"我们一般原无政党组织和未有抢夺政权准备的平民",现在被迫不得不面对民族危机的现实,以及国民党背离了孙中山的革命思想的现状。因为被迫,所以在这样的情况下,民众为了自卫以及卫护民族,别无选择,必须起而拼命。[77]

邹韬奋政治立场的改变,并不意味着他已经放弃了早期对社会与伦理问题的看法。然而他确实开始怀疑,仅靠个人的努力是否能够实现美好的社会。他早先的观念建立在以下假设的基础上,也就是经济建设与社会改造不需要诉诸政治手段就能实现。然而,国民政府的统治让他认清,个人自由在政治的干扰下是不可能维持的。邹韬奋仍然坚信并且倡导以个人的努力来改变自己以及民族国家的命运,但是他的声音中透露出种种无奈。这种无奈产生于中国暗淡的政治现实。他终于认识到,如果国家滥用权力,人民就不可能安居乐业。换言之,个人手段不足以遏制无良政府的政策对市民生活带来的灾难性影响。在人民能够和平享受辛勤劳动成果之前,必须以革命手段创造一个新的政治体制和社会。[78]

"职业青年"还是"进步青年"?

1933年6月,国民党当局关闭了《生活》周刊。[79]邹韬奋充满沮丧,但是并没有因此退缩。他和他的同事们基于《生活》周刊的成功经验,打算再办刊物,继续自己的出版事业。邹韬奋先尝试了出版《生活日报》,在一封致支持者的公开信中,他谈到这份报纸"必须是五万万中国人一天不可缺少的精神食粮……必须成为一切生产大众的集体作品,必须由全国各地的工人、农民、职员、学生直接供给言论和新闻资料,而不是仅由少数职业投稿家和新闻记者包办一切"[80]。然而,由于国民党的审查严打,《生活日报》从未见到出版的曙光。

两年后,邹韬奋着手创办了另一份周报,叫作《大众生活》。新期刊继承了《生活》周刊的传统,也有社论与《读者信箱》栏目,但这份刊物的定位不同于《生活》周刊。《大众生活》的投稿人是著名的左翼知识分子——胡绳、胡乔木、钱俊瑞、夏衍、茅盾和张友渔。杂志用大量的篇幅讨论政治经济的理论问题,解释中国与世界之间的关系,指明了行动的正确方针。一位前《生活》周刊的读者敦促邹韬奋回到过去杂志聚焦个人声音和日常琐事的模式上。但是邹韬奋站在新的高度，拥有出版商和投稿人的支持。他回应说，新期刊的目的是要让全民族走上"进步"思想的道路。邹韬奋写道：在时代巨轮的滚动之下，《大众生活》的时代完全不同于《生活》周刊的时代。[81]在新的时代，再没有空间也没有时间关注纯粹个人的议题了。这时候的年轻人应该"要注意怎样做大众集团中一个前进的英勇斗士"，应该认识到群体的解放是个人解放的必要前提。[82]

《生活》周刊明确谴责国民党政权以及它支配下的整个体制。有人不理解邹韬奋的决绝与对政治民主化的坚持。对于这些人，邹韬奋直言不讳地说，他们之所以还在犹豫，是因为他们还没有成为"人民的朋友"。[83]邹韬奋对读者来信进行了筛选，使这个平台呈现出崭新的面貌。它不再是聚焦日常琐事与婚姻大事的大众论坛。它成了另一种讲坛，在这里思想的启蒙者讲述了他们对日常问题的看法，系统地将科学理论运用到日常生活中。

邹韬奋积极倡导全民立即武装抗日。1936年，邹韬奋成为上海救国会的主要人物之一。国民政府在11月23日早晨逮捕了"七君子"，邹韬奋是其中之一。因为他曾经大肆批评蒋介石的安内攘外政策[84]，他受到审判并被关进监狱。第二年夏天，七君子被释放。这时的国民政府改变策略，同意武装抗日。

在30年代中期的爱国运动中，邹韬奋热情地支持了中国共产党[85]，而此时也正是中共组织陷入低谷的时期。[86]邹韬奋用他的远见与活力，使得党的地下运动重新发展起来。[87]

邹韬奋是多产的散文家、积极的出版者、勇于创新的编辑、才华横溢的记者，他是那个时代最有天赋和活力的大众传播者。他大量翻译了英文、俄文、日文以及其他语言的文章，介绍这些文章的思想和实践。他在竞争高度激烈的出版市场上磨炼了白话文写作技巧和风格。当时有超过2 000种期刊，竞争对象是大约50万识字的读者。《生活》周刊最终脱颖而出，杂志的成功奠定了邹韬奋在出版界的地位。

作为编辑，邹韬奋兼具真诚与睿智。他同情身处困境的读者，鼓励身边认识的律师、医生、会计师和教育家为读者提供专业的建议。他提出行动方案，帮忙策划可以有效执行的手段。年轻一代面临的所有问题都是他关注的重心。邹韬奋的成功在于以通俗易懂的语言有效地表达思想。他想要表达的思想就是劳苦大众的个体尊严和个人幸福是新社会的目标，而新社会具有知识、正直、繁荣等特质。透过文字媒介,他创造了一个名副其实的共同体,这个群体由各种相异的个人组成,他们不再个别陷于对自身的困扰与关注之中。他们见到了一个超越当下环境的大世界。

作为《生活》周刊的编辑,邹韬奋代表了中华职教社的社会教育家和商业企业家。他们通过邹韬奋,希望告诉广大小市民,新经济会给每个人带来美好生活。然而邹韬奋最后还是把大家的注意力转向了政治领域。这是时代的必然。他强烈的爱国情怀,开始于中日交战之后他对战区苦难的关切。残酷与耻辱以暴力的方式摧毁了人们的生活,为此他义愤填膺。在这些文字中,邹韬奋的文人特色铸成了他的另一个面向。他呈现给读者的,是一个除勇气之外一无所有的战士,他以自己的愤慨投身沙场。面向小市民读者,他告诉大家,战争与和平最终关系到每一个人。无论是眼下的困境还是体制的问题,他都将矛头直指当局。他才能卓著。他关于日本问题的讨论有一种慷慨的激情。他在全球经济大萧条之际,点燃了中国市民的爱国热情。[88]

30年代下半期,邹韬奋渐渐意识到,随着战争爆发,要追求个人的美好生活,必须先建立一个正义的社会。邹韬奋已不再局限于职业青年的教育,他致力于以文字唤醒大众的政治意识。《生活》周刊的音量与频道还远远不够。在这样一个生死存亡的关键时刻,杂志必须充当先锋,将新经济体制下的"职业青年"转化为真正意义上的"进步青年"。

注　释

1　类似的社会场景，参见罗威廉（William T. Rowe）：《汉口：一个中国城市的商业和社会，1796—1889》（*Hankow：Commerce and Society in a Chinese City，1796-1889*），斯坦福：斯坦福大学出版社，1984，第2页；罗威廉：《汉口：一个中国城市的冲突和社区，1796—1895》（*Hankow：Conflict and Community in a Chinese City，1796-1895*），斯坦福：斯坦福大学出版社，1989，第1页。关于上海工人的籍贯，参见韩起澜（Emily Honig）：《姐妹和陌生人：上海的纱厂女工，1919—1949》（*Sisters and Strangers：Women in the Shanghai Cotton Mills，1919-1949*），斯坦福：斯坦福大学出版社，1986，第57-58页。

2　关于晚清和近代中国的通俗文学，参见罗友枝：《清代的教育和通俗文学》（*Education and Popular Literacy in Ch'ing China*），安娜堡：密歇根大学出版社（University of Michigan Press），1979；李欧梵、黎安友：《大众文化的兴起：晚清及其以后的新闻业和小说》（"The Beginnings of Mass Culture：Journalism and Fiction in the Late Ch'ing and Beyond"），载姜士彬、黎安友、罗友枝编：《晚清帝国的流行文化》（*Popular Culture in Late Imperial China*），伯克利：加州大学出版社，1985，第360-417页。

3　关于20世纪初期中国文化和知识分子的断裂，参见叶文心：《疏离的学院：中华民国时期的文化与政治，1919—1937》。

4　参见王志莘：《穿长衫人的苦痛》，《生活》周刊第2卷第47期（1927年9月25日），第348-350页。

5　在首任编辑王志莘的主持下，《生活》周刊在创刊之初充满说教，并如实评论了上海的职业场景。发行量不超过2000份，绝大多数都免费发放。

6　邹韬奋于1922年开始加入中华职教社，当时由黄炎培推荐，他成为协会的编辑和英语秘书。参见复旦大学新闻系研究室编：《邹韬奋年谱》，上海：复旦大学出版社，1982，第22页。也可参见周天度主编：《七君子传》，北京：中国社会科学出版社，1989，第309-389页。邹韬奋的大儿子邹家华在1990年代担任过国务院副总理。参见郑义：《邹家华和他的父亲》，台北：开今文化事业有限公司，1994。

7　关于这些学生，参见第七章顾准的部分。

8　邹韬奋：《经历》，北京：三联书店，2017，第244页。

9　参见上书，第21-23页。

10　参见上书，第48-51、56-60页。邹韬奋1921年7月毕业于上海圣约翰大学。他的第一份工作是穆藕初的英文秘书，穆藕初创办了厚生纱厂和上海纱布交易所。

因此，他也是一位英文秘书、教师，还是《申报》、中华职教社中学和上海沪江大学的讲师。参见上书，第56-60页。关于圣约翰大学，参见叶文心：《疏离的学院：中华民国时期的文化与政治，1919—1937》，第31、49-128页。也可参见叶文心：《进步杂志与小市民：1926—1954年的邹韬奋和〈生活〉周刊》，载魏斐德、叶文心编：《上海寄居者》，第205-214页。

11　参见杨贤江：《青年修养——论发端》，《生活》周刊第1卷第1期（1925年10月11日），第4-6页；杨定红：《青年从事职业以后应有的态度》，《生活》周刊第1卷第33期（1926年6月6日），第195页；恩润：《工作与品性之关系》，《生活》周刊第2卷第2期（1926年10月31日），第8-9页。1940年代，邹韬奋重提"修养"，并指出大众政治意识的高涨必然会导致新社会的建立。参见叶文心：《进步杂志与小市民：1926—1954年的邹韬奋和〈生活〉周刊》，载魏斐德、叶文心编：《上海寄居者》，第205-214页。

12　吴维种：《刘半农所曲形尽相的学徒苦》，《生活》周刊第2卷第9期（1926年12月19日），第54页。

13　转引上书。

14　转引上书。

15　转引上书。

16　转引上书。

17　转引上书。

18　洪庚阳：《开沪言之》，《生活》周刊第2卷第49期（1927年10月9日），第383-384页。

19　编者：《如何处世》，《生活》周刊第2卷第10期（1926年12月26日），第60页。

20　参见编者：《正在此，种种难堪处》，《生活》周刊第2卷第8期（1926年12月12日），第50页。

21　参见毕云程：《青年之成功》，《生活》周刊第2卷第11期（1927年1月16日），第65-66页；王志莘：《储蓄的益处》，《生活》周刊第2卷第11期（1927年1月16日），第68-69页。

22　潘文安：《德行——服务之第二条件》，《生活》周刊第2卷第11期（1927年1月16日），第66-67页。

23　参见邹韬奋：《激》，《生活》周刊第3卷第25期（1928年5月6日），第269页；毕云程：《回味》，《生活》周刊第3卷第34期（1928年7月8日），第381-386页。

24 参见毕云程：《一个覆辙》，《生活》周刊第3卷第12期（1928年1月22日），第129－130页。

25 参见王志逸：《正当的娱乐方法》，《生活》周刊第2卷第1期（1926年10月24日）。

26 邹韬奋：《繁华上海中的奇俭者》，《生活》周刊第3卷第33期（1928年7月1日），第371－373页。

27 关于小家庭，参见葛淑娴：《中国人的家国观，1915—1953》。

28 参见周策纵（Chow Tse-tsung）：《五四运动：现代中国的思想革命》(*The May Fourth Movement：Intellectual Revolution in Modern China*），马萨诸塞州剑桥：哈佛大学出版社，1960，第306页；史景迁（Jonathan D. Spence）：《天安门：中国人及其革命（1895—1980)》(*The Gate of Heavenly Peace：The Chinese and Their Revolution，1895－1980*），纽约：企鹅出版社（Penguin Books），1981，第259－261页；葛淑娴：《中国人的家国观，1915—1953》，第27－80页；叶文心：《乡下人的旅行：文化、空间和中国消费主义的起源》(*Provincial Passages：Culture，Space，and the Origins of Chinese Communism*），伯克利：加州大学出版社，1996，第174－182页；王政（Wang Zheng）：《中国启蒙时期的女性：口述与文本的历史》(*Women in the Chinese Enlightenment：Oral and Textual Histories*），伯克利：加州大学出版社，1999，第67－116页。

29 参见邹韬奋：《吾爱》，《生活》周刊第3卷第44期（1928年9月26日），第521－522页。

30 参见邹韬奋：《甜蜜的称呼》，《生活》周刊第4卷第31期（1929年6月30日），第347页。

31 参见希真：《乡下人并不顽固》，《生活》周刊第4卷第29期（1929年6月16日），第319－320页。

32 邹韬奋：《一封万分迫切求救的信》，《生活》周刊第4卷第46期（1929年10月13日），第519页。

33 毛锦岛：《父母催婚甚急》，《生活》周刊第3卷第33期（1928年7月1日），第377－378页。

34 邹韬奋：《我们怜惜黄慧如女士（上）》，《生活》周刊第4卷第3期（1928年12月2日），第24－26页；邹韬奋：《我们怜惜黄慧如女士（下）》，《生活》周刊第4卷第4期（1928年12月9日），第36－38页。

35 参见上书。

36 邹韬奋：《以后谁娶黄女士的便是"Hero"》，《生活》周刊第4卷第5期

(1928年12月16日),第41页。

37　参见上书。

38　参见胡尧昌:《社会对于黄女士何如此之惨酷》,《生活》周刊第4卷第11期(1929年1月27日),第111-112页。

39　邹韬奋编:《读者信箱外集》第1辑,上海:生活周刊社,1930,第77-80页。

40　例如,参见毕云程:《一个合于理想的家庭》,《生活》周刊第3卷第8期(1927年12月25日),第81页。

41　参见抱一:《理想的家庭》,《生活》周刊第2卷第7期(1926年12月5日),第42页。也可参见心水:《介绍家庭娱乐方法的新建议》,《生活》周刊第2卷第20期(1927年3月20日),第136-138页。

42　参见盛佩玉、吴琛:《两位女士对于大家族的意见》,《生活》周刊第2卷第50期(1927年10月16日),第394页。

43　参见胡适:《时间不值钱》,《生活》周刊第2卷第7期(1926年12月5日),第43-44页;盛佩玉:《殊堪浩叹》,《生活》周刊第3卷第2期(1927年11月13日),第15页;王建瑞:《上海妇女里的猫头鹰》,《生活》周刊第3卷第3期(1927年11月20日),第26页。

44　王效冲:《一个难得的女子》,《生活》周刊第2卷第2期(1926年10月31日),第12页。

45　事实上女子受太多教育,有时也会产生问题。"不可否认的事实是,金陵女子学院的毕业生中有大量未婚女子。"[蔡希岳:《打开金陵女大校刊看看》,《生活》周刊第4卷第31期(1929年6月30日),第348页]

46　参见葛淑娴:《中国人的家国观,1915—1953》,第134-166页。

47　庄泽宣:《婚姻的先决问题》,《生活》周刊第2卷第16期(1927年2月12日),第103-104页。

48　参见邹韬奋:《受经济压迫而想到节育的一位青年》,《生活》周刊第2卷第7期(1926年12月5日),第54-55页。

49　"脱离"一词频繁出现于这一时期的家庭文学作品中。

50　这两个故事是:《一位美国人嫁给一位中国人的自述》,改编自麦·福兰金(Mae Franking):《我的中国婚姻》(*My Chinese Marriage*),纽约:达菲尔德(Duffield),1992;《一位英国女士与孙先生的婚姻》,改编自路易丝·乔丹·米恩(Louise Jordan Miln):《孙先生和孙太太》(*Mr. Sun and Mrs. Sun*),纽约:弗雷德里克·A.斯托克斯公司(Frederick A. Stokes Co.),1923。前一个故事连载于《生活》周刊第

2—3 卷，后一个故事连载于第 3—4 卷。参见徐立平（Michael Hsu）：《归化外国女性和民国时期的混血婚姻》（"Domesticating the Foreign Western Women and Mixed Marriages in Republican China"），加州大学伯克利分校硕士论文，2007。

51　参见孙立：《两难》，《生活》周刊第 4 卷第 5 期（1928 年 12 月 16 日），第 50 页。

52　参见李国虫：《硬碰硬》，《生活》周刊第 4 卷第 6 期（1928 年 12 月 23 日），第 59 页。

53　参见钱壮公：《农村生活亟宜改良之点》，《生活》周刊第 2 卷第 1 期（1926 年 10 月 24 日），第 4-5 页。

54　参见杨耻之、编者：《农民运动与暴动》，《生活》周刊第 2 卷第 13 期（1927 年 1 月 30 日），第 82-83 页；邹韬奋：《天灾人祸》，《生活》周刊第 6 卷第 34 期（1931 年 8 月 15 日），第 725 页；雪石：《汉口水患中之社会表现观》，《生活》周刊第 6 卷第 34 期（1931 年 8 月 15 日），第 733-735 页。

55　参见王志逸：《正当的娱乐方法》，《生活》周刊第 2 卷第 1 期（1926 年 10 月 24 日），第 1-2 页；王志逸：《改造都市的研究》，《生活》周刊第 2 卷第 2 期（1926 年 10 月 31 日），第 9-10 页。

56　参见盛佩玉、吴琛：《两位女士对于大家族的意见》，《生活》周刊第 2 卷第 50 期（1927 年 10 月 16 日），第 394 页。

57　关于鲁迅，参见李欧梵：《铁屋中的呐喊：鲁迅研究》（*Voices from the Iron House: A Study of Lu Xun*），布鲁明顿：印第安纳大学出版社（Bloomington: Indiana University Press），1987。

58　梦生：《救救我姊姊的性命》，《生活》周刊第 3 卷第 40 期（1928 年 8 月 19 日），第 476-477 页。

59　参见白凯（Kathryn Bernhardt）：《女性和法律：民国时期的离婚》（"Women and the Law: Divorce in the Republican Period"），1991 年 8 月 1—2 日加州大学洛杉矶分校"中国社会民法研讨会"上提交的论文。

60　邹韬奋编：《读者信箱外集》第 1 辑，第 218-219 页。

61　同上。

62　同上书，第 57-58 页。

63　李公朴：《全中国只有一种国旗了》，《生活》周刊第 4 卷第 17 期（1929 年 3 月 24 日），第 174 页。

64　邹韬奋：《看了孙总理国葬典礼影片》，《生活》周刊第 4 卷第 34 期（1929 年 7 月 21 日），第 375 页。

65 《申报》创办者史量才被暗杀,是其中最臭名昭彰的事件。参见魏斐德:《上海警察:1927—1937》(*Policing Shanghai, 1927 - 1937*),伯克利:加州大学出版社,1995,第 257 - 259 页。

66 关于政府机构,参见秋星:《我们今日所最需要的是什么?》,《生活》周刊第 4 卷第 15 期(1929 年 3 月 10 日),第 148 页;邹韬奋:《不堪设想的官化》,《生活》周刊第 5 卷第 1 期(1929 年 12 月 1 日),第 1 页。关于自私和不负责任,参见邹韬奋:《某元老的流氓问题》,《生活》周刊第 5 卷第 8 期(1930 年 1 月 19 日),第 113 页。关于山西的饥荒,参见邹韬奋:《记查良钊君谈陕灾事》,《生活》周刊第 6 卷第 12 期(1931 年 3 月 14 日),第 253 - 254 页。关于普遍反抗,参见邹韬奋:《民意所在》,《生活》周刊第 6 卷第 25 期(1931 年 6 月 13 日),第 509 页。关于政府腐败,参见邹韬奋:《国庆与国哀》,《生活》周刊第 6 卷第 42 期(1931 年 10 月 10 日),第 893 页。关于对日本的国家绥进政策,参见邹韬奋:《国难与学潮》,《生活》周刊第 6 卷第 52 期(1931 年 12 月 19 日),第 1153 页。

67 参见邹韬奋:《清寒基金的功效》,《生活》周刊第 6 卷第 14 期(1931 年 3 月 28 日),第 285 页;朱近:《我们的读书合作》,《生活》周刊第 6 卷第 14 期(1930 年 3 月 28 日),第 299 - 300 页。

68 关于国民党和高等教育,参见叶文心:《疏离的学院:中华民国时期的文化与政治,1919—1937》,第五章。

69 参见邹韬奋:《鸦片公卖民意测验》,《生活》周刊第 7 卷第 42 期(1932 年 10 月 22 日),第 825 页。也可参见柯博文:《蒋介石和抗日运动:1931—1937 年邹韬奋和民族救国会》("Chiang kai-Shek and the Anti-Japanese Movement in China: Zou Tao-fen and the National Salvation Association, 1931 - 1937"),《亚洲研究杂志》第 44 卷第 2 期(1985 年 2 月),第 293 - 301 页。

70 邹韬奋谴责中国军事指挥官在战场上的怯懦和国民政府的不抵抗政策。参见邹韬奋:《无可掩饰的极端无耻》,《生活》周刊第 6 卷第 41 期(1931 年 10 月 3 日),第 873 页;邹韬奋:《对全国学生贡献的一点意见》,《生活》周刊第 6 卷第 40 期(1931 年 9 月 26 日),第 854 页。

71 参见邹韬奋:《一致的严厉监督》,《生活》周刊第 6 卷第 40 期(1931 年 9 月 26 日),第 854 页。

72 参见记者:《伤心惨目》,《生活》周刊第 6 卷第 42 期(1931 年 10 月 10 日),第 913 - 914 页;邹韬奋:《国庆与国哀》,《生活》周刊第 6 卷第 42 期(1931 年 10 月 10 日),第 893 页;邹韬奋:《生活国难惨象画报》,《生活》周刊第 6 卷第 44 期(1931 年 10 月 24 日),第 991 - 994 页。

73 例如，参见《本社为筹款援助黑省卫国健儿紧急启示》，《生活》周刊第6卷第48期（1931年11月21日），第107-112页；《捐款助饷者来函之一斑》，《生活》周刊第6卷第49期（1931年11月28日），第1080页。

74 参见邹韬奋：《创办生活日报之建议》，《生活》周刊第7卷第9期（1932年3月5日），第114-116页。

75 邹韬奋：《政府广播革命种子》，《生活》周刊第6卷第49期（1931年11月28日），第1081页。

76 参见上书。

77 参见上书。

78 邹韬奋对梁少文的回应，参见邹韬奋：《汉皋旅次》，《生活》周刊第5卷第32期（1930年7月20日），第541页。进一步的解释，参见叶文心：《进步杂志与小市民：1926—1954年的邹韬奋和〈生活〉周刊》，载魏斐德、叶文心编：《上海寄居者》。

79 邹韬奋被迫流亡美国和其他地方。《生活》周刊的成功奠定了邹韬奋的出版企业即生活书店的基础。邹韬奋离开后，他的同事和副手杜重远接手了主要的出版事业。

80 复旦大学新闻系研究室编：《邹韬奋年谱》，第90页。

81 关于"时代"，参见孙隆基（Lung-kee Sun）：《五四运动后中国知识分子的"时代"概念》["Chinese Intellectuals' Notion of 'Epoch' (shidai) in the Post-May Fourth Era"]，《中国历史研究》（*Chinese Studies in History*）第20卷第22期（1986—1987年冬），第32页；李欧梵：《现代性的追求：对于20世纪中国历史新思想的一些想法》，载柯文、戈德曼编：《跨越文化的观念：献给史华慈先生的中国思想论文集》，第120-121页。

82 参见徐凤石：《期望》，《大众生活》第1卷第2期（1935年11月23日），第62-64页。

83 参见邹韬奋：《言论的立场和态度》，《大众生活》新6号（1941年6月21日），第140-143页。

84 参见柯博文：《面对日本：1931—1937年的中国政治和日本帝国主义》，第289-297页。

85 关于进步出版商和对共产主义者的同情，参见徐雪寒：《回忆全国各界救国联合会片段情况》，载中共上海市委党史资料征集委员会编：《"一二·九"以后上海救国会史料选辑》，上海：上海社会科学院出版社，1987，第405-406页；吴大琨：《党与救国会》，载中共上海市委党史资料征集委员会编：《"一二·九"以后上海救国会史料选辑》，第407-408页。关于职业青年和救国会，参见王翰：《一二·九运动后上海地下党工作路线的转变》，载中共上海市委党史资料征集委员会编：《"一二·九"以后上海救国会史料选辑》,第3-5页;陆志仁:《关于上海职业界救国会的一些情况》,载中共上海市委党史资料征集委员会编:《"一二·九"以后上海救国会史料选辑》,第417-418页;雍文涛:《回忆党对"职救"的领导和上海人民的抗日救亡运动》,载中共上海市委党史资料征集委员会编:《"一二·九"以后上海救国会史料选辑》,第411-412页。

86 关于30年代共产主义者的斗争,参见李凡夫:《关于1935年至1937年上海地下党斗争的一些情况》,载中共上海市委党史资料征集委员会编:《"一二·九"以后上海救国会史料选辑》,第379-380页;钱俊瑞:《救国会内的党组织情况》,载中共上海市委党史资料征集委员会编:《"一二·九"以后上海救国会史料选辑》,第387页;吴大琨:《党与救国会》,载中共上海市委党史资料征集委员会编:《"一二·九"以后上海救国会史料选辑》,第408页。也可参见王尧山:《1937年前上海的抗日救亡运动和地下党组织的整理工作》,载中共上海市委党史资料征集委员会编:《"一二·九"以后上海救国会史料选辑》,第382页;胡愈之:《潘汉年同志与救国会》,载中共上海市委党史资料征集委员会编:《"一二·九"以后上海救国会史料选辑》,第386页。

87 参见斯塔纳罕(Patricia Stranahan):《地下党:上海共产党及其政治生存,1927—1937》(*Underground: The Shanghai Communist Party and the Politics of Survival, 1927-1937*),马里兰州拉纳姆:罗曼和利特尔菲尔德出版公司(Lanham, MD: Rowman & Littlefield Publishers),1998。

88 到了"文化大革命"的时候,邹韬奋虽已去世,但仍被以通敌论处。邹韬奋的儿子邹家华被关进监狱,邹家华的岳父叶剑英也遭到怀疑。参见郑义:《邹家华和他的父亲》。

第六章
小市民的故事

1930年代，一个新的作者群开始为上海的期刊与杂志供稿。他们中包括了店员、办公室职员、学徒、练习生、小学教师，等等。他们都没有上过大学，但他们从事的工作需要一定的文化水准。这些人向左翼的杂志投稿，讲述自己的境遇。大体上，这些作者写下的都是辛酸故事。面对这个时代的经济问题，他们忧心忡忡，一种不安恐惧的氛围笼罩着他们。

店员与学徒抱怨他们的境遇，这算不上什么新鲜的事情（见第五章）。他们生活中的"苦"痛与辛酸，不只是老生常谈的话题，也被赋予了教育意义。判断一个人是不是能取得成功，无论是物质经济上的发达还是社会地位的晋升，人们总是会看他能不能"吃苦"。

然而，到了1930年代，对苦痛的书写呈现出一种新的面貌。无论是人们对问题本质的诊断，还是人们表达自己看法的渠道，都与以往有着本质的不同。与早先流传的故事不同，这里的苦痛无关暴力殴打或身体伤害。这不是人力车夫或卖身女佣遭人拳打脚踢的遭遇，也不是年幼学徒饱受虐待或营养不良的事情。这些故事被以第一人称的口吻讲述，叙述的主题也局限于作者的家庭环境内。他们的痛苦并不局限于自己的身体，而是涉及整个家庭。每个苦难故事的背后，都是当事人深深的无力感：深感无力照顾自己的亲人。这种无力，加上整个家庭的重担，才是痛苦的根源。

换而言之，这些故事进入小市民的内心，由此勾勒他们的思想世界。在这里，人们对苦难的理解已不再局限于物质的匮乏，而拓展到道德的困境与情感的困苦。苦难不仅是被迫生活在恶劣环境下的艰难，也是无法实现诉求与渴望的苦楚。讲述这些故事的人，并不是外部伤害的消极承受者，相反，他们是希望有所作为的主人公，当时的环境剥夺了他们行动的能力，也否定了他们存在的意义。

另外的变化则源自这种自我表达的公共性，小市民文学开始登上上海通俗杂志的舞台。1930年代，写实主义在东欧的影响下蓬勃发展起来，面向普通读者的纪实文学日益繁荣。这时期的上海孕育了《中国的一日》《上海的一日》等主要作品。[1]这些作品的背后是这样的信念：文字可以完全地呈现社会现实。当时，有许许多多的人每天记录着生活中正在发生的事情。通俗杂志为业余投稿者开设专门的栏目，以呈现"社会"的方方面面。人们相信这些来稿和《读者信箱》一样，准确刻画了当时社会的情形。

小市民的叙述也根植于这个认定，那就是文字可以呈现社会现实。[2]不仅个体的悲惨故事关乎个人利害，日常生活的细节更是构成"社会"的元素。杂志的编辑们留出空间，鼓励业余者投稿。在这些文字里，个人体验的真实流露与编辑别具匠心的裁剪重构相互衔接，十分紧密。这种公共领域中的个人表达，从一开始就介于真实与虚构之间。尽管主人公以第一人称娓娓道来，但其中人物与场景并不只是孤立的人事，更代表了特定类型的人物与某种典型处境。

一场悲剧

1935年6月12日，上海工部局巡捕房控告一位55岁的职员岳霖谋杀了妻子和六个孩子。据当地报纸报道，岳霖是天津人，最近失业，存款也用光了。他跑了几次当铺，又试着向朋友、亲戚借了几次钱。这之后，他说服了妻子，把鸦片加在饭里，全家一起自杀。当晚，妻子和孩子们都死了，他却还活着。他完全心神错乱，随后跳黄浦江自杀，但被巡捕捞救起来。巡捕把他当作犯罪嫌疑人关进了监狱。

岳霖事件见报后，另一个张姓家庭也从大世界娱乐中心的六层顶楼跳楼自杀。这个家庭总共6人，包括1名50多岁的妇女，她30岁的儿子和儿媳，还有3个孩子，年龄分别为7岁、10岁、14岁。他们无一幸免，全部死亡。[3]

除了他们的死，人们对这些家庭所知甚少。即使如此，他们的惨剧仍然触动了上海小市民的敏感神经。周方给杂志编辑写了一封信，被《读书生活》选取登载。他写道："我的妻子读到了这些人的死，眼泪止不住流出来，我也流了泪。"这种震撼与惊慌很大程度上来自人们对两家财务状况的了解，也就是不久前，两家都算相当富足。岳霖一个月的收入超过100元。两个家庭都懂得未雨绸缪、节制开支，也都是体面的城市工薪阶层。周先生写道："谁能想到他们竟然用这种方式结束了自己的生命，并且就连孩子们也一起带走！"

周方的妻子请求他不要丢了工作。她说："你是三个孩子的父亲，你需要养家，你无论如何，必须处理好跟老板与同事的关系。"她自己则准备减少家庭开支，尽可能节约。她说："这个月结束后我们就辞退女佣吧。我自己洗衣服和做饭，我们存钱应对紧急情况。"然而，最关键的是周方要保持稳定的收入，即使这意味着他不得不迎合上司，委曲求全。如果可以换来工作的稳定，再高的代价也是值得的。周方的妻子恳求他："方，你要想想你做父亲和丈夫的责任，要想想这个家！"

这些思绪使家庭晚间的气氛异常低迷。周方知道，在家庭的需要面前，他在职场上的自尊与人格只能放在第二位。"我看着三个孩子：摇篮里睡着的新生老三，地上玩着的老二，在灯下做作业的老大。"他们都需要他这个父亲，需要他来抚养。如果他失业，这些孩子宁静的生活就会破碎，想到这一点他就无法忍受。周方最后总结说："我怎么能不理妻子的请求呢？"

然而，即使他愿意牺牲自己的自尊与人格，他的工作就会安稳吗？当他把自己的决定告诉朋友时，朋友以嘲笑的口吻回应了他："你真是婆婆妈妈的，你未免在杞人忧天了。在这样的时势，有了今日，你还能肯定有明朝么？得过且过罢！一切都要'马马虎虎'，何必这样认真呢？人生是求快乐的，能快乐一天，就是一天，不要快乐中去想愁苦事，一切就快乐了。哈哈！节俭，连娘姨都不用省几个钱存到银行去罢！中国人开的银行倒了好多家，外国人开的也倒了啊！辛辛苦苦储蓄的几个钱，送到那里去，那才不值得呢！并且，现在的金融方面变动得太厉害，我们都是生意场中人，难道还不明白吗？今朝你存在银行里明明是一千元，你能保明朝不变为五百吗？哈哈！老弟！你还是不要想心事，得快乐时且快乐！啊啊，还有：时时要你的脾气放好一些，如果对于嫂子个人自然应该遵命才对。假若说脾气好，就不会失业，那也完全是说谎。失业不失业，现在连'本事'都不能决定的，有'本事'有能力的人也一样要被老板撵出门，因为老板生意要关门，你有'本事'，你对人和气，那有什么用处？所以，像我们这类小雀子，饿死就是饿死，能吃得饱一点，就不要想心思，还是穷开心的唱它一支歌罢！"[4]

《读书生活》把周方的两段对话刊载在显要版面。编辑旨在以此说明两个家庭的自杀对上海小市民有着重要的意义。他们在两场悲剧中看到自己也有可能遭受同样的厄运。《读书生活》将重点放在工作的稳定性上，并将此与家庭的延续联系起来。小家庭的一家之主由于肩负养家的责任，沦为职场上的人质，他们将自己不但抵押给了工作，也抵押给了市场。这并不是说，传统意义上男性的自尊与独立人格已经不重要了。周方跟亲友的对话说明，当经济进入艰困时期，中产阶层节俭与勤奋的美德是不再能得到应有的回报的。无论自己的将来，还是家庭的幸福，个人都无法把握自己的命运，都无能为力。

周方写给编辑的信不仅仅是对两个家庭的自杀的回应，其中对生命与死亡、责任与能力的讨论，直截了当地指向现行经济体制下上海中产阶层的惨淡前景。投书提出了这样一个问题：中产阶层的经济美德是否足以维持一个小康之家？答案是不能，在现有的经济逻辑下，小市民们即使努力工作，也无法获得社会回报。如果勤奋、节俭的美德于事无补，那么普通的市民要如何自处呢？春天的小雀子如果最终会被寒冬的风暴吞噬，那么小市民们怎样才能挣脱这样的悲惨命运呢？在经济动荡的 30 年代，作为丈夫与父亲，一个人要怎么办，才能让自己的家庭免于冻馁呢？

值得注意的是，《读书生活》在 1935 年是一份重要的左翼杂志。当时的左派知识分子十分关注资产阶级小家庭的命运，他们以此为切入点，倡导对中国社会进行社会主义的改造。左翼论述的重点是家庭而不是个人，在这个意义上与 1919 年五四运动提出的新文化分道扬镳。五四运动的进步分子引领着学生追求个人的解放，30 年代的左派则发动市民寻求民族解放。前者强调打破传统的思想启蒙，后者则要求个人投身于群体的存亡。前者催生了激进的政治改革主张，发展了社会主义的方案，后者则为中国共产党在城市中的发展提供了土壤，促使上海的小市民倾向这一政党。

30 年代的左翼刊物当然是进步的，但与五四运动时的学生杂志有着明显不同。前者希望以文学为载体，呈现并代表那些受教育不多甚至没怎么受过教育的人。以《读书生活》为例，这个杂志刊登的不只是理论性的分析文章，同时也给店员、工厂管理者、办公室人员、小学老师和当铺学徒等留有相当的空间，让他们讲述自己的悲苦。这些人以作者而不仅仅是读者的身份出现在杂志中。他们把自己生活中的恐惧与沮丧呈现给公众。这种叙述没有什么丧失颜面的问题，因为他们会获得大众的理解与共鸣。

30年代中产阶层小家庭的故事和社会主义革命话语的建构，两者之间有着紧密的联系。为了更了解这背后的历史脉络，让我们深入考察一下这份杂志。

《读书生活》

《读书生活》是一份以社会评论为中心的半月刊，1934年底在上海创刊。《读书生活》的创办人包括李公朴、艾思奇、柳湜、夏子美（夏征农）四人。除了主编李公朴（1902—1946）外，其余几人都是中共地下党员。[5]李公朴曾在上海销量最广的《申报》担任《读书生活》栏目的主编。[6]《申报》由史量才担任发行人，在史量才的主持下，报纸公开批评蒋介石的国民政府。1934年11月13日，史量才在公路上遭国民党特务刺杀。[7]《读书生活》从创刊开始就是左翼知识分子的刊物，对当局持批判态度。

在《读书生活》的发刊词中，杂志的编辑们阐述了自己的目标与编辑方针。他们开宗明义，宣布进入一个新时代。在这个新时代，文字资讯属于每一个人。[8]这跟旧时代不同。旧时代的文字，是有闲阶级的专利品。那个旧时代已经过去了，《读书生活》的出版正是标志了那个旧时代的结束。[9]

编辑们继续写道，读书识字依然是少数受教育者才具有的能力。然而，即使在这些少数人中，由于本身生活环境所限，仍然有相当数量的人没有机会持续阅读报刊。这些人包括许多上海的小市民——成千上万受雇于上海各行各业的职员和学徒，他们都被学校的铁门挡在外面。[10]编辑们进一步指出，这些人对知识的渴望远远超出了精英阶层的想象，然而他们只在下班后才有时间读书。这些人希望获得"与实践相关的知识"，让他们"打开自己的眼睛，觉醒自己的意识"。随着觉醒，这些人才能"选择自己的道路"[11]。

编辑们解释说，阅读最终是要帮助职员和学徒更好地把握自己的命运。换而言之，阅读本身不是目的，阅读必须与为美好生活的奋斗结合起来。从这个角度来看，并不是所有的出版物都能满足小市民的这一需求。他们需要有效的指导，来帮助选择适当的读物，这正是《读书生活》所要起到的作用。除了推荐合适的读物之外，《读书生活》也传授"正确的阅读方法"。编辑们把自己视为"认真和诚挚的学校教师"，把小市民读者群视为学生，读书是为了改善生活。[12]

《读书生活》希望把杂志办成一个正规学校以外的教育园地。它是一所没有围墙的学校，在任何时候，读者们只要拿起杂志，就可以将工作现场变成教室课堂。不同于学校的讲堂，在这个教育园地里宣讲的并不是那些能说会道、知识渊博的学者，而是被迫辍学的、"沉默的大多数"。杂志的文学版面都用来刊登读者的投稿。《读书生活》鼓励读者"用他们自己生活的语言和体验来表达思想和感情"。这些来稿所呈现的共同体验，将《读书生活》的读者们联系在一起，组成一个共同体。

每期杂志有20多篇文章（6万多字）。基于杂志的宗旨，《读书生活》将其内容分为大约10个主题，其中包括社会评论、新闻分析、新书书评，此外还有自然科学与社会哲学领域的文章，这些内容使杂志具有了相当的严肃性。杂志还接受读者的投稿，可以是自述，也可以是小说。这些故事活灵活现地描述了小市民的生活。最重要的是，这份杂志还设有《读者问答》栏目，延续了李公朴在《申报》主持专栏时的做法。在这个版块，读者和编辑持续展开对话，共同推动讨论。

危难中国

以1935年5月的《读书生活》为例。艾思奇已经在《读书生活》上发表了六七篇关于本体论的系列"讲话"，最新的这篇题名《天晓得!》。艾思奇把"天"与"人"对立起来，宣称意识是人类历史和过去经验的产物。按照艾思奇的观点，天"并不晓得，尽管古训不这么说"。知识和意识是人类在活动中逐渐产生的。艾思奇继续写道，由于许多知识来源于经验，所以如果使用正确的科学方法来勤奋地积累，人类可开发的知识就是没有边界的。以当前巨大的经济衰退问题为例，一个人如果采取科学的分析方法，便不难明白这完全是人类而不是上天的错误。经济萧条并不是运气使然，而是人类的行为导致了工厂关闭、雇员失业。[13]

钱亦石从国际背景的角度分析说明了当时的问题，旨在让读者意识到整个"世界正处于混乱之中"。他认为当时世界局势之所以混乱，归根究底在于"帝国主义霸权的罪恶交易"，这个观点与艾思奇的哲学观互相呼应。[14]钱亦石认为帝国主义主要体现在两个方面：积极扩军以发动战争，并通过国际交易以发展本国经济。1935年5月，他在《读书生活》上发表的评论聚焦当时在德雷斯顿与日内瓦的会议，强烈谴责英国对德国希特勒的软弱态度，认为列强"满口仁义道德，事实上却是盗贼娼妓"。评论还指出，波兰与德国间的互不侵犯条约，同帝国主义的法国与社会主义的苏联之间的联盟一样，令人匪夷所思。他很有把握地断言，欧洲必然会爆发战争。钱亦石也花大量篇幅评论美国国会通过的《白银收购法案》，并直接指出这进而引发了中国的金融危机。对于美国经济调查委员会代表来到中国，他嘲讽说，不管他们怎么说，实际上就是"以牺牲中国的代价来提高美国的贸易收入"。[15]

在社会评论版，李公朴概括论述了国内事件，并让读者注意4个日子：5月1日、5月3日、5月4日和5月9日。李公朴写道，5月1日和5月4日是新开始的时刻，这两个日子应该标记为红色；5月3日和5月9日是悲剧和耻辱的纪念日，因此要标上黑色，铭记其中的悲痛和愤怒。但是纪念仪式不能产生有效益的目标，行动才能。我们需要采取坚定行动，"一雪民族的奇耻"，为经济生产创造一个新的、更好的环境。[16]

随着乡村的凋敝和日本帝国主义的武装入侵，李公朴认为中国已经危机重重。随着第二次世界大战即将爆发，中国的将来不可避免地与世界的发展联系在一起。尽管如此，中国人必须行动起来，坚决掌握自己的命运。一切行为，无论是私下的还是公开的，个人的还是集体的，都必须向着同一个目标，即救民族于危难，抵抗日本及其他各种形式的帝国主义。

工人阶级对抗外国帝国主义的同时，还要在经济衰退的大背景下为了反抗中国资产主义的剥削而努力抗争。例如，工人仍在为八小时工作制而努力抗争。他们必须站起来，捍卫自己获得失业救济的权利，捍卫自己建设公会、组织罢工的法定权利。那些读书识字的人必须成为文化战线上的劳动者，为全民族的抗争构建钢铁一般的精神支柱。这是新时代的洪流。对那些想要改弦更张乃至复辟旧观念的人，文化工作者要时刻留意，予以严厉的批判。

李公朴总结道，民族和国家面临的最高任务是巩固抗日战线，并致力于反对各种形式的帝国主义。他敦促"杂志的所有读者"记住上述4个纪念日，并对这些日子的意义做出新的认识。他号召大家随时行动起来；尽管小市民们可能认为自己不过是无足轻重的蝼蚁，但蝼蚁却可以组成强大的军团，保卫自己的国家。[17]

然而，李公朴谨慎地提醒读者，在投身反侵略斗争的同时，还必须保住自己的工作和家庭。现在还不是抛弃一切的时候,重要的是通过阅读与书写,对当前世界有新的认识,所以才需要依照《读书生活》给出的书单,通过阅读来提升自己。

同一期《读书生活》中,李崇基另有专文,接续了李公朴的话题。关于"为什么要学哲学?",他解释说,一个人要活得有尊严,永远不要盲目地相信传统,而是要有意识地做出选择。做出有意识的选择是一种行动,一般人都拥有这样的能力。但是,许多市民囿于自己的观念与视野,常常无法做出选择,而观念与视野正是他们所处社会环境的产物。他们被动地接受他人的"人生观",从未加以审视,这大大限制了他们把握社会现实的能力。这在承平时期或许不是很大的问题,但是在经济衰退时期,片面的价值观会带来"错误的想法",继而引发悲剧性的选择,譬如自杀。因此,哲学是一个人生活中最重要的课程。哲学能够引导人们选择正确的生活方式。一旦掌握了真正的科学方法,一个人就能以新的方式看待整个世界,继而对人的存在及其归宿都会有新的认识。李崇基认为,哲学课程对每个人都非常重要,而且所有读者都有能力学习哲学。一个人一旦获得了新的意识,就会在时机来临时做好行动的准备。[18]

《读书生活》的编辑们描绘出这样的图景:30年代的中国人生活在帝国主义、资本主义的双重压迫下,民族不断受辱,社会普遍贫困,中国内外交困。工厂和商店停业,失业率不断攀升。随着农村经济濒于崩溃,大量农民被迫离乡谋生。许多人从一个城镇流浪到另一个城镇,却找不到工作,更无法获得援助。更有甚者,在资本主义和帝国主义的残酷压榨下,即使是有产者与知识分子也因经济萧条而贫困,因失业的威胁而困苦。由于职业前景暗淡、市场波动起伏,越来越多的大学生开始寝食难安。中国政府早已捉襟见肘,并且内部斗争不断,并不能为广大人民提供指导、规划与帮助。有权有势的人对广大群众的福祉漠不关心。由于中国资本家为虎作伥,中国人努力工作生产的财富大都流向海外,进入了外国帝国主义的口袋。同时,日本逐步加强了对中国的军事压迫。东三省和内蒙古相继沦陷,进一步剥夺了中国人赖以生存的自然资源。由于国共之间的武装冲突持续不断,村民被迫缴纳各种苛捐杂税以充当军费。除此之外,他们还要承担各种地租、利息与税赋。政府不断修建军用公路,沿途农民却要为此付出生命的代价。总之,中国处于水深火热之中,中国人民却被要求忍受这样全面的冲击。

《读书生活》更以图像呈现广大中国人民的困难。杂志选用极具表现力的素描与木版画作为杂志封面和内容插图。[19] 例如，一幅题为《他们的野餐》的插图，描绘了两个赤脚的农民。他们蹲在树下，脸埋在饭碗里匆忙扒饭。[20] 另一幅题为《难民》的画，描绘了一个流离失所的农民家庭。全家四口人，男人在前面领路，背上的两个大麻袋里是全家所有家当。女人跟在后面，一只胳膊抱着幼儿，另一只胳膊挎着一大袋子衣服，一个小孩走在一边，牵着母亲的衣角。这些人都没有突出的特征。整幅作品无意描绘具体的个人，它是一个个逃难农民家庭的缩影。[21]

1935年10月号的《读书生活》，封面是一长队难民争先恐后上火车的情景，这些难民主要是妇女和儿童。之后一期的封面则描绘了一群在天亮时分离开家乡的村民。他们用扁担挑着行李，正小心翼翼地蹚过一条涨水的小河。同一期刊登了一幅木版画，画上是一艘挤满了人的小船，飘零在波涛汹涌的河流上。黑压压的人群静静地拥挤在狭窄的空间内，白色的浪花猛烈地拍打着脆弱不堪的小船。[22]

30年代中期，《读书生活》向读者呈现着洪水、饥荒、贫穷、绝望的场景。《读书生活》是当时重要的左翼刊物，它严肃的风格和朴素的外观，与同时代中产阶层习见的其他杂志——比如《良友》以及它的全版彩色女子照片（见第三章）——形成了鲜明的对比。

《良友》以大篇幅刊登商业广告。《读书生活》没有广告，最多印一些新书的通讯。如果说《良友》和类似的杂志代表了中产阶层的消费主义[23]，《读书生活》则在意识形态上反对资本主义下的消费。30年代上海发行的600多种杂志中，《读书生活》和《良友》可以说是在意识形态光谱上居于最激进与最保守的两个极端。

尽管意识形态上截然对立，《读书生活》和《良友》却有一个共同点。两份杂志都通过图片和故事来呈现理想的小家庭，并以此来传达自己的理念。换而言之，两份杂志的种种内容都以小家庭中的婚姻纽带、亲子之爱、物质需求与道德期望作为潜在的主题。

这两份杂志中所呈现的小家庭自然又有所不同。《良友》中的小家庭是私有制下消费的中心、舒适的港湾，而《读书生活》则凸显这些小家庭的脆弱性，在经济萧条、大战在即的时代背景下苦苦挣扎。《良友》鼓励读者想象一种安逸满足的生活，《读书生活》则抨击这种盲目的自信，渲染出艰难困苦与危如累卵的氛围。《良友》讨论青春、健康与长相厮守，《读书生活》则聚焦疾病、饥饿、死亡与贫穷。《读书生活》刊登的木版画，描绘的是苦难的农民。它不仅提醒读者们城市之外的现状是一片混乱，也预示着城市安稳的生活终将遭受严峻的考验。

尽管在表现形式方面有所不同，《良友》和《读书生活》却有一个共同的预设，它们关注的不是孤立的个人，而是作为家庭成员的个体。虽然《良友》推广时尚女郎的形象，但它要呈现的却不是独立的女性；它呈现的是备受宠爱的妻子与娇生惯养的女儿，以及她们在现代经济体制下可以获得的物质生活。同样，《读书生活》要呈现的并不是贫穷本身，而是苦难如何剥夺了孤儿寡母的依靠。幸福也好，痛苦也罢，无论是《良友》还是《读书生活》，小家庭已经是个人与时代的连接点。这一点在《读书生活》的文学版与《读者问答》专栏中最为明显；在与读者的对话中，编辑们将这些人事、家庭与世界上正在发生的种种变化联系起来。

困　境

在《读书生活》的表述中，那种生活优渥的资产阶级家庭既是温馨的港湾，也是相濡以沫的情感归宿。在日常家庭生活中，人们感觉到了自身的存在，以及自己所处的位置。家庭也是一个经济单位，满足成员的物质需求。

同时，家庭成员之间，不仅分工明确，而且尊卑有序。不同性别、不同年龄的成员承担了不同的角色。在当时的人看来，家庭内部的差异是自然而然的，是不可抗拒的；它是个人价值观的基础，也决定了个体在更大世界中的目标与期望。

家庭成员根据性别与年龄的差异，担负起不同的家庭职责。为了担负这些职责，不同的成员又必须展现不同的特质。成年男性是家庭中的父亲和支柱，是家庭的决策者、保护者，以及经济来源的提供者。因此，一个好父亲必须努力工作，并处理好家庭的对外事务。女主人要承担照顾家庭、抚养孩子和教育后代的责任。一个好妻子和好母亲不仅要努力工作，还要具有节省、忠贞和自我牺牲的美德。在这一家庭结构中，孩子们主要负责懂事听话。一个好孩子必然忠于家人，接受家庭的命运。

《读书生活》告诉读者，上述家庭关系与成员责任关乎个人乃至整个社会的根本。在一个健康合理的社会中，一个人人都好的好家庭必须要能获得好的回报。家庭与社会之间有一种隐性的契约，美德与辛勤必须要换来家庭的延续。如果这种连接断裂了，不仅会给家庭成员带来相当的痛苦，同时也意味着整个社会制度中存在着严重的不公正问题。

《读书生活》的小市民论述，有几个地方值得我们注意。这些论述以第一人称的方式进行，所谓的痛苦，正是因为达不成中产阶层理想化的小家庭。每个叙述中的主人公都有名有姓，都有工作与家庭，仿佛是真实人物讲述真实经历。然而，故事中的人物却少有个人化的突出。他们到底是谁，成为无足轻重的问题。他们的故事旨在典型性地勾勒出生活依据理想应当是怎样的，结果在现实经历中那些理想又如何化为泡影。

以王平的故事为例。王平是苏北盐城人。那年他还不满6岁，家乡闹饥荒，父母决定逃难。他们收拾包袱向南，从一个城镇流浪到另一个城镇。

夫妇两人随地在田间打零工。他们种庄稼，收割稻谷，给稻谷脱壳。他们努力劳动，克勤克俭，就为了存下一些盘缠，可以去到下一个市镇。五年后，他们终于渡了江，在长江以南的一个小镇上住了下来。

两年过去了，王平的父亲存了一笔钱，成了一个街头小贩。他把家庭的所有积蓄都投入了这份生意。每天早上，他步行20里，在天亮前来到县城，购买50斤到60斤重的糖果及各种日用百货，再用扁担挑着货物走回小镇。

王平的母亲在街角看货摊。王平则沿街叫卖糖果，把糖果卖给那些因工作脱不开身的人们，以此招揽更多生意。王平回忆说，他们生意很兴旺，因为他的父母"乐于助人"，父亲"勤俭持家而且兢兢业业"。整个家庭一天到晚辛勤劳作。他们得到了应有的回报，有一段时间，收入逐步增加。

于是王平的父母决定租一家店铺来做买卖。和以前一样，父亲每天都去县城，母亲照看店铺，他到街上卖糖果。为了付租金，父亲增加了额外的行程，挑着货篮到偏远的乡村贩售。一年两次，在播种和收获的季节，人们都在田里劳作，王平的父亲早晨3点起床，独自来到县城，购买充足的腊肉和鱼干，随即匆忙来到村子，正好为农民提供早餐。这些鱼肉总是很受欢迎，王平的父亲对市场的细心观察取得了成功，勤奋和精明有了回报，老王让整个家庭过得越来越好。

王平15岁了，进了当地公立学校的识字班。店铺每天的营业额超过了

1 000个铜板。王平的父亲觉得，在这里，自己的诚实与勤奋换来了人们的尊敬和认可。

王平父母决定要第二个孩子。从这个时候起，这个家庭就开始走下坡路了。在他母亲怀孕和分娩时，王平的父亲照料着店铺。他依然每天去县城，但也要照看妻子和新生儿。这些工作超出了他的承受能力。宝宝还没有长大，父亲就因病离世了。

王平父亲的葬礼体面而且合乎身份。然而葬礼耗尽了全家的积蓄，从此这个家庭每况愈下。由于不能支付房租，王平母亲关了店铺，搬回了街角，也就是几年前他们摆摊的地方。而王平每天天亮前就必须去县城购置货物。

家里三口人的生计落到了王平的肩上，他不得不放弃学校的学习。他每天尽力挑起重担，尽管他所能挑起的担子还不到父亲的一半重。他的母亲不仅悲痛难抒，而且疾病缠身。每当看到自己十几岁的儿子要肩负这样的重担，她都忍不住落泪。

王平从识字班借来纸笔写他的故事。他写自己每天天亮前的艰难跋涉——那时他不得不迈着酸疼的双腿努力爬山，而肩上挑的篮子在两边摇晃："我不由想起父亲，不免偷偷地洒一点眼泪。"[24]

在王平的故事中没有明显的坏人，但是勤劳节俭的美德并没有给家庭带来应有的回报。这个难民家庭曾经来到了幸福生活的门口。然而，一家人好不容易换来的前景竟是这样的脆弱。王平父母想再要一个孩子的决定十分自然且无可厚非，新宝宝的出生是值得庆祝的事情。但是，事情因此发生了如此灾难性的转变，原本顺利的家庭生活出现了悲剧性的逆转。

这样的结果颠覆了人们的认知：诚实的人不一定能被命运眷顾，堪称模范的生活也没能带来幸福的结果。江南小镇的这一悲剧可能发生在所有人身上。对于那些崇尚勤劳与奋斗的人来说，这无异于当头棒喝，并从根本上动摇了他们对未来的信心。前文已经提到，一个陌生家庭的自杀给周方和他的妻子带来了种种不安。王平的故事同样从根本上动摇了小市民的信念。因为王平的故事突出了小家庭在当时经济制度下的脆弱。

王平父亲的去世是整个故事的转折点。由于小家庭男尊女卑的特点，灾难莫大于家长的去世。家长的离世使得全家失去了经济来源与生活依靠，更使妻子和孩子直接面对残酷的社会。

如果丈夫或父亲健在，妻子或孩子很少选择独立生活。在当时的观念下，妇女和孩子是家庭与社会中的弱势群体，他们在社会上只能是他人利用、压榨的对象。下面的故事讲述了一个女工和她母亲在父亲去世后失去一切的惨状。讲述这个故事的是 20 多岁的乔英；她在父亲死后接替了他的工作，却无法获得同样的工资。更糟的是，父亲的去世标志着一个小家庭的瓦解；母亲与女儿不仅要努力工作，还不得不生活在幸福生活已经一去不返的阴霾之下。

乔英受雇于一家日资棉纺厂。她写下以下这段话，讲述发薪日当天的情况："早上进厂的时候，妈妈给我十四个铜板和一饭盒子的干面，很痛惜地对我说：'阿英，今天家里又没有米。这些铜圆你拿去买一点东西吃了好上工，买包糖带进去拌面吃。'在厂门口买了三个大饼，本来打算自己吃的，但是后来匀了一个给吃包饭的阿菊，因为她只吃了半盅稀饭呢。"[25]

那天下午，工人领了季度工资。工作三个月后，乔英的工资仅仅 4 元。她的老板以保管费的名义扣掉了 6 角。

回到家后，乔英把工资给了母亲。房东太太及时出现，要她支付 3 元的房租。此外，她还要求偿还 2 元的欠款。"母亲给她说了半点多钟好话，结果是给她三块钱才把她劝走了。剩下那一块钱就买了一点米买了一点油。两餐没有吃饭了，肚子饿得很凶。晚饭吃得特别多，一口气吃了三碗饭……母亲又想起了她年轻时候父亲在世的那种日子来。"[26]

值得注意的是，虽然乔英已经可以独当一面并负担母亲的开支，但她却没有流露出一丝一毫的自豪感。由于环境所迫，乔英不得不成为家庭的支柱。这个故事有明确的坏人——市侩的房东太太，以及管理工厂的老板。他们并不以真实的个体出现，相反他们代表了包租婆、资本家的典型形象。他们追逐自己的利益，而这正是整个经济制度预设的行为逻辑。作为家庭保护者的父亲去世后，家里的女人必须独自面对这个充满恶意的世界。男主外、女主内的分工就此瓦解。女人可以支撑起家庭的开支，却无法改变人们心中的纲常。男性家长的去世，让母亲与女儿低人一等。正是这一点让母亲垂泪，让女儿无奈。

《读书生活》里还有许多其他的文章，都把父亲的死亡作为家庭由盛而衰的转折点。比如孙述之，他的父亲死于上海，他上中学、当教师的梦想也随之化为泡影。这时孙述之才 15 岁，刚刚在家乡上完了小学。他舅舅很尽职，来安慰孤儿寡母，承担起照顾这个不幸家庭的重任。他利用自己的关系，把孙述之安排在县城的当铺里当学徒。孙述之要学习做生意，不得不辍学。去工作的那天，舅舅承担起男性家长的角色，把孙述之带到当铺，并代表家人见证了拜师仪式。仪式和工作场所都是只给男人去的，孙述之的妈妈不能在场。她只能在儿子离开家的时候，泪眼汪汪地看着他消失在自己的视线中。随后的三年，孙述之每年只可以回家三次，从今以后，这个男孩的生活基本上就掌握在新师傅的手里了。[27]

苑方栖13岁时，他父亲就去世了。他父亲是一个私塾老师、小学老师，后来成为一所公立小学的校长。苑方栖坐在父亲腿上趴在桌子上学习读写，他也是这所学校的学生。他希望长大能成为一个文人。由于父亲的去世，苑方栖只好辍学，在偏远乡下的一个酱油厂当学徒。从早到晚，都是忙不完的累活。如果晚上还有精力，他会阅读一些父亲写的文章，这是他珍藏的特别学习教材。他希望汲取知识，有朝一日能重新回到受教育者的行列。然而，苑方栖只能在私底下偷偷读书。学徒必须要学的是珠算和记账，"一定不能做的事情"是读文学作品和保持文学兴趣。尽管师傅一旦发现就又会大发雷霆，苑方栖还是冒着这样的危险，继续阅读着父亲的文章。[28]

徽州的金曼辉也有类似的遭遇。父亲去世的时候，他还是一个12岁的小学生。他被迫辍学，在叔叔的帮助下到了上海，成了一个徽商手下的学徒。金曼辉离家前的晚上，他母亲帮忙收拾包袱。金曼辉想带砚台、毛笔、纸和书。他还想带上唐诗精选和英文课本。母亲不同意，将这些东西拿出来。这些是文人用的，做生意不需要，带上这些只会让师傅生气。孩子立马哭了。他说自己宁愿待在家里，不想去当学徒。然而这样的抵抗是徒劳的，只会让母亲暗自流泪。没有了父亲，儿子能当上学徒已经十分幸运。第二天早上，叔叔接上他，交给了新师傅。金曼辉感觉孤独而沮丧，充满了恐惧和悲伤。[29]

焦大秋是一位27岁的农民，在畜栏边的煤油灯下给《读书生活》写信。他讲述了父亲去世的那个夏天，也就是自己苦难的开始。那时他才16岁，还是一个中学生。这家人原有3间房、8亩地，但是父亲生病后欠了不少钱。为了偿还债务、养活母亲和4个弟妹，焦大秋只能下地干活。他抵押了土地，为父亲的债主做工。他的母亲和妹妹们也帮忙家计，只要有织布、洗衣、缝补的工作都接来做。即使如此，全家每天也只能吃上两顿饭。就这样，10年过去了。焦大秋看不到希望，他看不到这样辛苦的生活什么时候才能到头。[30]

《读书生活》发行的两年内刊登了大量类似的故事。它们有着同一条叙事主线：父亲离世，熟悉生活方式就此终结。主人公背井离乡，由此开始寄人篱下的生活。这样的故事不断出现在杂志中，有效地将个人的际遇变成了整个阶级的写照。在30年代的文字表达中，"失怙"必然会导致"失学"。在父亲的葬礼上，母亲一定会和前来祭吊的男性亲属重新安排孩子的未来。失去父亲的孩子就此踏入新师傅的家庭。

师傅会和父亲一样行使家长的权威，但这是一种不同的权威。学徒和师傅之间是一种人身依附关系；这种关系虽然建立在契约的基础上，但却会使少年失去自主权，由此低人一等。这种关系又由于建立在交换的基础上，本质上也是一种经济关系，因此在风云变幻的市场中尤为脆弱。一旦经济不景气，少年就可能丢掉学徒的工作，就此"失业"，在"失怙""失学"之后，备受失去一切的折磨。

对于一个"职业青年"来说，即使有了师傅以及一份职业，也不能弥补失怙、失学带来的痛苦。《读书生活》详细描述孤儿面临的苦难，这些个人境遇进一步强化了小家庭的神圣性，凸显出家庭才是个人幸福的基础。

当然，这并不是说上海所有的学徒都是在丧父之后被迫进入这一行业的，也不是说所有的职业青年都面临失业——尽管生意与店铺都是起伏不定的行业。然而，前面的种种故事表现出上海小市民中弥漫着的一种潜在的沮丧与焦虑。《读书生活》这样的左翼杂志呈现出了这一现象，或在字里行间提醒人们这一现实。个中的人物感觉到自己是社会的弱势群体，在种种竞争中处于不利地位。生活夺去了他们接受教育的机会，命运让他们失去了慈父的呵护，时局让他们的职业前景一片暗淡。30年代中期就是这样一个困顿的年代。小市民感到自己无依无靠，没有任何社会保障。他们不得不独自面对全球市场下的无常力量。

通过洪水、干旱、饥荒、战乱、经济萧条等种种画面，《读书生活》呈现了恐惧、贫穷和绝望下的呼声。通过刊登读者的故事，它也让读者们意识到困境中的自己并不孤单。杂志不断告诉大家，形单影只的个人不会有光明的前景；资产阶级那种靠个人努力步入小康、跻身上层的美梦注定会破灭。对于寡妇、孤儿以及缺少保障的人来说，正直的品德、辛勤的工作都不能保证他们一定能活下去。没有人可以在时代的巨浪下独存，因为个人的苦难最终源于中华民族在帝国主义、全球资本主义下遭受的苦难。对于小市民来说，出路只有一条，就是团结起来，成长为爱国主义的战士，为保家卫国、反抗侵略而战斗。对于那些失去父亲的人来说，个人的悲痛已经毫无意义；现在必须站起来，作为爱国者，投身于激烈的斗争。只有献身民族救亡的宏业，才可能为自己争取一线生机。

生存与斗争

《读书生活》以明快的立场，让它的读者以及投书者毫无疑问地认识到，要走出困境就必须改变自己的生活方式。而这种生活方式又只有两个关键元素：生存与斗争。整个中华民族都在帝国主义的压迫下，没有人可以幸免。在这样的大环境下，职场的失意、个人的挫折再正常不过了，没有人需要对自己的境遇负责，也没有人能够真的改变自己的命运。除非中华民族得到解放，否则个人不可能改善自己的生活处境。个人的出路、家庭的幸福，跟民族解放的斗争紧密联系在一起。《读书生活》的编辑们告诉大家，这一简单而直白的真理，建立在社会科学基本规律的基础上，这也是所有人都必须了解的真理。因此，民族解放运动的第一步，就是唤醒广大小市民的意识，让他们在阅读和思考中意识到自身与民族的处境以及命运。只有当小市民从日常切己的生活出发，投身于以生活为战场的斗争，救亡运动才能聚集起更大的力量。[31]

以自救为主题，早在《读书生活》之前，就在上海的通俗杂志中出现。邹韬奋主办的《生活》周刊，在小市民读者中引起广大反响，其主旋律就是自救。尽管前后相距不到十年，但《读书生活》重新界定了自救的内涵。《读书生活》反对将自救作为提高职业技巧和提升职场成就的手段。它聚焦于作为社会问题的失业，关注缺乏职业保障的现实，强烈质疑一般职员是否能够依靠能力、业绩、工作态度来改善自己的境遇。对于那些求职的小市民，邹韬奋给的基本建议就是以职场最高标准严格要求自己。邹韬奋跟当时的许多社会改革者一样，着眼于如何在自我完善的过程中为个人找到出路。《生活》周刊跟《读书生活》都谈以自我的改造作为谋求幸福的手段。但是《读书生活》倡导的生活斗争，超过了《生活》周刊所支持的民族企业架构，进一步要求整个社会经济体制的改变。

那么，面对那种让周方以及他的妻子感到触目惊心的家庭自杀悲剧，普通人该怎么反应呢？在 30 年代经济萧条的大背景下，普通小市民又可以做什么呢？《读书生活》指出，周方的妻子和朋友都表现出"小资产业主的狭隘自我中心观"。周方的妻子就像老派的贤妻良母，相信只要具备节俭和顺从的传统美德，就能挽救她的家庭。周方的朋友则陷入了现代人的虚无享乐主义，这也是错的。在《读书生活》的编辑们看来，周方该做的，是做好充分准备，应对生活中不同的挑战。体力劳动难道真的就可耻吗？社会地位下降、沦为普通劳工，难道比死亡还要糟糕吗？为了避免让孩子们生活在社会中下层，难道就可以将他们杀死吗？回答显然都是否定的。从这个意义上看，岳家和张家的悲剧固然是社会环境造成的结果，但两家人也都是错误思想的牺牲品。杀死这些家庭成员的，是其中个人落后的思想。

《读书生活》认为，群体高于个人。在这个时代大潮中，一个人"如蚂蚁一样微不足道"。即使一个人死了，大众的生活仍要继续。经济的大萧条对于小市民，就好像严冬中的"春天的小雀子"。小市民应该用新方式来审视这个世界，融入时代洪流中。他们要奋斗到底，让更宏大的群体生机勃勃。对于那些有工作和家庭的人，《读书生活》教导说："你可以不站在最前线，但你必须加入这整个阵线。"每个人都可以训练自己，在每天的生活中磨炼出自己正确的观念。[32]对于周方这样的读者来说，虽然这不能确保他工作稳定，但这会赋予他一种新的观念：即使没有了穿长衫的工作，也可以生存下去。

30 年代中期，《读书生活》这样的杂志影响了广大市民的思想观念。1935 年日本试图吞并华北时，上海小市民被动员起来参加了爱国运动，上海青年救国会是全国各界救国会中最活跃的一个分支。[33]蚂蚁社誓言要建立"一支蚂蚁军队"来挽救民族于危亡之中，并吸收了一万多名成员。1937 年 7 月战争爆发后，中国共产党上海支部在会计师顾准的领导下（见第七章），参与组建了益友社，将文化和社会活动作为政治动员的阵地。[34]这些组织在上海职业界与生活教育团体所建立的基础上，积极吸收城市职工、店员、练习生和学徒，让这些"蚂蚁"从家庭以及职场中走出来，建立新团体，开展爱国主义活动。他们成立了话剧社、合唱团、新闻俱乐部和读书会，这些活动进一步改变了上海小市民社会中运用知识、传播思想的方式。[35]在这个意义上，孕育民族意识的正是人们在职场上的深深焦虑，伴随其发展的则是核心家庭内部的重重危机。

抗战前夕左翼关于都市小家庭的论述有几个值得注意的要点。他们将关注点从个人转移到家庭，他们不再谈个人的权利与幸福，转而谈家庭的生存与个人在其中的责任；他们搁置了五四运动以来追求个体解放的议题，而在小家庭的框架下建构了男性与女性对等分工的责任。

家庭关系中的伦理实践，这时候跟物质生活紧密关联起来。做个好父亲或丈夫，就要担负起养家的责任。做个好儿子，就必须赡养年长的父母。如果对上、对下做不到生活上的支撑，这不仅意味着物质上的艰难，也是道德上的亏欠和情感上的挫败。如果整个勤俭奋斗的阶层无法履行自己的家庭责任，整个社会必然要发生天翻地覆的变化。家庭伦理实践中的物质性，再次把中国社会推向民主改造。

30年代，左翼知识分子将个人建构为道德与物质关系网的产物，以此为基础，展开了一系列对社会制度的批评。他们不仅强烈抵制资本主义经济的私有制和市场法则，也抨击了理想化小家庭概念在现实生活中的可行性。

家长已经不能保护他的家人了。与此同时，人们开始想象一个家长一样的社会主义国家，以制度化的方式，大家长一般地为人民提供各种支撑与保护。这样的政府承担了家庭的任务。人们并没有舍弃家庭的纽带，而是将之与家人分离。透过政府的参与经营，中国的现代化转型可以不再聚焦于批判性与知识性的自省，而转向一种融合了物质安康与传统美德的经济图景。

中国的现代经济在民国上海的社会与文化土壤中生根发芽。所承诺的现代性，包含了持续的繁荣与不断的发展。同时，在30年代经济萧条、大战一触即发的大背景下，战前的困境又激发了人们对安全与保障的渴望。随着全面抗战的爆发，这些需求汇聚成了一种新的渴望，人们期盼一个理想化的政府，有能力像父亲、家长一样照顾每个人的幸福。30年代的挑战，使得无论是一家之主还是一个企业之长，都无力把道德与权威充分地结合在实践之中。有些人甚至做出背弃自己原则的事。然而一般市民对公正社会、美好生活的向往并没有终止。经过层层演变，上海的小市民们最后把自己的希望寄托在一个现代化的社会主义国家之上。

注　释

1　高家龙、谢正光（Andrew C. K. Hsieh）、贾尼斯·科克伦（Janis Cochran）：《中国的一日：1936 年 5 月 21 日》(*One Day in China*：*May 21*，*1936*)，康涅狄格州纽黑文：耶鲁大学出版社，1982。

2　关于当时重要作家的写实主义实践，参见王德威：《写实主义小说的虚构：茅盾、老舍、沈从文》(*Fictional Realism in Twentieth-Century China*：*Mao Dun*，*Lao She*，*Shen Congwen*)，纽约：哥伦比亚大学出版社，1992。

3　参见柳湜：《同归于尽》，《读书生活》第 2 卷第 4 期（1935 年 6 月），第 135 - 136 页。

4　编者：《小雀子要认识世界了》，《读书生活》第 2 卷第 4 期（1935 年 6 月），第 153 页。

5　关于艾思奇，参见福格尔（Joshua A. Fogel）：《艾思奇对中国马克思主义发展的贡献》(*Ai Ssu-ch'i's Contribution to the Development of Chinese Marxism*)，马萨诸塞州剑桥：哈佛大学东亚研究委员会，1987；斯塔纳罕：《地下党：上海共产党及其政治生存，1927—1937》。

6　关于李公朴，参见周天度主编：《七君子传》，第 393 - 462 页。关于李公朴的死，参见易社强（John Israel）：《西南联大：战争与革命中的中国大学》(*Lianda*：*A Chinese University in War and Revolution*)，斯坦福：斯坦福大学出版社，1998，第 378 - 379 页。

7　关于史量才的死，参见魏斐德：《上海警政：1927—1937》，第 257 - 259 页。

8　关于"时代"，参见李欧梵：《现代性的追求：对于 20 世纪中国历史新思想的一些想法》，载柯文、戈德曼编：《跨越文化的观念：献给史华慈先生的中国思想论文集》，第 109 - 135 页。

9　参见仝人：《创刊词》，《读书生活》第 1 卷第 1 期（1934 年 11 月），第 1 页。

10　参见上书。

11　同上。

12　参见上书，第 2 页。

13　参见艾思奇：《天晓得!》，《读书生活》第 2 卷第 1 期（1935 年 5 月），第 27 - 28 页。

14　参见钱亦石：《4 月后半月的国际大事》，《读书生活》第 2 卷第 1 期（1935 年 5 月），第 4 页。

15　同上书，第 6 页。

16 参见李公朴：《怎样纪念四个伟大的"日子"》，《读书生活》第 2 卷第 1 期 (1935 年 5 月)，第 1 页。

17 参见上书，第 1-2 页。

18 参见李崇基：《怎样研究哲学》，《读书生活》第 2 卷第 1 期 (1935 年 5 月)，第 19 页。

19 1935 年出版的期刊中，超过半数都采取了木刻版画作为封面。此外，一些特殊版面也采取木刻印刷，像是连载好几期的鲁迅《孔乙己》的故事。参见李桦：《木刻特辑》，《读书生活》第 3 卷第 1 期 (1935 年 11 月)，第 31 页；唐克：《木刻略谈》，《读书生活》第 3 卷第 1 期 (1935 年 11 月)，第 32-38 页。关于木版印刷中的左翼倾向，参见洪长泰 (Chang-tai Hung)：《战争和通俗文化：现代中国之抵抗运动，1937—1945》(*War and Popular Culture*：*Resistance in Modern China*，*1937-1945*)，伯克利：加州大学出版社，1994，第 239-344 页。

20 参见《读书生活》第 2 卷第 2 期 (1935 年 5 月)，第 511 页。

21 参见上书，第 528 页。

22 这些图片有意被当作视觉文本，它们尤其能捕捉住当时的生活场景。参见李桦：《木刻特辑》，《读书生活》第 3 卷第 1 期 (1935 年 11 月)，第 31 页。

23 关于《良友》画报，参见李欧梵：《上海摩登：一种新都市文化在中国 (1930—1945)》，第 64-74 页。

24 王平：《一个小贩的生活》，《读书生活》第 1 卷第 7 期 (1935 年 2 月)，第 13-14 页。

25 乔英：《发工钱的一天》，《读书生活》第 2 卷第 2 期 (1935 年 5 月)，第 73-74 页。

26 同上书，第 74 页。

27 参见孙述之：《我的典当生活》，《读书生活》第 1 卷第 2 期 (1934 年 11 月)，第 23 页。

28 参见苑方栖：《小洋灯下》，《读书生活》第 1 卷第 1 期 (1934 年 11 月)，第 24 页。

29 参见金曼辉：《押典内》，《读书生活》第 1 卷第 4 期 (1934 年 12 月)，第 16-17 页。

30 参见焦大秋：《一个佣工的生活记录》，《读书生活》第 1 卷第 3 期 (1934 年 12 月)，第 16-17 页。

31 1936 年 1 月开始，杂志将"生活奋斗"和"民族解放"作为其正式口号。

32 参见编者：《小雀子要认识世界了》，《读书生活》第 2 卷第 4 期 (1935 年 6

月),第 152-156 页。

33 关于邹韬奋、李公朴和职业青年的救国会,参见柯博文:《面对日本:1931—1937 年的中国政治和日本帝国主义》,第 289-297 页;易社强:《1927—1937 年中国的学生民族主义》(*Student Nationalism in China, 1927-1937*),斯坦福:斯坦福大学出版社,1966。关于"七君子",也可参见中共上海市委党史资料征集委员会编:《"一二·九"以后上海救国会史料选辑》,第 97-104、311-372 页。

34 参见中共上海市委党史资料征集委员会、益友社史料征集组编:《益友社十二年(1938—1949)》,未公开出版手稿,上海,1985。

35 1937 年末,蚂蚁社迁往武汉,活跃于王明领导下的第二次统一战线。国民政府于 1938 年解散了这个组织,其积极分子加入了当时进驻延安的中国共产党。

第七章
从大家长到资本家

1937年7月，国民政府宣布对日抗战。8月13日，战争就在上海市郊打响了。在上海，1937—1945年抗战可以分为三个阶段：第一阶段是1937年8月到12月长江下游地区的激战；第二阶段是1937年8月到1941年12月国军败退、日军占领长江下游，外国租界隔绝成为"孤岛"；第三阶段则以1941年12月7日太平洋战争爆发为标志，日军占领租界，南京汪伪国民政府整合上海各行政区，建立了大上海市政府。[1]

理查德·亨利·托尼（Richard Henry Tawney）在《中国的土地和劳工》一书中写道，到了1930年代，中国农民就像是被水淹到脖子的人[2]，水波泛起的任何一个涟漪都足以淹死很多人。对于上海小市民来说，战争、围城与沦陷，以及随之而来的暴力、破坏、物资短缺、通货膨胀、商品管制、经济衰退，都是连续不断的水波与涟漪。那些下层的、身着"长衫"的职员正在掉出中产阶层的行列。那些被迫失学的人也在面临失业，此外还有很多由于战争而失怙的儿童和青年正在不断加入这个失业与失学的群体。

在暴力的威胁与生存的压力下，中产阶层对于富足与安定越来越感到焦虑。职工的低迷士气，对企业管理层构成新的压力与期待。职工期待企业能够像家庭一样，在经理层家长式的管理下，发挥经济伦理，一起渡过难关。战争使得小市民的家庭趋于离散，使得雇员们对企业大家庭产生新的期待。战时企业的社会合法性，所依赖的不仅是爱国主义的表现，同时还需要对弱势群体表达关怀与责任。工商业者的名望，不仅展现在他们如何为国家创造新财富，更展现在他们如何关切民众的福祉。

战时上海新型企业的职场文化发生了显著的变化。管理阶层与中下层员工以不同的方式面对这艰辛岁月。企业内部从上到下发生了重大的改变。这些改变对战后都市的转型又有重大的直接影响。

战时上海（1937—1945）

1937年8月，战争在上海近郊爆发，中国军队进行了顽强抵抗，伤亡惨重。[3] 日军集中地面与空中火力，摧毁了租界以北的吴淞、虹口、大场、闸北等地区，大部分中国的工业设施付之一炬。侵略者又从杭州湾北部的小镇金山卫登陆，在南侧开启了第二条战线，浦东地区的农村也直接暴露在敌人的火力之下。很多惊慌失措的家庭卷起包袱出逃，渡江到了南市。一些难民打算从这里搭乘火车逃往南方，另一些人希望向北或向西进入外国租界。8月底的一天，日本飞机向南火车站拥挤的人潮投下了八颗炸弹，强烈的爆炸造成七八百人伤亡。这次轰炸的场景之一被外国记者的相机拍成照片，照片中一名孤单无助的幼童光头赤脚，面向一片废墟，单独坐在炸毁后的火车站地上放声大哭。照片刊载在当年9月的美国《生活杂志》(*Life Magazine*) 上，变成世人皆知的中国战地景象。

11月末，国军在损失了25万人后，决定弃守上海，沿着长江撤往首都南京。仅仅两周后，第二条防线也被击溃，日军于12月13日攻入南京城，犯下无数滔天恶行，杀害了超过30万的中国平民，史称"南京大屠杀"。[4] 国民政府被迫沿长江撤退到武汉，日本军队也在中原地区长驱直入。到了12月底，长江下游的城市几乎都被占领了，所有村庄市镇都被烧杀抢掠。中国当时主要的工业设备都集中在这一区域，绝大多数的产能因此毁于一旦。[5]

上海的外国租界在战争爆发时就已经宣布中立。[6] 8月14日，中国军机试图轰炸黄浦江上的日本军舰，但炸弹却不巧落进了公共租界，造成了相当大的伤亡与损坏。英国和美国领事表示了强烈的抗议，要求交战双方的战机不要进入租界上空。8月23日，日本飞机把炸弹投向上海最繁华的南京路。这是个占地4 500平方米，全是商店、餐厅、剧院、酒吧、豪华酒店的路段，包括永安和先施两个百货公司在内。这次轰炸在这一繁华地区造成了数百人的伤亡。

整个长江下游地区，大量人口沦为难民；到了1937年10月底，130多万人无家可归，其中约有70万难民集中在上海。很多妇女和儿童露宿街头，每天有200多名儿童因为饥饿、疾病和遗弃而死亡。[7]

战争爆发之初，很多当地的慈善组织展开行动，其中包括上海万国红十字会、中国佛教协会、上海中华慈善会、世界红卍字会和上海慈善协会救济委员会。这些组织透过上海国际救济会，结合各界力量；救济会由一些著名宗教人士出头，其中包括颜惠庆、饶家驹（R. P. Jacquinot）、普兰特（W. H. Plant）、贝克（G. E. Baker）等人。救济会从国民政府、美国红十字会以及上海社会各界的个人和私人机构取得资金支援，在外国领事团和上海市政府的支持下，在南市建立了难民区，雇用中国警察维持秩序。难民区东临黄浦江和南阳大桥，西边有大门通向法租界。难民区圈定的是一块封闭的地带，这里面包含城隍庙、豫园、学校、会馆和其他庙宇公所，也就是后来文献中的邑庙区。区中很多商店当时都已经关门或者废弃。这个难民区在开放的第一天就接纳了两万多人，为他们提供基本的援助。11月中旬，日军开进南市，残忍地向这个区域投掷炸弹，许多旧城的木质建筑很快就起火燃烧，南市陷入一片火海，很多难民被迫逃离，据说这个区域居住的难民总计曾经达到7万～10万，分别被安置在104～130个场所。[8]

上海的基督教徒、天主教徒、佛教徒和商业精英也在外国租界设立了救济机构。基督教青年会与上海慈善团体联合救灾会代表了当时最为活跃的慈善组织。后者于1927年初成立，由著名的佛教人士许世英、黄涵之、屈映光担任正副主任。当时许多剧院、影院、旅馆、会馆、餐厅、夜总会、银行、学校都被用来作为临时难民收容所，坟场上也支起帐篷，收容了约6 000人。1936年推动抗日救亡运动的各种社会网络，现在也致力于各种慈善活动。救济组织中的青年干部很快为难民营中的青少年儿童开办了识字班和政治教育班。为了减轻租界中的人口压力，组织者还鼓励幸存者恢复旧业，或者转移到内地去开始新的生活，加入联合抗日的国军或者共产党根据地的军队。次年经济稍有恢复，少数青年在上海的商店与机关中谋得了学徒或者初级职员的位置。[9]

11月中旬，南市已经沦陷；外国租界的情况虽不明朗，却成了难民的港湾与绿洲，也即全面轰炸之下相对安全的"孤岛"。然而，战争已经吞没了大江南北，也渐渐渗透进了这仅有的"孤岛"。战争改变了商业运作方式，切断了日常的交通与补给，扰乱了货币的流通，使商旅暴露在巨大的危险中。困难接踵而至。1940年冬天，严寒席卷江南。在上海，数以千计露宿街头的难民在饥寒交迫中死去。仅仅在法租界，当局文件中就记载了每天早上从街头搬运出几百具尸体。根据当时摄影师的记录，活着的人只是冷漠地将目光从家门前死者的身上移开。[10]

战争也使得江南的富户举家迁往租界。关于具体人数，学者有不同的估计；但总体上，租界人口总数从本来大约 300 万陡然增加到 400 万。[11]房租飞涨，生活条件不断恶化。战事稍稍平缓的时候，有钱而无所事事的人就涌向酒吧、餐厅、戏院、旅馆、舞厅、电影院、娱乐厅和证券交易所，在那里消磨时光、博取快乐。永安百货公司的销售额在短暂低迷之后，又飞快增长起来。[12]有产者挥金如土，霓虹灯再次点亮了战时上海的夜空。尽管精英阶层与市民组织联合起来为战争的难民提供救助，但此时的上海贫富差距空前；有权有势的人与一无所有的人虽然一起挤在租界这个"孤岛"上，却过着截然不同的生活。

是与日本人合作，还是坚持抗战？在战时上海，这是最核心的政治问题。在最初的军事行动之后，侵略者开始和一些中国人接触，谋求合作建立地方维持政府。[13]为了先发制人，国民政府派出特务，暗杀有汉奸嫌疑的人。当时租界中的媒体大都认可这种国家主导的暴力行为，认为这是战时爱国主义的表现。为了应对这些袭击，日本侵略者利用中国人之间的矛盾，建立"傀儡"组织，让亲日派为帝国展开情报活动。由此建立的特务机构，总部在霞飞路七十六号，成员包括共产党的叛徒和青帮成员。"七十六号"很快以手段残酷、作风暴虐著称。[14]双方的特务并不住在租界，但他们在租界里进行激烈的斗争。租界里聚集了各种金融、商业、新闻、教育、娱乐机构；在这"孤岛"上，邮件炸弹、手榴弹、枪击、暗杀、绑架等暴力事件数不胜数。租界西端本是界外筑路的特殊场所，当时称为"沪西歹土"，聚集了帮会治下的赌场和夜总会，现在这里则沦为城市恐怖行动的中心。[15]

1938 年夏天，国民政府准备将重庆作为战时的陪都。12 月，国民政府的二号首脑汪精卫跟日本人建立了秘密管道，私自逃离重庆，前往越南河内。[16]他在躲过暗杀之后，从河内转往上海。这位孙中山先生的忠实追随者在上海宣布他将重组国民政府以谋求和平。1940 年 3 月 30 日，汪精卫回到南京，宣布国民政府还都。4 月清明节，汪精卫在中山陵举行了隆重的祭奠仪式。汪精卫政权的建立也得到了上海市市长傅宗耀的支持，庆祝"还都"的活动包括：庆祝游行、演讲、灯笼游行、电台广播、新闻短片、报纸特刊和公共集会。[17]

对于上海和长江下游地区的民众而言，汪精卫政权的建立是战时政治的转折点。重庆与南京两个"国民政府"互为镜像，且在不同意义上与日本侵略者及中国共产党关系紧张。1937 年 8 月，中国共产党宣布再次与国民党合作，结成抗日民族统一战线，共同抵抗日本帝国主义。然而，共产党的新四军在皖南山区活动，与国军的第三军团相互争夺来自上海的人力和物质资源。1941 年 1 月皖南事变爆发，严重破坏了抗日民族统一战线。南京的汪精卫政府为了自身的利益，提出"统一中国，建设中国，实现东亚永久和平"[18]。这意味着南京国民政府主张对日本亲善、向共产党宣战，并取消西方国家在中国的租界与特权。[19]此时共产党的新四军在苏北重新建立了根据地。即使在汪精卫政府的密切监视下，积极抗日的上海市民仍与新四军建立起秘密的地下网络。共产党军队虽然被迫在农村内地活动，却可以通过上海的地下党组织获得各种物品，包括药品、无线电、钢管、通信设备、印刷机；此外，还有社会活动家与文学干部推动这一事业。[20]同时，汪精卫政权与日本占领军貌合神离，双方在关于傀儡政权的自主性、日本的介入程度、战争资源的搜刮，以及占领区国民安全等问题上矛盾日深。[21]中日、国共之间的各种斗争具有许多不同的维度，并不是简单的不同国家、不同意识形态之间的战斗。在种种关键时刻，地方政治、传统价值、细微过失、个人腐败，都会成为互相抨击的发力点，以及更大战略的一部分。然而总体说来，1939 年汪精卫政权建立后，抗日期间国民政府内部最大的政治分歧便是南京与重庆之间的对立，妥协投降与抗日救国之间的对立。这一斗争背后，则是英美民主体制、轴心国家的法西斯主义以及苏联共产主义之间的全球对抗。

1941 年 12 月 7 日，日本袭击了美国的珍珠港。在上海，美国领事馆签证组的领事官约翰·索尔（John Sawyer）描述了第二天的情况：

> 我在早上 4 点 15 分被遥远的枪声和爆炸声惊醒，起来往窗外一看，什么也看不见，回到床上继续睡觉。早上 9 点到达办公室时，遇到了皮斯（Harold Pease），他告诉我美国已经进入战争状态，职员们已经在烧掉机密档案和密码手册……最后接到的命令是在中午之前撤离。我将所有的档案放进保险柜和柜子，回到华懋公寓的家中……我看到日本的卡车载着军队开往美国俱乐部，所有的士兵都竖立着刺刀，日本国旗在楼房高层的窗户外飘荡，大幅的公告贴在楼前大厅的柱子上。从不同渠道得到的口头消息称美军的威克号炮舰（USS WAKE）已经被占领投降，

挂上了日本国旗。据说英国海军的炮舰（HMS PETREL）已经逃脱。英国人和美国人在石油公司中的职位都被免去，我还看到威克号的舰长身着军服，在我们的领事馆门口被俘虏。[22]

上午10点，日本军队在细雨中开进公共租界。人群拥挤在道旁，默默注视着侵略者穿过苏州河上的外白渡桥，进到公共租界，开始在路口设岗，岗位从外滩延伸到界外筑路的西端。这些日军"有的戴眼镜，有的蓄着短短的胡子，有的在抽香烟，一律都是横枪而立，不声不响"[23]。法租界则由于投降德军的巴黎维希政府很早就指派了一个市政议会管理，所以没有受到不堪的羞辱。[24]

在此后的一年中，汪精卫政府和日本占领军之间进行了很多次交涉。1943年8月1日，公共租界和法租界正式移交给南京政权的上海特别市政府，两个租界合并成第一区公署。[25]在大上海担任市长的是陈公博，他是汪精卫的亲信。[26]陈公博还为歌曲《大上海进行曲》填词，其中有"复兴中华，保卫东亚，完成我们的独立和自由"[27]。这赞歌在当时的广播中大量播出。鸦片战争后的一个世纪之后，欧洲列强的上海落下了帷幕；因为日本人的"友谊"，上海租界重归中国政府的怀抱。新区由中国人和日本人一起管理，所有政府职位都由中日人员共同担任，双方人员的数量相当。例如，公务繁忙的上海市市长名义上"兼"管这一地区；为协助市长完成职责，一个全职的日本"顾问"与其合作，这个日本人拥有最高决策权。[28]

租界的陷落意味着抗日的中国人不能再在这里发行报纸、呼吁抗日，上海也不再是人民可以逃避日本军队的避难所。日本侵略者引入了一种新的户籍制度，迫使那些近期才到达上海的人离开，无论他们是否已经拿到军方所发的出入通行证。短短几个月的时间里，70多万人回流到内地。[29]为了进一步减少城市人口，日本军方当局不时切断能源供应，停止电车运营，架起路障，竖起带刺的通电围栏，在每个路口布置武装哨兵，随意封锁城市区域，短则几天，长则数周。永安百货公司曾经被两次封锁，一次为期三周，一次为期三天，这样的停业显然阻碍了商业的进行。

接着是对货币和商品的控制，这对于商品的自由流通产生了毁灭性的影响。商店和商业活动都被要求使用汪精卫政府中央储备银行发行的纸币，到了1942年，如果携带由重庆国民政府发行的法币，就被视为违法，会受到相应处罚。[30] 在 1941 年之前，重庆方面发行的法币一直在外国租界广泛流通。上海的民众被要求将手中的法币以二比一的比率兑换成中央储备银行发行的纸币；汪精卫政府也禁止以现金、旅行支票及个人支票的方式使用英镑、美元和港元。[31] 由美国或英国登记注册的公司，如永安百货公司，被归入"敌方资产"，这些公司有的被完全没收，有的移交日本人管理。商品流通和价格限制方面严格而广泛的措施，也使得这些企业受到严重的经济打击。大米的购买、出售、定价和运输都受到严格的监管。在日本军队进驻租界之后，买米就需要大排长龙了。走私者冒着生命危险穿越武装防线，黑市交易猖獗，市场秩序一片混乱。

企业内部跟战前一样，仍然照讲勤奋与奉献。但在新的战争环境下，暴力与死亡才是职员们面对的真正挑战。30 年代末，职工们组织了自己的协会，以推进互助保障和爱国行动，这是他们对当局无声的反抗。小市民们引用《孟子》的章句，利用历史典故，表达自己对经济公平的理解。

随着英美上海特权的终结，租界里上海的新型商业体系不得不向原本在租界之外的势力妥协。随着主张"亲善"的南京政府对上海租界的接管，所有继续经营的企业也就默认了南京政府和日本占领当局的政治安排。企业的管理层必须在积极抗战救亡与眼前存活之间做一个选择。为了存活，他们放弃了抗日，接受了所谓"大东亚共荣圈"的话语。晚清以后，上海的现代工商业精英曾经靠着对外国争夺利权而取得社会地位的合法性，现在大部国土被日本占领，则不得不放弃这个叙述，以求生存。

妥协合作还是坚持抗战，在这个大是大非的问题上，企业高层的选择渐渐动摇了他们的道德权威。如果说战前这些人是年轻员工的家长，是他们的导师、楷模与经济支柱，那么现在一切都在发生着变化。30 年代末，中下层的职员自行组织起来，走出了公司大院，在民族救亡运动的大背景下，他们组成协会，与其他公司企业、不同行业的救亡组织共同进退。[32] 这些员工在下班后集会，他们走上讲台、街头，透过报纸杂志发表自己的看法。在这一过程中，共产党的地下党组织扮演了重要角色。即使员工们的集会并不完全依靠地下党组织，也不一定完全围绕着共产党的纲领，但是在共产党的地下党组织的穿针引线之下，上海工商界的中下层职工都在不知不觉中参与到共产党发起的活动中。

这并不意味着企业作为大家庭的文化从此落幕了。这意味着战争彻底改变了企业组织大"家庭"内部的权力结构。这一变化影响深远。年轻的职员与资浅的学徒不再是等级制度下的忠实下属,也不再看重那些自身难保的长辈的道德权威。正好相反,他们和一起工作的伙伴构建了新的纽带,建立了一种大家平起平坐、如同兄弟的同志情谊。他们不再依靠大家长、管理者的指导或照顾。他们站起来,要求主管们关心、帮助他们的生活,并为员工提供援助。在旧有的商业体系下,家长出于自己的仁慈,给家族中表现良好的成员颁发"年赏"或"分红",这是前者对后者的肯定与奖励。然而现在,职员把过去的这种"礼物"和"奖赏"看作他们工作应有的回报。制度化的奖金不再是旧家长展现仁慈、宣示权威的媒介,而变成员工福利体系中的一个环节,与个别管理者的意志无关。随着这一转变,员工不再只以遵从的眼光仰望上司与尊长。他们认识到,雇主是否值得尊重取决于社会公平的准则:福利和财富是否平均分配?在艰难的时代是否有足够的保证可以确保职员一家人的生活?

战争时期的上海辉煌

1937年8月23日下午1点,南京路和浙江路交会的路口,车辆拥塞,人潮汹涌。突然,炸弹从天而降,击中了先施百货公司三楼的阳台,建筑水管爆裂,水流如瀑布般倾泻而下。爆炸震碎了南京路两侧所有商店的玻璃,包括永安百货公司刚刚兴建完成的17层大楼的玻璃,满天的碎片像雨点一样落在行人身上,又密密麻麻地铺满路面。当时,公共租界巡捕房的锡克巡警正站在岗亭上指挥交通,刹那间就随着路口一起消失了。路口东边的一辆挤满了乘客的双层巴士瞬间起了大火。到了第二天,还能看见伸出巴士的烧焦的尸体破损残骸。在短短几分钟内,上海最繁华的南京路就面目全非,陷入死亡的惨剧和流血的混乱中。这次轰炸导致700余人受伤,100多人死亡。[33]

永安公司内部员工食堂的官方公告栏上,一周前还在让员工尽快登记,接种天花疫苗,同时提醒大家小心个人信用账户过度扩张。接下来的两天里,食堂空空如也,15个公司员工在这次爆炸中遇难,货物、室内装修的直接损失达40万元。损坏最严重的商品部是毛巾、内衣、阳伞、西药和棉被。[34]爆炸次日,几十个男职工拿着扫帚,在夏日高温下清扫爆炸后的碎片。

有人因此生病了，一位虹口信用部的普通柜员参加了清扫，事后他在病假条中描述那天又湿又热，大家很快就满头大汗，"食堂中已经不供应食物了，我在汗流浃背的干了一整天之后，无比饥饿，我去了大东旅社的底层，就着冷水，吃了一点面包，压根没有想到水的冰冷和太阳的毒热互相刺激，使我严重腹痛"[35]。赵祖佑，织物部五七〇号员工，被弹片击中背部，倒在地上流血不止。在这次爆炸中他还失去了左手的中指，这使他在日后的工作中向顾客介绍布料商品时感到很不自在。姚赵春，安全部一号保安，在经历了几轮外科手术后幸存下来，手术从他的脸上和脖子上清除了多处嵌入皮肤的碎片。[36]甚至永安公司总经理郭琳爽的双手也受了重伤，1939年冬天不得不到香港接受进一步的治疗。

8月25日，永安公司的管理层再次发布通知，宣布公司聘请了陈大明医生在公司开设内部诊所，每天下午2点在永安附属的大东旅社的二楼茶室看诊。二一八到二二〇客房平常是禁止员工进入的，现在也开放作为病房。[37]永安公司歇业了两天半，几乎相当于春节放假的时间。公司管理层宣布，将在第二天即8月26日早上8点开始正常营业。商业的车轮是必须要继续转动的。[38]

永安公司的董事会设在香港的母公司之下，董事会就这次事件进行紧急讨论，清点损失，并计划善后事宜。8月31日，管理层正式将董事会的决定通知员工，相关的救济和补偿依序进行，主要是根据年资和职级支付。所有遇难的员工都会获得适当的丧葬费用。公司还将向死者家属提供一定的经济补偿。那些原本"低薪"的新员工和练习生的家属，则一律给予每户200元的赔偿。那些收入较高的老员工以及原先的部门主管，他们的家属可以领到的补偿则相当于其生前一年的薪资。至于受伤的人，公司将负担全部的医疗费用。甚至那些永久残疾的员工都会被安排适当的工作，受到尽可能好的照顾。[39]

永安公司的员工大都满怀感激。郭琳爽的种种善行，久久被人称道。几乎所有十几岁的、低收入的练习生的家属，所获得的补偿金都超过他们的儿子们活着的时候一年的总薪资。而那些高薪的职员，也即负有家庭重任的一家之主，则有更好的待遇，他们的妻子和儿女可以得到上千元的安置费。对于受伤的保安姚赵春，永安公司为他支付了几百元的医药费。此外，在康复期间，他每天都受到很好的照顾，大东旅社大名鼎鼎的厨房就专门为他制作了鸡蛋营养餐。在康复后，姚赵春还得到了升迁，成为永安公司保安队的小队长。他的职责相对轻松，主要负责看管新完工的宿舍大楼。背部受伤的职员赵祖佑，他康复后就不用再在梯子上爬上爬下地取放布匹。他获得了一个坐写字桌的新岗位。

总之，永安公司的管理层以人道关怀对这次突发的危机进行了很好的处理和回应。在爆炸事件发生后的几周，永安带头采取了两项措施：鼓励员工捐献爱国基金，用以支持前线的抗日军队；还力劝他们加入一个互助性质的公共基金，以防意外死亡。1939年，这一措施发展成为一个完善的员工保险政策。

然而，爆炸事件使永安公司的所有员工意识到，即使商业再繁荣，战争都已迫在眉睫。目睹死亡、流血、毁灭，所有员工的心灵受到重创。废墟可以清除，但这种心理阴影却将长久伴随他们。在1937年下半年，中国和日本的军队在整个上海开始了大规模的战争，租界的商业也开始萧条。即使在繁华奢侈的商场工作，雇员心中还是深刻感到不安和焦虑。

走向战争

职员队伍中，一些人决定投身战争。张庆生曾在上海西部的常州训练营接受军事训练。毛毯部的金松波和毛衣部的应寿曲，他们在江南的一个军事港口江阴报名参军。六个月后，卢金喜、李焕章、陈江给以前的同事写信，说他们已经完成了军事训练，在武昌一座寺庙待命，准备奔赴前线。

管理层显然支持参军报国的行为。一位糖果部的女职员决定到内地参加国军的时候，郭琳爽资助了她30元路费。同样，郭琳爽还资助另一位叫吴甘春的年轻职员，为他提供路费前往内地。吴甘春1932年被录取为永安公司的练习生，1937年底目睹家乡被日本人占领。"我的家都没了，独自一人在上海，沉浸在国破家亡的悲痛中，唯一的愿望就是要参加战斗！"[40]

吴甘春的感受也是当时上海许多白领的心声：在此战争时期，我辈应投身沙场，抗日救国。永安公司的职员与练习生很快行动起来，靠着彼此间的关系网络，投身尚未沦陷的广大内地，为抗战事业出力。孤儿杨明德由叔父抚养成人，后来加入永安公司，成为帽子部的练习生。1938年7月，他决定加入永安在内地的"同学"组织，在后者的帮助下，他又签字加入战时的服务团。他向总经理递交了辞职信，总经理慷慨地提供了路费。他买了单程船票，只是船只在起锚前遇上了风暴，必须再行维修，因此耽误了行程。等待上船的那天，他在岸上撞见完全被蒙在鼓里的叔父。家人大发雷霆。最后，他没有上船，而是回到永安公司继续工作，参军计划意外终止。

永安公司员工在内地持续大量报道战区情况。李毅离开公司加入军队，从1937—1938年将近一年之久，他写道：

> 我跟随军队离开了上海，先后到达江苏、浙江、安徽、河南、湖北、江西、湖南和广东，徒步进行长途跋涉。我在南昌接受军事训练，在南丰目睹战事，在九江遭遇围攻。无数次在枪林弹雨中出生入死，无论如何我还是活下来了。[41]

一位糖果部职员也经历了类似的长途跋涉：

> 4月7日，我坐上了开往宁波的德盛号，再坐公车到金华，在那里工作了两个月后又乘公车到遂安。我在遂安工作一个月，从那里搭上浙赣路火车，后来到了汉口停留半个月，希望在那里继续工作。但我在上海的父母非常担心一个年轻女子独自出行会被人占便宜，他们不断施加压力，最终我屈服了。8月21日我坐上粤汉铁路开往广州的火车开始回程。我在广州坐上开往九龙的火车，当晚坐渡船到香港，第二天一早，坐上开往上海的济南号客轮，最后在9月1日回到了上海。[42]

金华、遂安和武汉都是当时国军的主要基地。国民政府在那里征募新兵并加以训练，随后便将这些年轻人分配到军事医院、后勤、宣传和平民教育等不同单位。许多永安公司的员工纷纷加入了中原、长江一带的部队组织。

那些一度服役的人有着同样刻骨铭心的体验。张庆生在常州入伍。1937年12月初，日军进攻南京时，他所在的部队彻底溃败。"大部分的战友都牺牲了，剩下的人或者失散了，或者失踪了。"作为幸存者，他在从军四个月后就回到了上海。

回家之路

面对8月的爆炸事件，另一种选择则是躲避战乱。很多永安公司员工就此离开。1937年8月26日公司重新营业，有些人选择不再回公司工作。有些人回来参加了同事的葬礼或探视受伤的生还者，更多的人是直接放弃这份工作，回到家乡。1937年，公司对多数留下的员工的管理也比较松散。与此同时，激烈的战事绷紧了城市脆弱的神经，恐惧和废墟一样，无处不在。

永安公司多次提及员工"失职"的问题，并抱怨员工在公司最艰难的时候缺乏忠诚。9月下旬，公司要求所有员工都在本月底向公司报到，否则就会被永久辞退。公司向长江三角洲地区的所有员工寄发了写有上述内容的信函。永久辞退的威胁还是产生了一定效果，除了一位在爆炸中受重伤的员工，所有食堂员工都很快重返岗位。

在接下来的一年中，随着战事沿着长江向西扩张，上海又恢复了表面的平静。据说有40余位员工出面要求复职。这个数字约占爆炸前员工数量的10%。一些人述说，自己被退职之后，到其他地方谋生，但这些努力一一失败，所以他们再次回到永安公司的大门口。那些被辞退员工的说法直接或间接地证实了爆炸对公司的影响。爆炸动摇了公司的纪律，也改变了公司的管理基础。有一封信写道：

致尊敬的老板：

去年的爆炸使我的双手都受伤了，我在医院接受了治疗，但是还不能自己穿衣吃饭。这使我感到十分的尴尬和不便，不得已只好向公司请假，得到了您慷慨应允，还预先支付三十元薪水。我满怀感激回家继续休养，但不幸的是，我又感染了伤寒，因此不能早点回到上海。

我大致复原后，去镇上准备坐火车回上海，但是日军的轰炸又破坏了铁路，我数次前去问讯都只能失望而返。别无选择下，只能坐船从水路去上海，船到达周庄时，遇到大规模撤退的国军，使我们的船只只能回到无锡，在无锡待了几天，当地人们已经开始纷纷涌上道路逃难，以躲避即将迫近的战争。

我再次面临别无选择的境地，只好将家中的老小聚集起来，渡江到了对岸的宝应。可是我的妻子即将生产，不能继续这趟行程，必须找地方暂住，等待孩子的降生。这时我们很幸运地遇到了程先生，他是永安公司的老顾客，现在正担任江北地区国际红十字会副指挥。程先生收留了我们，吩咐我们待到孩子出生。我很愿意请求程先生给您写一封信证实这段时间发生的一切，但是他刚好被政府召至汉口参加会议。

此后，我带着母亲、妻子和儿女前往上海，准备回公司报到，继续工作。但是我却得到消息，说公司已经宣布政策，不再接受那些逃离的职员。

但是我的情况是因为受伤得到公司正式同意才离开的，这和那些逃跑同事的状况完全不同。

我在商业工作中长期得到您的指导和照顾，因此大胆请求您考虑我的特殊情况，允许我回到公司工作，使我的一家老少不再遭受饥寒。

我相当不安地在此坦诚一切，希望您能谅解我的处境，急切期待您的回复！[43]

丘金海的信共两页，用草书写成，用词颇为周正。当时，郭琳爽收到了数十封这样的信件。信中每个人讲述的遭遇不尽相同，但是大部分人在8月爆炸后希望第一时间赶回家中，与家人团聚。他们没能及时回到公司报到，并不是个人原因所致。日军的围困、国军的行动，以及家庭的复杂原因，耽误了他们的行程。而他们想要回公司工作的愿望一直十分迫切。现在，永安的薪水比什么都重要了：在兵荒马乱、烧杀抢掠之时，这一"孤岛"是大家心中的避难所。

彭宝生，1929年起就在公司的运送部工作，也写了一封长达5页的信请求重回公司。他在4月生病，在8月爆炸发生前已经在休病假，当时部门经理同意他的病假请求，他也出示公司陈大明医生开具的诊断书，医生的诊断书中说西药已经无能为力，因此，这位职员转而向中医于博敏求治，于大夫给他开了几帖草药和一些强制的建议。于大夫的药方治愈了他的部分症状，但是治疗的要求却十分复杂，例如，中药需要每天熬煮到水分充分挥发后再服用，同时要吃一些松软的食物以促进药物的功效。总之，于大夫强调要有妻子细心的照料，以及乡间新鲜的空气。为了尽快康复，彭乘船回到了家乡。9月23日，彭收到了永安公司寄来的一封挂号信。

彭宝生说：

我的妻子拆开信并读了信的内容。她见信中说的是关于解雇的事，于是把信藏起来，以免加重我的病情。一天我打开她的箱子找东西的时候碰巧发现了这封信，在看完信后我焦急万分。所有被解雇的同事都是在大爆炸之后逃离的，但是我的情况不同，因为我在战争爆发之前就一直在休病假。[44]

他在信中请求老板给予宽容，"您的大恩大德我们全家老少都会永远铭记在心"。

为了保住工作，8月大爆炸发生后离开的员工不得不找一些看起来合理的理由。1938年3月，余祖德致信说自己在爆炸中膝盖受伤，一直在上海寻求治疗，但是上海所有的医院和大夫忙着照顾伤者，因此他只好回到家乡常州找一位骨科专家治疗，这位专家刚好是他的亲戚。前化妆品部的员工谢济解释道，他8月去绍兴为母亲安排后事，这是早就排定的计划。五金部的周大昕陈述说，他离开公司期间在别动队接受军事训练，但由于国军撤出上海，别动队由之解散；周大昕认为自己只离开了几个星期，由于种种原因没有及时向公司请假。丝织部学徒杨乃珍承认在1938年1月逃离公司，但认为自己不是不负责任的人："我是家中唯一的儿子……七十二岁的祖母在听说上海开战之后，每天以泪洗面……在先施公司的爆炸事件后，母亲也整天焦急万分盼望我回家……家里人还专门派人到上海来接我……我没来得及向公司请假就和来接我的人一起坐上回家的船。"[45]

首饰部的谭扶尧也坚持说离开工作岗位并不是因为失职。他写道，工作14年来一直极为勤奋，遵守公司的一切规章制度，"小心谨慎，避免行差踏错"。战争爆发后，上海"风云突变，我的家在上海，女人和孩子一直十分焦虑和恐惧，不堪忍受"[46]。为了能集中精力在工作上，谭扶尧只好暂时离开，将家人送到了乡下安顿。

不难看出，8月爆炸后人们都很急切想要暂时离开工作。家在上海的人希望将家人安置到安全的地方，来自乡下的人则尽力减轻家人对他们安全问题的担忧。所有劫后余生的人也都希望得到家人的慰藉，尤其是那些受伤和受到惊吓的人，他们特别渴望家人的温暖怀抱。这种暴力和毁坏使人们有了新的思考模式，他们新的需求是所谓企业大家庭不能满足的。

在这几十封信函中，永安公司的员工告诉他们的老板，1937年的最后几个月他们一直冒着危险努力想要回到上海。当时从苏州和无锡到上海的路都已被日军封锁，宁波到上海的路则被国军控制，不允许任何壮丁离开。从长江外围区域回到上海的路途充满危险。人们随时可能遭遇横行霸道的军队，以及当地的土匪恶霸。在这样混乱的时刻，他们烧杀抢掠，却不会受到制裁。一位干货部的练习生正在江阴，听说日军正在逼近之后，准备护送母亲和妹妹离开。江阴政府设法将居民疏散到长江北岸的扬州，撤离的船只行至江心时却遭到日军炮火的轰击，很多船顿时倾覆，船上的乘客都落入江中。这位幸存下来的练习生幸运地在几周后和母亲重聚。他把这些经历告诉永安，希望公司有所通融。

为了确保公司在战争期间正常运作，永安公司的管理层制定了更为严格的人事管理制度。[47]即使致信恳求，很多公司员工还是在1937年末被辞退。在很大程度上，这也是因为战争进一步影响了公司的营运。30年代中期以来，经济持续衰退，永安的营业一直没有什么起色，商业利润微薄，资金和商品的周转也受到严重影响，永安公司的管理者要驾驭这样一个商业王国，就不得不精打细算。[48] 1938年，公司雇用了386个练习生来顶替那些被解雇的职员，这一措施增加了公司的人手，同时节约了薪水开支。但是这样一来，纯粹的劳动力取代了有经验的员工；知识与技能的传授不那么重要了，上下级之间不再有早先的师徒之情，而这一纽带在企业大家庭的道德建构中却相当重要。[49]

战争爆发后，为企业尽职与为家庭尽责不再能两全。早先，公司还大力推崇个人对家庭的忠诚和孝顺，但现在，员工如果把家庭放在公司之先，就可能被辞退。管理层要求员工具有牺牲奉献精神，以公司为先。爆炸后的几个月，公司严格执行了规则与规训。公司辞退了那些没有获得经理同意就擅自离开岗位的员工，理由都是他们疏于职守，未能恪尽忠诚。那些要求复职的员工则提供各种证据，解释自己离开公司后的所有行踪，提出的证据包括信件、医生诊断书、旅行证明、火车票，以及其他一些相关的签名表格和认证资料。他们希望证明自己严格遵守了公司的有关规定，对公司忠贞不渝。员工们最后意识到公司之所以整顿纪律，并不是为了维持勤奋、正直的道德原则，而是为了缓解投资者对公司经营的焦虑。这种猜疑进一步催化了员工愤世嫉俗的情绪，破坏了企业大家庭情感的纽带，更何况，永安也参加了战时的慈善救济，在爱国捐献时分明倡导分享付出的价值观念。在这样的大背景下，公司与职员间的隔阂越来越深。

失业与穷困

1938年冬天，长江三角洲的战争逐渐平息。那些逃难的人们开始回到家乡，清点家中的损失。很多人不仅失去了家园，也失去了自己的生计。1938年最初的几个月，大量难民不断涌进上海的外国租界。这个时期，超过几百万人涌入租界，其中约25万人进入租界中的难民营。上海集合各种民间力量，建立了200多个难民营，永安公司主要负责人郭顺和郭乐也协同基督教青年会，资助了4个这样的难民营，为2 600余人提供了住宿和食物。[50]随着激战逐渐转移阵地，上海租界中战时发财的与一无所有的人们形成了鲜明的对比。

金俊，一位毕业于松江中学的24岁年轻人，曾在松江电气公司任职5年，但现在却穷困潦倒，还得借用一位法租界熟人的地址寄邮件。

> 从上次爆炸中逃生以来，已经过去两个月了。我祖辈都生活在离上海约七十二公里的松江，那儿现在已经变成一片废墟了。我在战乱中和母亲、弟弟失去了联系，我祈求上天，希望他们在某个地方还活着……在上海，我是一个完全的陌生人……风餐露宿，没有任何亲戚或朋友帮助，我可能很快就要变成街头的乞丐了……总经理先生，请您可怜可怜我……我只需要一日三餐和一个容身之地。如蒙应允，无限感激。[51]

金俊在寻找工作的时候，王国英也在寻求帮助。他从浙江一所知名初级学校毕业，曾在报社担任过编辑助理，在商业领域也有相当的从业经验。然而，通货膨胀使经济压力陡增。他需要钱。就这样，他走进了郭琳爽的办公室，希望获得20元钱资助。然而，接待他的只是一名助理，后者草草拒绝了他的要求。愤怒之余，王国英写了一封长信抒发沮丧之情，信中提到孟子、孙中山，以及英国大使馆的救济工作人员。"如果你不打算给钱，组织慈善活动和表演来筹募资金有什么意义？"[52]

王国英受到的羞辱，比起年迈的龚复初先生的遭遇，或许就不算什么了。龚先生1895年就考中了秀才，在浙江省的行政机构效力20余年。浙江沦陷后，66岁的龚先生带着妻子女儿来到上海，生活陷入困境，他已经向浙江乡亲借了钱。龚先生到永安公司求职，郭琳爽将他的申请直接转给了广告部，这个部门应该会需要一些擅长书法和诗词的人。龚先生到公司接受面试，广告部主管要求他以"临渊羡鱼"为题作诗，这个题目是一句古语的前半句，后面半句是"不如退而结网"。龚先生没有多想其中的潜在含义，在几分钟内做出了一首古诗，但是这位主管只给了一块钱就把他打发走了。[53]

许多其他求职者同样前景惨淡。其中不乏交通部电报局的前雇员,曾经在上海市政府公共卫生局任职的上海基督教青年会中学的毕业生,许多小学教师,还有一位广州礼品公司的前秘书。这位秘书称自己为"愚人",他在求职失败后留下了一段怀才不遇的文字,其戏剧化的笔触颇符合当时流行的弹词。[54]

另一些求职者特别积极。例如,朱杰路,一位"穷困但受过教育的人",在1938年11月3日至1939年5月总共写了不下7封信,请求获得一份工作。此人34岁,江苏人,高中毕业,1923年起一直在上海不同的机构中工作,他"一直十分节俭勤劳","从不浪费时间或一点财富",小心地维持家庭所有成员的生计。战争爆发后,朱杰路失去了自己的工作,他回到晋江的家中,在那里目睹了种种人间惨剧,听到的则是不断的哀悼和叹息。

> 我们在水深火热中挣扎,生活完全处于忧伤和悲痛的黑暗中,我深深震惊,几乎不能控制自己的情绪。如果环境允许,我早自杀了,面对沉重债务和极度贫困,我已经耗尽了所有资源:热情、力气、有用的资助和朋友关系。我全家的生活都岌岌可危。[55]

在这样九死一生的境地中,绝望的朱先生遥想金碧辉煌、规模卓绝的永安公司,奢华旅店、娱乐大厅、纺织工厂、信用机构,以及琳琅满目的百货公司,这一切成了照亮他希望的灯塔。他表示自己愿意在永安公司担任任何职务——只要这一岗位不要求外语知识。信的最后,他祝总经理郭琳爽身体健康,愿郭琳爽与永安公司一样"长寿"。

很快,在11月8日发出的一封正式信函中,永安公司以"没有合适职位"为由拒绝了朱杰路的请求。[56]

然而,朱先生并没有放弃。他寄来更多信讲述他如何"深刻的焦虑和担忧""悲伤至死""情绪低落",以及"日夜不得安宁"。他小心翼翼地为自己的一封封信编号,乞求公司可以考虑他的"哀求",并焦灼地等待任何可能的答复。1939年5月,他全家七口人挤在法租界一家旅馆的房间中,用借来的文具写了一封信。他警告说,死亡的悲剧已经迫近,将使得家中老少天人永隔。他请求说,如果永安公司接受他,他会对郭琳爽感激不尽,这对于公司而言只是很少的付出。他还说,郭琳爽这么做就是慈悲的佛祖、仁慈的圣人和赐予生命的主。这封信之后,再没有关于朱先生的任何消息了,不知道最终他是放弃了写信，还是无法写信了。

对于上海周边地区的人们来说，在这样黑暗的战争时期，永安公司的光环愈加闪耀。卢希超是浙江嘉兴一家油厂的销售员和助理出纳员，一直梦想到"中国最大的百货公司"做一份有前途的工作。19岁的卢希超，从小学毕业后就开始工作，已经有了5年的工作经历。他称自己身体健康，吃苦耐劳，目前的老板一直很看好他，给他涨了50%的工资。他的家庭比较富裕，并不依靠他的工资收入，他也有一个"很有分量的人"，可以当商业保证人。卢希超称自己将毫不犹豫地用现在的工作换得永安公司的练习生职位，"因为在目前的环境中，在内地谋生有各种各样的限制"[57]。"我怎么能满足于在沦陷区每月十二元的收入呢？"[58] 但是同事如果知道我在申请永安公司的职位，"一定会嘲笑我，尤其如果我的申请没有成功，将来的事情就会变复杂"。因此，卢希超在信中请求"公司不要给我回信——因为公司信封上的标志会让同事们看出来——除非公司愿意录用"[59]。此后，卢希超又写了几封挂号信询问为什么还没有收到回复，似乎他相信自己很快可以得到肯定的回复。他在信中说已经得到允许，可以购买前往上海的火车票，一旦得到公司的回复就会搭上开往上海的火车。他最后的一封信说自己的旅行通行证快要到期了，相信公司的信很快就要到了。

求职者

1938年，江南本地的富豪纷纷聚集到租界的"孤岛"，商业快速发展起来。1939年末，当时南京汪精卫政府即将举行就职典礼，永安公司上报的全年销售额将近1 050万元，利润率为13%。永安出售的外国珍禽宠物每只150港元，十分畅销，这个价格相当于当时18斤大米的市价。珍禽的畅销并不能安抚职员的情绪，因为他们在每天12小时的工作中要接待近60位顾客。在之后的两年中，公司的利润率大约保持在13%到17%，到1941年甚至达到了25%。直到年底太平洋战争爆发，永安公司的发展势头才遭受重创，从此一蹶不振。[60]

1939年，永安公司新增加了100多位雇员；换而言之，公司雇员人数翻了一倍，达到800人之多，这也是公司在战争时期雇用人数的最高峰。新雇用的员工不少在1938年曾经不断申请，那些有经验、技能的人最终获得了工作。

　　1938年公司的申请者中不乏经验丰富却暂时失业的人，其中有初级或高级的职员，甚至有原先店铺、企业的老板，他们的产业在战争中毁于一旦。他们来自虹口、闸北、南市，来自茶室、印刷店、糖果铺、烟草铺和其他一些地方。他们讲述着关于爆炸、激战、焚烧和掠夺的故事。他们有的来自上海租界，像是摩登帽业公司和周瑟夫照相馆，他们的店面尚存，只是人去楼空。还有一些求职者来自南京路上的其他百货公司，例如在1938年6月倒闭的国货百货公司，以及在8月爆炸发生后就一直没有恢复过来的先施公司。[61]

　　与此同时，去永安公司求职的潮流也随着战事的推进而起伏。杭州陷落后，很多人参、茶叶、中药领域的资深员工便纷纷来信求职。天津陷落后，一些溜冰场的工作人员开始在基督教青年会寻找工作机会。日本人控制了北京至南京的铁道后，也有很多餐车的服务员和杂役向永安公司的西餐厅求职。汉口陷落后，奉派在汉口负责采购干货的广东同乡纷纷逃回上海，向永安的粤籍老板要求安顿。1938年10月，广州沦陷。几十个广州百货公司和贸易行的员工逃到上海，向他们在上海永安的老乡描述自己的困难处境。

　　工作的申请纷至沓来，江南本地的申请者跟广东旅沪的申请人一样多。其中四分之一的人初中毕业，另外五分之一的人念过甚至完成了高中学业。少数人曾在圣芳济书院学习。甚至一些从师范学校或中法语言学校毕业的人，也向永安提出了求职申请；只是他们对珠算与英语颇为生疏，恐怕难以获得工作机会。

　　约有半数的求职者是单身，并有小学文凭或职业学校的证书。他们的年龄往往在18岁至22岁之间，求职的意愿都是要做练习生。他们念的多半是一些半慈善性质的学校，譬如私立绍兴旅沪小学、广肇公学、私立民生小学、七星职业学校、基督教青年会英文夜校、中国职业教育会小学，以及各式商科或职业训练班。他们都来自底层的识字家庭，有基本的读写算和职业技能，大多一直在自己的家乡或内地省份工作。

　　另外三分之一的求职者年纪要大一些（在23岁至26岁之间），大多已婚，有些受过更好的教育。大多数人在贸易、航运、商业、煤气、食品、纺织品等领域的公司有过工作经历；工作职位则包括销售、盘点、秘书助理、商业信函、会计等。很多人本身就是公司老板的儿子或侄子，他们希望到永安这样的现代大型百货公司接受"职场培训"。在相对承平的时期，对于能力较强的员工来说，任职经年之后，那微薄的薪水、漫长的工时、紧绷的神经、忘我的工作终于带来回报。他们建立起自己的人脉，拥有一定的资本，了解生意的运营，甚至提供对供应商有用的讯息，让他们知道什么样的商品会畅销。陈某来自常州的一个商人家庭，回家经营自己的店铺前在永安工作了一段时间。来自常熟的庞杰，曾经在上海一间摄影室帮工，他边学做生意边学拍照技巧，在1932年回到家乡开办了照相馆。不幸的是1937年战争爆发，他的生意付之一炬，于是他又回到了上海，向永安照相部申请工作。

在上海，成千上万的生意人仰望永安十七层的高楼。那里闪烁的霓虹灯，是他们向往的职业顶峰。眼下，这些人可能栖身于租界的酒铺、古董店、扇子店、五金店、布店、百货店和批发店；他们睡在店铺的阁楼里、地板上，住在灯光微弱的房间里。他们还和人合租，房子大多位于人群聚集的大院、拥挤的弄堂、腐臭的河岸边，掩藏在法租界宏伟的主要大街背后。他们生活在街边，或者沿街的空地。他们与亲戚、同乡和学校同学保持着联系。他们有自己的供应商、债主、雇主、同事和顾客。他们分享报纸、杂志、租来的小说和连环画。他们一起听电台的故事节目，在街边的小摊吃饭，下象棋或者玩其他游戏，祈求能获得财运，也憧憬更好的未来。

1938年7月，19岁的严来根自称"哀求者"，写信给郭琳爽寻求一个练习生的职位。一年前，他曾经由赵先生介绍参加永安公司招聘练习生的考试，也获得了郭就的认可——郭就是郭琳爽的一位亲戚，也是永安公司的财政总管。但当时公司还没有职缺，战争在第二个月爆发了。严加入了军队的服务组织，负责将受伤的战士从前线撤离。11月国军从上海撤离后，严离开了部队，搬去和朋友住。将近一年的时间中，他当街头小贩谋生，这样卑微的身份对于一位中学毕业生而言是一种羞辱。严很难接受这一切，他向自己的朋友赵全会求助。赵是永安公司的职员，在他的口中，郭琳爽是一个乐善好施之人，是同情苦难同胞的慈善家。这重新点燃了严来根的希望。他写信给公司希望重新审查他参加应聘考试的档案。[62]

之后的一个月里，这个眼泪汪汪、可怜巴巴的严来根也建议其他一些青年给永安公司写信，乞求公司的同情。

尊敬的老板：

我是洪如全，十八岁，1937年8月战争爆发时，还是虹口金华中学的七年级学生，我的家乡被毁，全家带着很少的资产来到租界避难，一夜之间，我既失学又失业。

我父亲是邮政局的司机……1937年11月15日下午七点，父亲在从昆山到苏州的路上运送邮件时，被日本的战机袭击投掷炸弹，我父亲因此丧生。

此后，我亲爱的母亲、我自己，还有两个弟弟和两个妹妹就失怙了，只靠母亲做一点针线活养活全家。

仁慈的老板，这也许是我转运的预兆，昨晚，在经过北西藏路时，巧遇以前的同学严来根，我们已经很多年不见了。他说他现在在您的公司中工作，我满含泪水，向严讲述了我的故事，他也伤感落泪。他说您是一位伟大的老板，是我们时代的恩人。您对于那些深陷困境的同胞充满同情。严来根鼓励我告诉您我的痛苦，他说您会同情并给予我工作。

听到这些我十分开心，压抑不住激动，请您原谅我冒昧叨扰，我是一位可怜的请愿者，希望用自己的诚实、勤奋、节俭、奉献向您求情。我仁慈的老板，相信您不会吝惜您的同情和怜悯。[63]

另外一位18岁的孤儿，已经失学，也没有工作。在严来根的鼓励下，他也写信向永安寻求希望。

亲爱的老板：

昨天严来根说您的公司正在招收练习生，他说您是一位慷慨的人，对穷人有宽容的善意，我被听到的一切所触动，希望告诉您我的故事。

我很小的时候父亲就去世了，我母亲艰难的维持一家生计，去年战争爆发之后，我也从中学失学了……情况变得很艰难，我母亲在重重压力之下也生病去世了……这些天来是哥哥姐姐帮助我度日……我最尊敬的老板，请您同意给我一个职位，不胜感激。[64]

和严来根、洪如全一样，陈也毕业于虹口的一所半慈善学校（私立绍兴旅沪小学），当战争爆发时，他还是民生中学的学生，但是战争迫使他放弃了学业。这三个人是邻居也是同学，他们都从被战火摧毁的家乡逃离，失去了双亲之一。严来根在这个时候被永安公司录用，无疑使得在历经艰辛之后重聚的三位年轻人感到无比兴奋。洪和陈的求职信与严的求职信十分相似，不仅说话语气和行文结构如出一辙，甚至笔迹都是一样的。我们甚至可以推测，正是悲悯之中的严来根，在背后指导着同样身处困境的难民同伴。

进入永安

永安的招聘有固定的程序。经过初步筛选后，公司会让应征者参加进一步的考核，其中既有笔试也有面试。通过考试后，一旦有职位空出，就可以进入永安工作了。杨经参加了这样一次面试，但结果却不尽如人意。感觉到自己通过的希望非常渺茫，他还没等结果公布就致信公司：

> 我很希望为您公司工作，这也是我为什么来参加这次面试。如果您相信我的人，我会交纳三百到四百元的保证金……同时，我会在最短的时间内提升英语会话能力……我在小学就学过珠算……现在只会做一些基本的加减乘除……但我买了珠算学习的书，准备尽快学习……能否现在先给我一份适合的工作，我愿意先扣薪直到表现符合您的标准。[65]

面试的内容不只是英语、中文、算术与珠算。一位姓陈的先生写道：

> 老板：
>
> 请您告诉我为什么一个销售员的职位需要考查视力呢？是否意味着一个近视眼就没有资格担任职员？受过教育的人很多是近视的，而不识字的人倒是有鹰一样锐利的眼神。
>
> 我5月27日参加了面试，写了一封英文的求职信，并用英语回答了一连串问题，但是这个视力测试，却让我的努力都白费了！
>
> 您的公司一向有富有同情心的美名……这样的视力测试有什么必要呢？这是否意味着不会英语的人活该挨饿，不会数学的人活该挨饿，视力不好的人也该挨饿？[66]

永安公司希望它的员工"耳聪目明，活泼伶俐"。但面试并不能确保所有员工的身体状况都可以胜任未来的工作。练习生毕同伦在布料和服装部工作了三个月之后，汇报了自己的状况：

> 我从小就有一些听力障碍，现在已经影响到工作，尤其是和一些说上海话的广东人一起工作，我很难听懂他们在说什么。有时我正在专心工作，突然听到大声下达的命令，之前我完全没听到，这完全是出于误

解，而下命令的人会很生气也很挫折。知道我有听力问题的人会原谅我的行为，但是不知道的人还认为我是一个懒惰的人。"[67]

然而，在人事评估中，人品——如"诚实""可靠"的品质——最终比掌握相关技能与身体状况良好更重要。这是因为商店员工每天要和几十位同事一起摆放货物、经手现金、处理各种事务、管理进出商品、接待往来顾客、登记或结算账目。这一行业还要求所有练习生必须有一个担保人，为前者可能的过失承担责任。每一位职员还必须向公司提供相当数量的保证金，作为潜在过失的担保。永安公司要求新员工缴纳的保证金不超过几百元，这也是为了体现公司的宽宏大量。相较之下，对街的先施公司实施"无限责任"的规定，要求每位新员工缴纳上千元的保证金。

为永安工作

一旦成为永安公司的在册员工，练习生就可以获得公司安排的房间，并在公司食堂用餐。30年代中期，每位练习生都有冬夏两套制服，起薪是每月3.5元。初级员工也有制服、膳食的待遇，起薪则是每月12～15元，根据员工每年的表现，工资的数额还会有多次提升。例如，1939年象牙部有12位练习生和职员，年终的考评综合了很多相关因素，包括：去年的表现等级、今年的销售业绩、今年的表现等级和性格特点。张文贵，1939年被评为第一，这是他在公司的第十二年，基础工资已经从每月5元涨到了每月50元。对张的评价是："热情、服从、爱惜公司资产"，"在服务和销售中表现合宜"，因此在考核中获得了甲等。[68]

当然，那些表现不好的员工也面临着解雇的危险。每年除夕的尾牙宴会有一种习俗，老板会在这时宣布解聘的通知。在战争时期，永安公司的失业保障制度已渐渐形同虚设，这是因为具备相关资质的员工已大大超过公司的实际需求，公司内部阶层间的关系也日益紧张。在这样的背景下，高级的行政人员和部门经理可以因为一些小事随意解雇员工，尽管员工在最后时刻或许可以向郭琳爽申诉求助。

练习生邹金宝每个月的收入是7.5元，一天他在被同事羞辱后回嘴反击，结果被辞退了。练习生杜未兴（音）在溜冰场跟同事吵架，结果也被解雇了；家具部的练习生顾志红（音），因为在生意冷清时偷懒，被巡视的副总经理郭悦文发现，当场就被解雇了。[69]

出纳部职员徐亚燕（音）在永安干了4年，1938年3月1日，他和部门经理郭就起了争执。郭就认为一张10元纸钞是假币，但徐坚持认为不是。毕竟按照公司的规定，谁收进假钞谁就自己掏钱补上。在争执中经理说粤语而职员说上海话，语言的差异使得双方无法沟通。经理认定这位职员有差错，愤怒的职员也向总经理抗议，要求50元的遣散费。[70]

汤志高是一位出纳部职员，一天因为礼券数额出现差错，被记以警告处分，并被调往四楼。之后汤再次在工作中出错，他向管理层求情，说这是因为身体不适，并解释了如何收了一张10元假钞和一笔13元的坏账。所有的错误都由他承担责任。他从亲戚那儿借了8元，还希望从公司的账上借15元，从未来的工资中扣。负责出纳的杨先生拒绝这项请求，还训斥他的错误。他让汤志高交还自己的钥匙、印章和职员证。很可能这位主管因为汤之前的不良记录，怀疑他再度搞鬼。汤第二天就没来上班了，杨主管称他是为了逃避赔偿损失的责任。汤志高被迫回来澄清嫌疑，否则就很难在别处求职了。[71]

在宏大的建筑中

1939年春天，永安公司宣布他们要雇用一批粤籍女售货员，有30多位女子前来应聘，其中一位姓吴的小姐用英文写了一封求职信。

亲爱的先生：

冒昧写信，是想知道您的公司是否有我可以申请的职位。

我在上海沐恩堂完成了二年级的英文学习，精通打字，此外，我会讲普通话、汉口话和上海话，虽然没有经验，但在学校接受了很好的训练。

我今年二十一岁，广东人，能胜任艰苦的工作，很愿意在您的公司承担任何相关工作，并希望在工作中学习商业技巧，如蒙录用不胜感激。

期盼您的回复。[72]

女职员一般被分配到文具部、化妆品部、糖果部。一位陈沛芹女士在求职信上说：

> 我今年十九岁，来自广东惠州，毕业于培成女子中学，我会流利的上海话、北京话和湖北话，英语也很熟练。去年，我是汉口湖北街华新公司糖果部的职员，后来我和姐姐一起来到上海，在文华书店担任店员。
>
> 战争爆发后我失去了工作，我父母都去世了，只有一个姐姐和一个哥哥……很希望为您工作。[73]

陈沛芹写下的地址是小沙渡武定路武定坊五十四号，四个月后，1939年6月4日，这位陈小姐从小沙渡的同一个地址再次写信应征：

郭大班：

> 我是新新百货帽子部的职员……公司规定我在聘用期间不能申请其他工作。所以我已经辞职以便申请您公司的职位。我喜欢粤剧，但是在新新百货的工作使我很难有机会练习……我希望到您的公司工作，在工作之外也能发展自己的兴趣爱好……我拒绝了一份图书馆的工作，希望我的努力不会浪费。[74]

虽然严格来说陈沛芹两封信之间并没有互相矛盾的地方，但是两封信似乎给人两种不同的印象。关于她是谁，以及她曾做过怎样的工作，第一封信强调了糖果贩卖的相关工作经历，第二封信的重点是她的兴趣和热情——她不愿意只做一个默默无闻的职工，她爱好粤剧并希望走到聚光灯下，而粤剧正是郭琳爽最喜爱的家乡戏剧。

当时有几百人给永安公司写求职信，并焦急地期盼回复。对于那些有过硬关系的申请者来说，他们的求职信会和推荐信一起，通过特别的渠道出现在总经理郭琳爽的办公桌上。

一位股东送来一封连襟的求职信[75]，另一位股东推荐一位17岁的侄子到永安公司做练习生。[76]上海一位著名的总承包商陶桂林，在一封求职信上潦草写了"请雇用"的字。采取同样做法的还有郭琳卓，他是郭琳爽的兄弟，也是永安布料部门的总经理，也推荐了一位合伙人的女儿到永安任职。一位女士从香港来信，通知郭琳爽她指派两个女孩来上海永安工作。[77]一位商业合伙人也推荐自己的两位亲戚，"十九岁的杨爱梅和十七岁的杨爱兰，她们在贵公司香皂促销的广告活动中工作了两周，两姐妹很喜欢这个工作，希望申请相关的职位以赚取一些零花钱"[78]。老闸巡捕房侦缉队队长的侄女也写了一封英文自荐信，希望获得一个适合她才能的职位。[79]一位年轻女子因为郭琳爽已经答应她父亲愿意雇用她，所以到郭琳爽的办公室来拜会。卢振铎是一位律师的儿子，也是慈联会难民救济计划的负责人，他送来一位年轻女子的简历，还附上一张便条说会继续推荐其他求职者。

即使在战争的阴影下，永安公司出售的秀兰邓波儿丝绒娃娃每个标价52元，惠州泥人将近10元，蜜丝佛陀唇膏和小型松树都要10元以上。这些商品的价格几乎相当于一个练习生或初级职员几个月的工资。[80]永安公司的男性职员耐心地等待升职、加薪的机会；年轻女职员如果有一定的关系，或许可以快速成名。她们可以作为模特在公司的时装展上展示产品，从事光彩照人的工作。

一位不满的员工抱怨说，在永安公司这"辉煌的建筑物和优雅的环境内"，人事管理却是"停滞和过时的"——无论是雇用、赔偿、分派、评价、培训、升迁、训练或解雇。对于永安公司的职员而言，有很多原因会导致工作生涯"痛苦"而"没有效益"。男人和女人之间，广东人和上海人之间，说英文的人和受中国教育的人之间，年轻人和老年人之间，更不要说上级和下属之间，都有很多隔阂。升迁很慢，调动很少。公司等级是那样森严，忠实的工作难以得到赏识。对于长期在公司工作的资深员工来说，他们的子女不能像股东和投资人的亲戚朋友那样获得特殊照顾而被雇用。部门经理和管理监督者每月收入上百元，而大部分普通员工"却无法养活自己的妻子"[81]。一方面，公司高层用公司款项享受着各种奢侈品；另一方面，职员和练习生却买不起他们卖的那些奢华商品。公司产生了很多小集团和派系，或公开或私下通过各种手段试图增加自己的收入。一些职员抱怨说："很多在这儿工作的人都陷入一种悲观的情绪中，对自己的前景十分失望。我们不仅看不到未来推进的希望，一些人还决定走上一条腐败和堕落的道路。"[82]

1938年8月12日，淞沪会战爆发一周年的前一天，永安公司员工写信给郭琳爽发出请求，他们报告说，员工们已经从自己的销售和顾客捐赠中募集了3 000元，想要作为爱国贡献捐赠给国民政府，增加军事力量。此外，他们还通过自己的途径组织集会，纪念1937年8月23日爆炸案的遇难者。他们从每月工资中提出1％，组成一个共同基金，帮助那些遇难者的寡妇、孤儿和父母。而且，在爆炸一周年的当天，他们希望公司食堂只供应素食，以此作为一种哀悼仪式。这样一来，公司就可以省下一些餐费；他们认为这些钱应该划入帮助遇难者家属的共同基金。这笔费用应该公平地分配给所有遇难者的家属，无论他们生前担任何职、领多少薪水。[83]总经理同意了这个请求，这种员工自发的行为成为公司的常态活动，一直延续到1941年日本人接手永安公司。

在接下来的几年中员工持续发起一些活动，1940年8月，一批自称"冬衣运动的热情支持者"要求永安公司为前线中国战士捐赠冬衣[84]，那些战士是中国共产党领导的新四军。1941年4月1日"儿童节"，永安公司按惯例向富人小孩促销玩具、糖果、食品和衣服，有员工建议公司应该捐赠中国战争孤儿救济基金[85]，永安的管理者再次顺应民情。

然而，即使在支持抗日的租界的"孤岛"，有些议题还是比较微妙。提起这些议题的时候，空气中总有一种不祥的感觉。永安公司是否偷偷把日货贴上国货的标牌销售？永安公司是否要求自己旗下的广播电台不得赞美日本，或支持南京的汪伪政权？[86]每隔一段时间，总有一些匿名的指控浮出水面。虽然公司为抗战与慈善付出了很多努力，但还是很难免于猜疑；人们觉得自命为大家长的永安，即使在这样的时刻依然生意兴隆，想必是背叛了大众的利益。

银行业的战争

在上海现代经济体系中，银行业在战争爆发后也面临着与永安公司类似的局面，即新的大环境削弱了公司管理者的家长式权威，并使职员和练习生获得了更多的权力。

上海银行家的战争集中体现于重庆政府与南京政府在长江下游地区的货币之争。[87]中国银行维持在上海公共租界的营业，但是总部却迁往重庆。与此同时，它在敌军占领区的分支机构则变成汪伪政府中央储备银行的分支。蒋介石政权的支持者力挺重庆方面的官方货币法币；汪伪政府的中央储备银行发布了"中储券"，强行在上海推行。汪伪政府的金融家希望通过倒卖、囤积法币并对法币的持有者征收特别税等手段，来削弱重庆发行的法币。汪伪政府的秘密组织则展开了包括暗杀、爆炸在内的恐怖活动，以此胁迫发行法币的银行就范。重庆方面也以同样的暗杀手段进行报复，对中央储备银行的资产与经营活动采取暴力手段。上海的银行职员发现自己置身于一场关于货币的恶性激战中。

在战时恐怖主义的编年大事记中，1941年3月21日对于银行职员来说是相当重要的一天。"七十六号"（汉奸的特务机构）派出6个杀手，同时对3家银行的宿舍进行攻击。杀手们突破江苏农民银行宿舍楼的保安警戒，冲进宿舍，打开电灯，对床铺开火。5位银行职员当场死亡，还有6位职员因失血过多而昏迷。[88]当夜稍晚的时候，"七十六号"派出的汽车出现在中行别业，也就是位于极司菲尔路九十四号的中国银行宿舍大院。日本军警在一旁观看，汪伪政府的便衣特务冲了进去，在凌晨3点将银行职员从床上拖起来带走，扔进极司菲尔路七十六号的监狱。

第二天，南京警政部部长宣布逮捕了138位中国银行职员，并向媒体公布了所有人的名单。[89]以这些人为人质，"七十六号"的首脑李士群发表了对"重庆特务分子"的谴责，谴责他们对汪精卫政府人员的攻击，并且威胁将采取类似手段攻击所有支持重庆政府的金融机构员工。[90]南京政府的特务部门同时派出人马，向租界中支持重庆的银行投掷炸弹。许多银行惊慌地给租界巡捕房打电话，声称收到滴答作响的可疑邮包，很多银行建筑发生爆炸。[91]4月8日，南京政府当局终于释放了中国银行的人质，同时也对他们提出严重警告。然而一周后，不明人士用斧把南京政府中央储备银行的一名副主任杀死。[92]同一天晚上，"七十六号"的特工从中行别业捉走9位中国银行高级管理人员。几天后，"七十六号"把人质带回来，在所有同事和家人的面前，在中行别业前把其中3位以枪射杀。[93]血案之后，住在其中的77户纷纷搬迁，曾经为众人所羡慕的大院现在空无一人，由中央储备银行接收。[94]

街头的生命

由于许多银行机构都遭到了攻击，金融业职工于是自发踊跃加入互助联合会，其中最为活跃的是上海市银钱业业余联谊会（以下简称银联）。银联在1936年10月成立，是上海职业界救国会的成员之一。最早的时候有会员200人，两年后，发展成一个近7 000人的大型组织，成员涵盖了超过半数的上海金融业的从业者。会员通常是在下班后聚集在课堂、组织活动或讨论议题，他们之间的联系突破了金融机构之间的界限。如果说 20 年代上海的新型企业在各自内部推行上下分明的师生模式，这个协会则把不同企业的员工聚合起来，以兄弟情谊提供了交往的空间和基础。[95]

银联是上海"孤岛"时期最引人注目的市民组织。它的指导机构，包含了一个由 15 位银行高级职员和行会成员组成的"名誉理事会"与"顾问委员会"。这些人来自上海金融业的上层，包括中国银行、上海银行公会、钱业公会；他们代表了战争爆发后仍在运作的金融机构中的翘楚。银联由 15 人的常设委员会直接指挥，他们对一个通过选举产生的 52 人的理事会负责。新华银行经理孙瑞璜是理事会与常设委员会的主席，潘仰尧带领一个行政管理会协助他的工作。潘仰尧是四明储蓄银行经理，孙瑞璜与潘仰尧的合作可以追溯到 20 年代初，当时两人都在王志莘手下工作。王志莘则是新华银行的创始人，也是中华职业学校的前校长，《生活》周刊的前编辑。在常设委员会下面有 3 个部门（秘书处、总务部和会员部），另外还有 9 个委员会：学术、运动、娱乐、员工福利、合作、补习教育、实习、法律法规和出版。每一个委员会都有几十位志愿者和数量众多的会员，也有自己的秘书处、财务处、总务处及其他下属部门。

例如，员工福利委员会由 1 位主席、5 位副主席、35 位委员与 3 位秘书组成，共同负责 14 个类别项目的工作，即总务、行政、会计、社会事务、社团事务、商业事务、资料、顾问、论坛、公司、医药、卫生、门诊服务和配药服务。出版委员会负责出版协会通讯《银钱报》，同时还负责"银钱实习通讯社"。这个委员会也同样有来自协会不同部门和委员会的 100 余人担任"通讯员"，他们又来自上百个不同的金融机构。在组织规模与活动数量上不亚于出版委员会的是娱乐委员会，后者有京剧、话剧、音乐、象棋和娱乐（昆剧和评弹）等不同分支。京剧活动的组织者中就包括了包氏兄弟、笑蝶和游蝶，这些都是京剧名家，他们与银行社团有着长期深厚的联系。指导话剧组织的成员员工比演员多，其中的著名人物包括杨善同、王季深等，这些人对戏剧的热爱远远超过对银行工作的投入。[96]若论建制完善，则莫过于会员部。会员部在所有会员任职的银行钱庄机构中设置"驻地代表"和"驻地联络"的组织，也在整个银行业铺设了涵盖极广的人际网络。[97]银联将全上海 400 多家金融机构的员工联系在一起[98]，协会中的活跃人物主要担任多个委员会和下属委员会以及部门和下属部门的主任与高层。例如，11 人的法律法规委员会中有 4 人是这种情况。到了 1949 年夏，银联中最为活跃的积极分子纷纷以中共地下党员的身份浮出水面，参与接管上海。这个发展或许不会让我们感到意外。

银联公开的目标是"分享知识""共谋福利"，学术委员会开设了银行、书法等课程与讲座，但参加的学员很少，大多数时候都不到二三十人。语言课程教授英文、日文和俄文，但是会员们对这样的可以改善职业前景的实用知识反应平平。相反，银联图书馆每周借出上百本关于"经济"和"哲学"的书，这些书其实讨论的是关于财富分配的社会正义问题。娱乐委员会则组织了几百人表演节目救助难民。

同时，协会的消费者合作社宣誓要"促进国货的销售，抗击囤积和通货膨胀的影响"[99]。合作社与上百家零售店签署了协定，按折扣价提供商品和服务，内容涵盖钟表、化妆品、糖果、西药、文具、体育装备、布料、鞋、帽、书籍、茶叶、照相机、电器设备、煤、理发、洗衣店、餐饮等领域。[100] 合作社还发起了"福利储金"计划，加入储金的人每月付出一定数额的钱，这笔钱由上海一些重要的银行家、会计师、律师组成的委员会管理，基金运作相当成功，有足够的资源提供协会在慈善捐款、员工福利和失业补贴等各方面的开销。[101]

最受欢迎的组织是娱乐委员会下的话剧团，活动都能吸引三四百人参与，他们最重要的工作就是以公开演出的形式为难民募集善款。在"孤岛"时期，话剧组织所举行的活动使得银联在上海社会中获得较高的知名度。虽然话剧很少公开倡导支援前线的抗日将士，但日本占领军方面还是通过法租界公董局查禁了银联在当地剧院的演出活动。不过，这样的举动只是加强了这些年轻职员想要把话剧团坚持下去的决心。[102]

通过上述各种活动，银联使上海银行业从业人员的注意力不再局限于公司内部的从属关系，更让广大员工结识了其他单位的同行与同好。"联谊"和"集体"的概念代替了企业生活中的"勤劳"与"专业进修"。大家在业余时间一起参与活动，友善共处，而不必再听上级的老生常谈。

这个协会也聚集了希望获取"知识"的银行职员，他们常常探讨社会经济问题而非职业技能。为什么有这么多人正在因饥饿而死去？为什么少数特权阶级依然过着纸醉金迷的生活？这难道是正当的吗？上海是否已经堕落为罪恶之都，在利益面前正直与忠实一文不值？当日本占领区的中国企业家、教育家致力于维持企业与学校的运作的时候，他们是否成为侵略者的同谋？这些问题正是协会成员在舞台上、在出版物中讨论的焦点。

演绎社会公平

娱乐委员会主席吴礼门写道："在这个有着万种罪恶的城市中，我们就站在深渊边缘，都是在银钱业工作的，我们的心智培育显得尤为重要。"[103]

"孤岛"时期，上海的夜生活达到了一个新的高峰。沪西"界外筑路"的"歹土"属于帮会，每晚一掷千金的豪赌伴随着云谲波诡的政治阴谋。性交易也从娼妓业分化出各种不同的形式，性的交易充斥在各种商业娱乐中。[104]作为中产阶层的精英，银行职员希望自己能出淤泥而不染，他们极力在公司推广高尚娱乐，如吉他、长笛、弦乐、歌唱等。他们推崇放松身心、陶冶情操的娱乐方式。京剧的门槛较高：普通爱好者必须先接受相当专业的训练，然后才能在台上迈步演唱。相较而言，现代白话文演出的话剧更适合那些业余表演爱好者。1938 年，有 100 多人参加了话剧演出活动。第二年，人数又增长了 3 倍。成员们自己组成小组，管理剧团的一切事务，如化妆、剧本、服装、导演、公演、评论等；一些专业演员也加入担任顾问。一场大型话剧的排演需要几个月的时间；这期间也会上映一些一二幕的短剧，新入门的爱好者可以参与这样的作品演出。[105]

当时由业余爱好者表演的普通话话剧有《一杯牛奶》《生的意志》《白茶》等。这些话剧关注战时上海的人们如何解决日常生计的问题。[106]一个反复出现的主题则是物质利益与诚实道德之间的艰难抉择。《生的意志》的主人公之一是一位在银行辛苦工作的职员；他所在银行高管的儿子竟也追求他的爱人，这样一来他要么放弃工作，要么放弃爱情。那些有权有势的公司老板都是自私自利的人，他们没有原则，更没有责任感。他们的地位、财富与资历让他们可以做成很多事情，可他们却用这样的能力来做坏事。总之，富人很难成为社会公平的代言人，这与 30 年代早期商界推崇的观念形成了鲜明的对比。日本人很少出现在话剧中。[107]然而战争无疑开启了一个新的时代。[108]

1938 年 11 月，在银联第四次会员大会召开之际，银钱剧团经过四个月的排演，推出了曹禺的《日出》。剧团之所以选择《日出》，也是因为"它揭示了社会的黑暗面……披露了盛行于过去银钱业中的那种堕落和放纵的生存模式"。以前道德腐化的状态"和目前银钱业普遍的简单与朴素，形成了强烈的对比"。这部话剧的演出，既要揭示这种对比，也要"传达一种警示"[109]。该剧由夏风导演，演员都由银行职员担当，集中描绘了一个名叫金八的坏角色，他是一个有权势的金融家，把年轻人引入诱人堕落的势力圈子。[110] 剧终的时候，女主角陈白露说了她最后的道白："太阳升起来了，黑暗留在后面，但是太阳不是我们的，我们要睡了。"观众可以将之理解为无产阶级的力量正在升起，而资产家正在夜饮狂欢中走向覆亡。[111]

观众们显然知道，《日出》中罪恶的金融家并不属于过去，而是正活跃于当下。现实中无耻的叛徒与汉奸比比皆是。在那个时代，对敌人的恐惧与鄙夷交织在一起，人们做着妥协，出卖自己。荒淫的放纵与克己的坚守，这无关过往与现在；这说的其实是银行高层管理者和普通员工之间的对比。一位银联记者劳燕在看完《日出》之后写道："有人认为在这个时候上演《日出》，揭露金八这样的坏角色是多余的，但是，我却认为，很多观众都能从剧中看到另一层的深意，放眼看看我们所在的这个孤岛！在这儿有着比剧中的金八还要胜过千万倍的邪恶人物，他们罪恶的手掌握着我们的命运，我们应该如何去面对这个严酷的现实呢？"[112]

《日出》中自杀和死亡的场景，警告我们"一切附庸在恶魔身上出卖人格摇尾乞怜的傀儡们，一切没有反抗只向人低头的弱者们，是没有生存的余地的"[113]，除非他们奋起反抗，争回自己的位置。和当时时代背景联系起来，这出剧唤起了那些屈从的人挺起脊梁，为生存而战。

银钱剧团演出《日出》具有重要的意义，而且因为这出剧"是以银钱业的从业员，来演一个以银钱业为背景的戏，给我们银钱业的同人看"[114]。劳燕说，演员出演的都是周围环境中的熟悉人物，成功地展现了"早期银行圈子中那些黑暗和邪恶的细微情节"[115]。《日出》的演出大声斥责了私有财富不能有效地承担起社会责任，观众也认识到了这一点。资深银行家徐寄顾也是银行公会主席，他提到这出剧时说："人选适中，表情深刻，现身说法，堪为今日社会及吾业中人当头一棒。"[116]

同时，银联的会员们觉得自己占领了道德制高点，用佩苇的话来说："同时我们也知道在抗战序幕下，太阳已经出来了，这种战前时期金融界的黑暗已经灭迹。"[117]

佩苇指出，带来阳光的不是银行老板而是那些职员，只要战争继续，银行管理者就不可避免要在烟雾缭绕的房间中和汉奸、日寇讨价还价。银行的大家长不再是银行业高尚人格的守护者。底层的银行职员不仅在抗敌的过程中保持了爱国热情，还将继续反对那些因为自私的物欲而背叛大众的资本家。是这些普通的员工，而不是顶层管理者，在努力坚守社会公平的理想。

从大家长到资本家

1945年抗战结束。时隔五年，国民政府从重庆回到了上海。外国租界成为历史，国民政府的警察机关，包括军事委员会调查统计局的特务组织，接管了城市。同国民政府一起回来的，还有国营银行的管理者和职员。他们带来了战时在四川招募的新员工。这意味着战后政府所有的金融机构中都有两套班子担任同样的职务。

国民政府以汉奸罪起诉了战时上海金融界的一些重要人物，如上海中国银行负责人吴蕴斋、交通银行总行负责人钱新之、上海银行公会负责人林康侯。那些和汪伪政府合作、在商品控制管理会任职的私人企业家，也一并受到处罚，他们中大多数人的财产被没收。国民政府赦免了企业中的高级员工，但对每个机构中的人事进行了彻底的重组，其中甚至包括上海基督教青年会的董事会。在国民政府宣布胜利的关键时刻，其对地方机构的全面洗牌让许多上海的幸存者希望幻灭，他们倍感紧张与怨恨。金融业陷入了深深的不安。重庆的胜利者回来了，而那些"非重庆"的上海本地人突然发现自己要面对新的对手、竞争者——那些随时会起诉自己、宣示国民政府权力的人。和汪精卫联系紧密的人都已逃往香港了。重庆方面的权力延伸到上海的每一个角落，再也没有外国租界横亘在金融精英与中国政府之间。

1945年10月5日，新新百货公司一位被开除的前雇员舒月乔在公司大门口竖起一张大字报，控诉公司总经理李泽充当汉奸、通敌卖国的十大罪状。[118]公司叫来警察，以"妨碍公司营业"为由将他带走了。三天后舒月乔再次出现，毫无惧色地向警察递交了一份准备好的指控。

新新百货公司的一些中共地下党员注意到舒月乔的指控，他们给左翼刊物《周报》写信报道了这一事件，落款名为"新新公司全体员工"。他们宣称新新百货公司总经理是汉奸，还列举了其他罪名，称国民党当局不愿意对他采取行动，这种拖延证明国民党和这些汉奸是同谋。《周报》公开了这封信，报纸很快传遍公司。

1945年11月初，舒月乔把对李泽的书面指控送到国民党第三方面军指挥部。1945年11月底，国民政府公布了针对这类来自基层的汉奸诉讼的处理办法。12月初，舒月乔再次来到新新百货公司的大门口，在围观的人群中公开斥责总经理李泽在战争期间的罪行，他再次被警察以"妨碍公司营业"的名义赶走。于是舒月乔在路边支起一个算命的摊子，作为发表演说的讲坛。他写了一个牌子挂在脖子上，以大字报的形式继续控诉李泽，他挂着这个牌子在路口四处游荡，攥紧拳头，大声斥责。

12月底，新新百货公司的地下党员组成一个十人小组，决定以法律程序起诉总经理李泽。这个小组把舒月乔也纳入其中。为了证实李的通敌行径，他们仔细研究了公司的财务记录，研读了战争时期的报纸，收集了旧照片。例如，战争期间的金属交易记录似乎有改动，而这些金属很有可能供给了日本军队。也有报纸文章指出，李泽是全国商业统制会的傀儡。这个十人小组在他们的同事中发起一场活动，得到了350个签名支持。1946年1月初，也就是春节前的几周，这个小组在南京路上贴满了反对李泽的标语、宣传画和海报，各种标语几乎贴到了李泽私人住宅的大门口，新新百货公司的橱窗上也被贴上了这样的海报。上海其他一些百货公司如永安、先施、大新、国货、丽华的地下党员，也在自己的公司张贴反李泽的海报，显示了他们的团结一致。这场挑战权威的反李运动，扩散到整个南京路的周围地区。

当时，这一事件占据了上海各家主要报纸的重要版面，报道也引起了政治高层的注意。沙千里是知名的律师，1936年因七君子事件入狱（见第五章），此时特意前来访问。在摄影记者的跟随下，沙律师表示愿为新新百货员工提供法律服务。沙联系了一个市民协会，即"汉奸审查委员会"。1月7日，负责审查汉奸的官员召开了一个新闻发布会，新新百货员工在审查官的支持下公开谴责总经理李泽，呼吁起诉李泽，要所有战争期间的受害者站出来检举他，还呼吁没收李泽的财产以帮助那些失业者。同一天，上海市市长钱大钧命令警察局负责人宣铁吾将李羁押起来。[119]

为了继续在这一事件上施压，中国共产党上海支部汇集了来自24个工会的成员，组成了"支持控诉汉奸李泽小组"，其成员包括百货公司职员、汽车技工、裁缝、理发师、服务员、餐厅侍者和面条厂的工人。这个组织也控诉永安公司副总经理郭顺是汉奸，因为郭顺与李泽一样是全国商业统制会的成员，也曾为日本的战争机器提供物质支援。郭顺逃往美国。另外一些公司——例如泰康食品公司、康源罐头厂以及生生农场——的员工也站出来指控他们的老板是资本家和汉奸，呼吁对这些人进行审判。[120]

李泽的名字曾出现在全国商业统制会的成员名单上，这是否就意味着李泽出卖了自己的祖国呢？为李泽辩护的人认为当然不是，否则任何在检查站曾经被迫向日本士兵鞠躬的人都可以当作汉奸了。对李泽在战争期间的行为的指责是否公平呢？又或者，在1945年指控他的人其实追求的是自己的经济利益，整件事本质上是"劳""资"之间的纠纷？有一段时间，国民党市政当局、法庭和警局方面都倾向于后一种解释。他们愿意想象，大部分新新百货的员工被一种错误的观念蛊惑，以为这样就能提高自己的生活水准。如果李总经理屈服于这样的勒索，舒月乔就不会再坚持说自己的生活被毁掉了，而会满意地离开。[121]然而，惩治汉奸的爱国主义话语，在与维护社会正义的感情合流后，就汇成了一股新的力量。它很快超出了国民党所能控制的范围，凌驾于当局所采取的保留意见之上。

李泽案于1946年开庭。原告聘请了沙千里和沈钧儒担任律师，提供法律服务。这两人是救国会资深领导者，同时也是"七君子"的成员。被告方聘请了陈霆锐和章士钊担任律师，两位都是著名法律专家和议会制度的设计者，非常了解外国租界和重庆政府方面的庭审体系。这场审判进行了半年多，双方进行了激烈的争辩。每次开庭，员工协会的几百位成员都挤满了法庭，他们大声呼喊、怒吼，制造嘘声，另外还有四五十位新闻记者全程报道了审判过程。上海市委党史征集委员会的党史资料在几十年后记载了这个事件，资料指出"听众情绪激昂，法庭的氛围十分紧张，甚至辩护律师也感到了压力"。当陈霆锐和章士钊列举李泽的爱国行为时，那些激烈的质问者发出嘘声，称他们是汉奸律师。党史专家指出，听众在当时展现了自己的力量。他们的策略是将法官和政府的检察官置于人民愤怒的重压之下。[122]

1946年6月，地方法庭宣布了审判结果。经过反复取证，法庭宣判李泽参与全国商业统制会罪名成立，但考虑到李泽的爱国行为，予以从轻处罚。这是因为军事委员会调查统计局提供了确凿的证据，表明李泽在战争期间在浦东帮助与掩护了国民党特务和游击部队。[123]最后，李被判处三年监禁并被没收全部个人财产。

不幸的是，这一裁决并没使双方满意，双方继续上诉。新闻发布会、集会与工会活动此起彼伏。1947年9月，李泽案的终审在江苏省高等法院开庭，新新百货员工中的共产党员及积极分子又一次发动群众，在"公共舆论领域发起抨击活动"[124]。他们在南京路的各家百货公司张贴了标语，如"严惩汉奸李泽，为抗战期间牺牲的军民讨公道！""没收汉奸财产，充实国库，救济失业！""不能让汉奸李泽逃脱，关注9月30日的审判！"[125]李泽再次被宣判有罪，处以三年监禁和没收财产。不久后，他被悄悄地释放了。[126]在最后的审判后，新新百货员工则公开反对支持总经理的董事会，迫使董事会将李泽的名字从公司名单中删除。[127]

40年代末，通货膨胀再次袭来，对于上海的百货公司与银行系统来说更是多事之秋。员工组织起来发起抗议，要求提高工资与生活水准。此时，公司员工反抗老板的方式，并不是要求彻底改变阶层制度，而是要求企业切实关注员工的家庭需要：一家老小需要赡养，营养不良的练习生没有早餐，负担沉重的职员每天以健康为代价辛苦加班。公司的等级制度不一定要废除，但必须要有改革。抗议者不断申述自己的诉求，由此公司的管理者也失去了他们的道德权威，毕竟是他们让自己的员工陷入无法满足基本生活需求的困境。一个成年子女应该能够埋葬死去的双亲，工作的父母应该能够照顾生病的子女，这些是人之为人最基本的需求。不能顾及这些员工需求的管理者便不再是家长，而只是资本家。他们将公司的收益放在员工的基本需求之前，因此也不再能够要求员工尊敬自己。现在所需要的是一个能够在经济体系中重建道德准则的机制，使得那些小市民能够诚实工作并承担起家庭的责任。

从职员到共产党员

40年代后期，共产党在职工协会中扮演着极为重要的作用。过去，学者们大都认为，战时的地下抵抗和汉奸投敌促成了这一变化。然而，尽管战争推动了许多新的变化，但这并不是上海转向社会主义的原因。在上海，共产主义的种子早在1937年战争爆发之前就种下了。即使没有这场战争，也会有许多左翼人士投身社会主义运动。然而，若不是战争造成了严重的破坏，历史可能会以其他方式展开。战争使得一大批受过良好教育的年轻人流离失所。在这个过程中，他们有了新的想法并选择了不同的道路。最终，战争使

40年代的大众转向了社会主义。

我们可以简单地追溯顾准的一生，作为一个例子。1927年，顾准成为潘序伦立信会计师事务所的练习生，后来在潘序伦的推荐下成为上海商科大学的经济学教师。顾准在1940年离开上海去了共产党的根据地。1949年，在共产党胜利后，他以接管小组中的专家身份回归上海。

顾准是上海人，1915年出生于城郊的陆家浜。他是父亲陈文纬（1873—1944）的第五个孩子，也是母亲顾青莲（1885—1979）的第三个孩子。这不是因为他的父母再婚，而是因为父亲娶了顾家的两姐妹。因为顾家姐妹是家族扇子店的唯一继承人，所以顾准父亲同意和顾家妹妹生的孩子随母亲姓顾，这也是顾准有时会被称为陈准的原因。[128]

陈文纬留下了很多子女。顾家姐姐死于1928年，育有4子1女，顾家妹妹比姐姐多活了60余年，有3个儿子和2个女儿。10个兄弟姊妹中最大和最小的年纪相差20多岁，出生年从1902跨到1926年。顾准视自己为生母的长子，却也是父亲的第四或第五个孩子[129]，他身处于一个复杂的家庭网络中。在这里，并不是每一个小孩都能拥有平等的权利。

陈文纬不擅于生财理财，他的产业接连倒闭。到了1924年，顾准的外公去世，外婆也搬入陈家。此时陈已经负债累累，家庭陷入了危机。女人们做一些缝洗的工作补贴家用。虽然人丁很多，工作机会却很少。成年的兄妹间常常为了一点小事无情地斗嘴和争吵。[130]顾准后来形容自己出身于"破产的中等资产阶级家庭"，这体现了他家庭中的伦理和经济本质。[131]

顾准一家搬到南市南边，靠近葛元煦逛过的19世纪的露天商场，那里没有路灯，也没有自来水。顾准和兄弟们进入设在当地寺庙中的慈善学校学习，后来通过了中华职业学校主办的小学入学考试。中华职业学校的课程旨在为学生的职业生涯做准备，但是每学期需要交纳20元的学费和书费，在当时可谓相当昂贵。在学校学习了两个学期后，10岁的顾准被迫放弃了。校长王志莘，后来的《生活》周刊编辑和新华银行经理，没能为他争取到学费减半的待遇。但是王志莘把顾准推荐给了自己的朋友，在美国接受了教育的会计师潘序伦（见第二章）。1927年7月，顾准12岁时加入潘序伦的会计师事务所做练习生。[132]

潘序伦的会计师事务所，也即30年代以后享誉全国的立信会计师事务所。当顾准成为练习生的时候，事务所还处在草创阶段。顾准是第一位练习生，负责接待和送件。他学习了中英文打字，按照公司和商标法规处理登记事务。1928年春，潘序伦开办了立信会计补习夜校，顾准在那里学习簿记课程，他也开始逐渐担任会计和审计的初级助理。[133]

顾准的职业发展和作为会计学校的立信的发展基本同步。在潘的监督下，顾准最初负责批改立信学校学生的作业，后来担任抄写员，为潘序伦准备讲义和教学材料。他是潘序伦著作的校对者，也是印刷和出版的联络人，后来这些著作作为"立信会计系列"由商务印书馆出版。学校很快增添了以邮寄为媒介的函授课程，并且新开了许多不同科目的课程。1931年，顾准成为一位讲师，第二年，他编写了自己的第一本关于银行会计学的教科书，这本书也出现在"立信会计系列"丛书中。他开始负责立信的教学事务，也被选为立信校友会的委员。这个校友会成立于1929年，出版了会计季刊和校友会通讯，还定期组织公司考察和校友会聚会。此时立信的校友群体不断壮大，他们中的大多数人后来成为上海金融界的员工。作为校友会委员的顾准，有了得天独厚的机会来拓展自己的人际关系。

1927年，顾准在事务所任练习生时的工资是一个月4元。到了1930年，他的月薪已经达到30元。这个收入已经足够使才15岁的顾准供养一家七口的生活，而他自己的三餐都由事务所提供。[134]在固定的薪水之外，他还从事务所的利益分红中获得一些奖金，到1932年初顾准不再是一位练习生，每月的奖金收入已经超过了薪水，他出版的第一本书也获得了800元的版税。1934年底，顾准20岁，已经可以每月给家里上百元的收入。这些钱不仅足够支付他弟弟的学费，也可以让他母亲过上好生活。[135]

顾准是孝顺的儿子和勤奋的员工，但周围世界的罪恶与不公让他严肃而沉郁。他如饥似渴地阅读各种书籍，因为工作的需要，也因为生存的焦虑。他与商务印书馆商议，让他进出版社的图书馆；这是当时上海最好的图书馆，汇集了许多经典图书和现代读物。他又因为负责联络会计类图书的出版事务，所以认识了商务印书馆的很多年轻的印刷工人，跟他们联络密切，这些人正是上海工人组织中的激进分子。[136]

顾准每天晚上都花很长时间在图书馆读书，自学会计知识以完成教学和编辑图书的任务，同时他去图书馆，也是为了躲避家庭的种种问题。他最初的兴趣是与银行、会计有关的"经济学"，很快就扩展到对社会正义与整个经济体系的"哲学"反思。他自学了英语和日语，他借来弟弟的《中国论坛》，上面有关于苏维埃的报道。他很关注《读书月刊》上关于"社会历史"的讨论，他也学习了河上肇的《经济原理》。周末，他去江湾劳动大学拜访原先中华职业学校——这是无政府主义者和工会运动分子的据点——的同学。在劳动大学，顾准开始了解克鲁泡特金（Kropotkin）和巴金[137]，这些经历使他认识到是劳动而非资本创造了价值。[138] 然而在立信，受过美国教育的潘先生建立了这样的制度：立信的知识劳动者必须签字放弃个人著作和翻译书籍的版权，把权益转给事务所，由事务所全权处理出售、出版、发行和利润分配。而事务所半数以上的股份其实在潘序伦一人手中。

1934年冬天，顾准召集了十位以前的同学和现在的同事，组成了"进社"。成员来自中华职业学校、立信会计学校、立信会计师事务所和立信校友会。大家每周在顾准家的厨房聚会，讨论书籍和当时的时事。这个组织有来自中华职业学校和立信的职员精英，也有印刷工人与无线电技术员。大家都对"经济"和"哲学"很感兴趣。可以说，这是一批热爱思考的年轻人，来自破产的中等资产阶级家庭，他们渴望知识也了解贫穷。用顾准的话说，他们一度都希望改善自己的"职业生活"；进入30年代以后，随着城市商业的衰退与日本的逼近，他们发现自己前途渺茫。[139] 虽然他们知道国民政府做得不对，但是他们也不确定什么是最好的解决办法。

这个草根组织当时并没有得到共产党的指导，但还是很快发展起来，聚集了职业课程（商学团成员）与夜校中最好的学生。基督教青年会夜校的学生也加入进来。半年后，进社的会员增加了一倍，还在常熟设立了一个分会。这些眼下困顿却又雄心勃勃的学生总是秘密聚会，还传阅一些左翼的读物，由此很快就引起了国民党当局的注意。在当时，持有这些查禁读物是违法行为。1934年末，顾准被迫离开南市的家，到外国租界避难。在那里，因为潘序伦的介绍，他在中国银行会计部出任主管。这个任命确定了他作为会计师的地位，也提高了他的声望。顾准在这个职位上工作了半年多。这段时间里，他每天有超过6个小时的时间在算盘上度过，反复核算上百个分行的交易账目。30年后，顾准告诉质问他的共产党审查者，银行的任务"乏味和费神"，他在银行的同事大都"驯良和顺从"，而主管是"自负的官僚"。在共产党的语境中，这种对资产阶级与国民政府精英机构的抨击可谓十分合宜。[140] 顾准将自己描述为一位懒惰和迟缓的银行职员，对自己的职业发展没什么兴趣。尤其在夜晚，他完全沉浸在当时的时事和最新的社会哲学著作中。这应该是当时的真实情况。当顾准回到潘序伦那里的时候,潘序伦已经知悉他面临困境,于是派顾准出差以躲避警察,还鼓励顾准继续写作、编撰、翻译和出版图书。

顾准的进社成立的时候,共产党的城市组织正处于被破坏的时期。1932年,中共中央在前一年的顾顺章事件后,为形式所迫,决定撤离上海。这是因为顾顺章这个叛徒向逮捕他的国民党军统局供出了共产党的秘密处所和联络渠道,导致了上海地下党组织的全面破坏。中共中央重新在江西建立了苏维埃政权。[141]留在上海的共产党员和党组织保持着不规则的联络。直到1936年,来自北方的刘长胜和潘汉年抵达上海,成立共产党江苏省委,为上海的地下党组织与延安的中共中央重新建立了组织关系。顾准的党员身份,因而是透过1932年前中央在上海的组织而确立的。他隶属于周扬主持的"文委",因为顾准算是写作者。

进社是一个"自发的马克思列宁主义组织",正如毛泽东曾经预言,是从人民大众中主动萌发出来的。社员们在1934年12月9日,也就是"一二·九"抗日学潮这个"历史转折点"的前夕发现了党。[142]当时党组织以两个名义展开活动,即"远东反帝同盟"和"中华民族武装自卫委员会"。[143]几十年后的"文化大革命"中,顾准才知道30年代中期的上海共产党组织中有一些叛徒。因为他们的出卖,1935年地下党组织陷入瘫痪,大批"中华民族武装自卫委员会"成员与省委临时委员会成员被捕。六个月后,当大规模抗日学生运动在许多城市爆发时,上海党组织虽然想要融入新的爱国政治浪潮,但是却感到捉襟见肘。

当时李公朴在基督教青年会主持夜校与读书班(见第六章)。1934年夏天,顾准和他的朋友们加入了第一班。这个班有五个小组,总共有200多个成员,每个小组都阅读指定的材料,在周六聚会进行主题讨论,这个读书小组的成员包括量才补习教育学校的学生。这个夜校由《申报》创办,以其惨遭暗杀的总经理史量才的名字命名。许多讨论围绕中国的未来而展开。顾准和他的朋友们加入不同的小组,都被选为班级的领导人,他们在周日又作为进社的成员在一起聚会。进社因而掌握了这个读书班的话语权。在第一期基督教青年会读书班的毕业典礼上,顾准发出了"抗日救国六大纲领",他的同学们热情地拥护他的看法,一些同学还加入了"中华民族武装自卫委员会"。

30年代中期，随着中日矛盾的激化和全球经济的恶化，越来越多的上海小市民在《生活》周刊与《读书生活》(见第五、六章)的影响下开始批判地看待时局。邹韬奋和李公朴为武装抗日而大声疾呼，唤起了广大职业青年的爱国热情。读书小组成为很多职员业余活动的核心，职工协会纷纷成立，如上海银行业职工联合会、上海百货业职工联合会、上海贸易业职工联合会和上海海关职工联合会等。其中上海海关职工联合会拥有相当数量的中华职业学校的毕业生。1936年，爱国主义达到高潮，这些联合会又共同组成了上海职业界救国会。[144]此时的顾准，已经成了高级别的地下党骨干，直接向共产党江苏省委员会汇报工作。几十年后，顾准在为自己辩护时指出，1935年武装自卫队、省党委等组织虽然遭到破坏，但是共产党依然在领导爱国运动中发挥了重要作用。

　　顾准后来回忆说，自己从十几岁开始，就很容易发怒，一点小事就气得跳脚。他的这个脾气，颇考验他在党内的领导刘长胜的耐心。顾准也曾尖锐地反驳过潘序伦，争执到最后，这位老板对这个练习生说："我比你的老子对你还厚。"[145]顾准承认潘序伦这位大资本家、会计师、国民政府代理财政部部长，对自己始终呵护备至、宽容有加。在30年代，潘序伦就已察觉到顾准的左翼倾向和活动，但是他选择将这个叛逆青年庇荫在自己的羽翼之下。以当时的标准，他提供的薪酬与待遇可谓相当优厚。潘序伦热情地赞扬顾准的天赋，欣赏他无穷的干劲。他为顾准提供了各种条件，让他可以学习、教学、读书并出版作品。在潘序伦的推荐下，顾准获得了大学教师的职位，并在专业期刊上发表自己的文章。同样，在潘序伦的支持和信任下，顾准很快在会计师事务所崭露头角。当顾准逃亡以躲避国民党特警的追捕时，潘序伦依然支付他不菲的工资，使得顾准隐居期间也能持续读书、写作。1940年冬天，顾准和潘序伦离开了"孤岛"，分别前往延安与重庆，走上了不同的道路。在告别宴会上，潘序伦流下了眼泪，而顾准却没有流露出感情。"文化大革命"期间，顾准在审问中交代旧社会时期与权贵间的关系时才将这些细节披露出来。

　　毫无疑问，潘序伦向家境贫寒的练习生伸出了援助之手，帮助顾准得到了很好的发展，但这并不是说潘序伦没有"剥削"他。到了50年代，包括顾准在内的前立信职员仍然坚持自己数十年来的习惯，无论在书面语中还是在口语中都称潘序伦为"师"。这是因为立信所有其他职员和顾准一样，都曾在潘序伦门下学习。在使用这个旧式称呼时，顾准只是遵循党的指示，表现了一种礼貌的姿态。[146] 在顾准方面，这并不意味着他实际从潘序伦那儿学到了什么知识："如果说我在资产阶级会计学范围内，在写作上算是有过什么'成就'的话，我敢肯定地说（我相信，立信的同事都会承认这一点），这是师承我班上学生的结果，'师承'我所阅读的许多书籍的作者的结果，决不是师承潘序伦的结果。"[147]

顾准以共产党员胜利者的身份返回上海，协助当时代理市长潘汉年的工作，但这对他的政治前景没有帮助。1957 年，顾准被划为右派，1966 年他再次被定为右派，并因 30 年代的活动而受到审判。

在顾准自我反省的档案材料中，他追溯了早年生涯，并说明自己对党的事业忠贞不贰。顾准并没有否认潘序伦是他主要的资助人和雇主，他也承认潘序伦始终支持着他。如果没有这位民国时期的重要会计师，顾准的人生应该会走上别的方向。同时，顾准努力说明，潘序伦的行为也是经济利益使然，并且公司给他的报酬远不能和他真正贡献的价值相比。换而言之，潘序伦是一位资本家，他所做的一切并没有超越资产阶级的行为逻辑。他的行为尽管披着家长式的关爱面纱，但在本质上依然是资本的算计，以及对劳动者的剥削。

潘序伦和顾准在 1949 年返回上海后还有过短暂的交集。潘序伦曾提名顾准担任立信会计学校的校长，但是顾准拒绝了。当时作为一名共产党员的顾准，已经不能接受这种私人的任命。一个新的政权已经建立，潘序伦的举动，与其说是对顾准的肯定，不如说更像是一种自保。

40 年代末，上海小市民找到了他们的新位置。他们选择了共产党。获胜的共产党承诺要坚持社会公平的原则，并按照个人的价值制度化分配利益。数十年来，大家长们以自己的方式实践资本主义的时代就此结束。

注　释

　　1　参见叶文心：《上海围城：1937—1945》("Shanghai Besieged, 1937‑1945"), 载叶文心编：《战时上海》(*Wartime Shanghai*)，伦敦、纽约：劳特利奇出版社，1998，第1‑17页。

　　2　参见理查德·亨利·托尼：《中国的土地和劳工》(*Land and Labor in China*)，纽约：八边图书 (Octagon Books)，1972。

　　3　参见叶文心：《上海围城：1937—1945》，载叶文心编：《战时上海》，第1‑17页；安克强 (Christian Henriot)、叶文心编：《在旭日的阴影下：日本占领下的上海》(*In the Shadow of the Rising Sun: Shanghai under Japanese Occupation*)，纽约：剑桥大学出版社，2004；魏斐德：《上海歹土：战时恐怖主义和城市犯罪，1937—1941》(*Shanghai Badlands: Wartime Terrorism and Urban Crime, 1937‑1941*)，纽约：剑桥大学出版社，1996；傅葆石 (Poshek Fu)：《消极、抗日与通敌：沦陷时期上海的思想抉择，1937—1945》(*Passivity, Resistance, and Collaboration: Intellectual Choices in Occupied Shanghai, 1937‑1945*)，斯坦福：斯坦福大学出版社，1993；傅葆石：《双城故事：中国早期电影的文化政治》(*Between Shanghai and Hong Kong: The Politics of Chinese Cinemas*)，斯坦福：斯坦福大学出版社，2003。

　　4　越来越多的文学作品关注"南京大屠杀"，尤其在张纯如 (Iris Chang) 出版畅销书《南京大屠杀》(*The Rape of Nanjing*) 之后。以此为著名标题的著作包括福格尔：《历史和史学中的南京大屠杀》(*The Nanjing Massacre in History and Historiography*)，伯克利：加州大学出版社，2000；卜正民 (Timothy Brook)，《南京大屠杀档案》(*Documents on the Rape of Nanjing*)，安娜堡：密歇根大学出版社，1999；张开元 (Zhang Kaiyuan) 编：《见证大屠杀：美国传教士见证日本在南京的暴行》(*Eyewitnesses to Massacre: American Missionaries Bear Witness to Japanese Atrocities in Nanjing*)，纽约州阿蒙克：M. E. 夏普 (Armonk, NY: M. E. Sharpe)，2001。

　　5　参见安克强：《日本占领下的上海工业：炸弹、风暴和破产，1937—1945》("Shanghai Industries under Japanese Occupation: Bombs, Boom, and Bust, 1937‑1945")，载安克强、叶文心编：《在旭日的阴影下：日本占领下的上海》，第20‑25页。

　　6　参见毕可思 (Robert Bickers)：《侨民和外交：英国国际殖民地的终结，1937—1945》("Settlers and Diplomats: The End of the British Hegemony in the International Settlement, 1937‑1945")，载安克强、叶文心编：《在旭日的阴影下：日本占领下的上海》，第229‑256页；柯蓉 (Cornet Christine)：《1937—1946年上海法租界和法国

影响的艰难终结》("The Bumpy End of The French Concession and French Influence in Shanghai, 1937-1946"), 载安克强、叶文心编:《在旭日的阴影下:日本占领下的上海》, 第 257-276 页。

7　参见罗义俊:《南市难民区述略》,载中国人民政治协商会议上海市委员会文史资料工作委员会编:《上海文史资料选辑》第 51 期,上海:上海人民出版社,1985,第 172 页。

8　参见上书,第 173-176 页。

9　参见赵朴初:《抗战初期上海的难民工作》,载中国人民政治协商会议上海市委员会文史资料工作委员会编:《上海文史资料选辑》第 51 期,第 149-163 页;周克:《难民工作和地下军工作回忆片段》,载中国人民政治协商会议上海市委员会文史资料工作委员会编:《上海文史资料选辑》第 51 期,第 164-171 页;吴大琨:《抗日战争中对新四军的慰问》,载中国人民政治协商会议上海市委员会文史资料工作委员会编:《上海文史资料选辑》第 51 期,第 124-131 页;沈一:《输送人员和物资去抗日根据地的情况》,载中国人民政治协商会议上海市委员会文史资料工作委员会编:《上海文史资料选辑》第 51 期,第 132-144 页。

10　参见安克强:《上海死亡》("Death in Shanghai"),2004 年 9 月吕米埃尔-里昂第二大学东方亚洲研究所(Institut d'asie Orientale, Lumière-Lyon 2 University)和加州大学伯克利分校联合在日本举办的视觉文献会议上提交的论文。

11　参见邹依仁:《旧上海人口变迁的研究》,上海:上海人民出版社,1980,第 3-4、47、53-55 页。

12　参见安克强:《日本占领下的上海工业:炸弹、风暴和破产,1937—1945》,载安克强、叶文心编:《在旭日的阴影下:日本占领下的上海》,第 26-35 页。

13　参见卜正民:《上海的伟大治理之路》("The Great Way Government of Shanghai"),载安克强、叶文心编:《在旭日的阴影下:日本占领下的上海》,第 157-158 页;卜正民:《战时中国汉奸民族主义》("Collaborationist Nationalism in Occupied Wartime China"),载卜正民、施恩德(Andre Schmid)编:《民族的构建:亚洲精英及其民族身份认同》(*Nation Work：Asian Elites and National Identities*),安娜堡:密歇根大学出版社,2000,第 159-190 页;卜正民:《通敌:战时中国的本地精英和日本代理人》(*Collaboration：Local Elite and Japanese Agents in Wartime China*),马萨诸塞州剑桥:哈佛大学出版社,2005。

14　参见叶文心:《戴笠和刘戈青:抗日期间的中国特务英雄主义》,《亚洲研究杂志》第 48 卷第 3 期(1989 年 8 月),第 552-553 页。

15　参见魏斐德:《上海歹土:战时恐怖主义和城市犯罪,1937—1941》。

16 参见山田辰雄（Yamada Tatsuo）：《中国国民党左派的研究》（中国国民党左派の研究），东京：庆应通信，1980。

17 参见上海市档案馆编：《日伪上海市政府》，北京：档案出版社，1986，第85－88页。

18 同上书，第856页。

19 参见叶文心：《上海围城：1937—1945》，载叶文心编：《战时上海》，第1－17页。

20 参见罗艾丽（Allison Rottmann）：《穿越封锁线：上海和华中根据地》（"Crossing Enemy Lines: Shanghai and the Central China Base"），载安克强、叶文心编：《在旭日的阴影下：日本占领下的上海》，第901－915页。

21 参见邦克（Gerald E. Bunker）：《和平阴谋：汪精卫与中日战争，1937—1941》（*The Peace Conspiracy*: *Wang Ching-wei and the China War*, 1937－1941），马萨诸塞州剑桥：哈佛大学出版社，1972。

22 约翰·索尔：《日记》（*Diaries*）第6卷，罗伯特·卜德（Robert Bodde）抄写，加州大学班克罗夫图书馆，2004年9月，第36页。

23 陶菊隐：《孤岛见闻——抗战时期的上海》，上海：上海人民出版社，1979，第99页。

24 关于法租界在中国的终结，参见柯蓉：《1937—1946年上海法租界和法国影响的艰难终结》，第257－276页；白吉尔：《1945—1946年的上海战后审批：萨尔礼事件和法租界的归还》（"The Purge in Shanghai: The Sarly Affair and the End of the French Concession, 1945－1946"），载叶文心编：《战时上海》，第157－178页。

25 参见上海市档案馆编：《日伪上海市政府》，第119－123页。

26 1921年中国共产党在上海成立时，陈公博是成员之一。

27 上海市档案馆编：《日伪上海市政府》，第990页。

28 参见上书，第119－123页。

29 关于战时日本对中国平民人口的军事控制，参见卜正民：《通敌：战时中国的本地精英和日本代理人》。

30 参见上海市档案馆编：《日伪上海市政府》，第593－597页。

31 参见上书，第654－655页。

32 参见中共上海市委党史资料征集委员会主编：《上海四行二局职工运动史料》第2辑，上海：中国人民银行上海市分行，1987；中共上海市委党史资料征集委员会主编：《上海南市六业职工运动史料》，内部资料，上海，1986；中共上海市委党史资料征集委员会主编：《上海衣着业职工运动史料》，内部资料，上海，1984。

33　参见陶菊隐：《孤岛见闻——抗战时期的上海》，第7-8页。

34　参见上海社会科学院经济研究所编著：《上海永安公司的产生、发展和改造》，第147-148页。

35　上海永安百货公司档案，《人事信函》，上海市政档案，Q-235，1938年2月22日。

36　参见上书。

37　参见上海永安百货公司档案，《布告》，上海市政档案，Q-235，1937年8月25日，第241期。

38　参见上书，第242期。

39　参见上书，第244期。

40　上海永安百货公司档案，《人事信函》，上海市政档案，Q-235，1937年。

41　同上书，1937—1938年。

42　同上书，1938年。

43　同上。

44　同上。

45　同上。

46　同上。

47　参见上书。

48　参见上海社会科学院经济研究所编著：《上海永安公司的产生、发展和改造》。

49　参见上书，第192页。

50　参见《上海青年》，1939。

51　上海永安百货公司档案，《人事信函》，上海市政档案，Q-235，1938年1月26日。

52　同上书，1938年。

53　参见上书，1938年9月14日。

54　参见上书，1938年。

55　同上书，1938年11月3日。

56　参见上书，1938年。

57　同上书，1938年1月10日。

58　同上书，1938年2月17日。

59　同上书，1938年1月10日和3月3日。

60　参见上海社会科学院经济研究所编著：《上海永安公司的产生、发展和改造》，第150-151页。

61 参见上海永安百货公司档案,《人事信函》,上海市政档案,Q-235,1938年2月26日、6月6日、6月12日、6月29日、7月22日。

62 参见上书,1938年7月22日、7月25日。

63 同上书,1938年8月。

64 同上书,1938年8月。

65 同上书,1939年8月14日。

66 同上书,1939年6月9日。

67 同上书,1939年11月4日。

68 参见上海永安百货公司档案,《各部职员成绩报告总表及各级报告表》,1939,上海市政档案,Q-225-2-101。

69 参见上海永安百货公司档案,《人事信函》,上海市政档案,Q-235,1938年。

70 参见上书,1938年5月7日。

71 参见上书,1938年。

72 同上书,1939年。

73 同上书,1939年2月。

74 同上书,1939年6月4日。

75 参见上书,1938年8月10日。

76 参见上书,1938年9月7日。

77 参见上书,1939年2月23日。

78 同上书,1939年9月23日。

79 参见上书,1939年8月8日。

80 参见上海社会科学院经济研究所编著:《上海永安公司的产生、发展和改造》,第41页。

81 上海永安百货公司档案,《人事信函》,上海市政档案,Q-235,1939年9月。

82 同上书,1939年8月。

83 参见上海永安百货公司档案,《全体同仁上书》,上海市政档案,Q225-2-46,1938年8月12日。

84 参见上书,1940年8月25日。

85 参见上书,1941年4月1日。

86 参见上海永安百货公司档案:《南京路世界联合会函永安》,Q235-2-49,1939年3月28日。

87　关于银行战争的讨论，在很大程度上可参见魏斐德：《上海歹土：战时恐怖主义和城市犯罪，1937—1941》，第十章。

88　参见《华北先驱报》1941年3月26日；魏斐德：《上海歹土：战时恐怖主义和城市犯罪，1937—1941》，第483页。

89　参见中国银行总行、中国第二历史档案馆合编：《中国银行行史资料汇编·上编（1912—1949年）》第1册，第433-435页。

90　参见魏斐德：《上海歹土：战时恐怖主义和城市犯罪，1937—1941》，第296页。

91　参见上书，第十章。

92　参见《评论报》1941年4月26日；《华北先驱报》1941年4月23日；魏斐德：《上海歹土：战时恐怖主义和城市犯罪，1937—1941》，第267页。

93　参见中国银行总行、中国第二历史档案馆合编：《中国银行行史资料汇编·上编（1912—1949年）》第1册，第435-437页。

94　参见1941年4月22日的一封匿名信《一位银行家》，《评论报》1941年4月26日；魏斐德：《上海歹土：战时恐怖主义和城市犯罪，1937—1941》，第242、267页。

95　参见斐云卿：《第三届会员大会的使命和发展》，《银钱界》第2卷第1期（1938年6月12日），第1页；《上海市银钱业业余联谊会成立三周年纪念暨第五届会员大会特刊》，1939年10月29日，第35页。

96　参见《上海市银钱业业余联谊会成立三周年纪念暨第五届会员大会特刊》，第50-58页。

97　参见上书，第58-69页。

98　1938年10月汇编的注册资料显示，银联的7 000会员来自97家银行、101家钱庄、164家保险和信托公司、34家其他妇女组织。参见《上海市银钱业业余联谊会成立三周年纪念暨第五届会员大会特刊》，第38页。

99　吴雅琴：《发起银钱业消费合作社的意义》，《银钱界》第2卷第8期（1938年10月），第155页。

100　参见上书，第41页。

101　参见黄定会：《简议同人福利处境》，《银钱界》第2卷第4期（1938年8月），第69页。

102　在"孤岛"时期，戏剧亦是一种抵抗的媒介，参见傅葆石：《消极、抗日与通敌：沦陷时期上海的思想抉择，1937—1945》。

103　吴丽梅：《娱乐的极端》，《银钱界》第11期（1938年11月20日），第215页。

104　参见魏斐德：《上海歹土：战时恐怖主义和城市犯罪，1937—1941》。

105　参见吴丽梅：《娱乐的极端》,《银钱界》第 11 期（1938 年 11 月 20 日），第 215-216 页。

106　参见萍子：《卅余单位会员交谊大会特写》,《银钱界》第 2 卷第 10 期（1938 年 11 月 1 日），第 195 页。

107　和话剧一样，这一时期的通俗城市小说很少提到日本。参见耿德华（Edward M. Gunn）：《被冷落的缪斯：中国沦陷区文学史，1937—1945》(*Unwelcome Muse: Chinese Literature in Shanghai and Peking, 1937-1945*)，纽约：哥伦比亚大学出版社，1980。在战时中国的文学作品中是否有文学抵抗运动，这是傅葆石《消极、抗日与通敌：沦陷时期上海的思想抉择，1937—1945》一书的主题。

108　例如，黄心苑（Nicole Huang）认为，上海在战争期间几乎没有公开的文学抵抗作品。女作家（张爱玲、苏青、关露）完全统治了文学写作。她们描写的内容，看上去都是与妇女、婚姻、日常生活有关的家庭主题。最后，她们的著作强调了战争大变局中的特殊环境。参见黄心苑：《妇女、战争、家庭生活：1940 年代上海的文学与流行文化》(*Women, War, and Domesticity: Shanghai Literature and Popular Culture of the 1940s*)，波士顿：博睿（Boston: Brill），2005。

109　《娱乐新闻》,《银钱界》第 2 卷第 4 期（1938 年 8 月），第 71 页。

110　显然，有许多其他关于《日出》的解释。曹禺自己更喜欢一种不同的解释，而不是夏风的解释。参见曹禺：《日出》，上海：文化生活出版社，1937，"补充说明"第 i-xxxii 页；田本相：《曹禺传》，北京：北京十月文艺出版社，1988，第 174-187 页；四川大学中文系等：《曹禺传记》第 1 卷，成都：四川大学中文系，1979，第 410-414 页；第 2 卷，1979，第 415-495 页。

111　参见李欧梵：《上海摩登：一种新都市文化在中国（1930—1945）》，第 226-227 页。

112　劳燕：《看日出》,《银钱界》第 2 卷第 12 期（1938 年 12 月），第 245 页。

113　同上。

114　同上。

115　同上。

116　徐寄顾书法的照片复制，参见《银钱界》第 2 卷第 12 期（1938 年 12 月），第 245 页。

117　佩苇：《看了日出以后》,《银钱界》第 2 卷第 12 期（1938 年 12 月），第 247 页。

118　关于汉奸，参见魏斐德：《汉奸》("Hanjian")，载叶文心编：《成为中国人：通往和超越现代性之路》，第 298-341 页。

119 《检举汉奸李泽》，载中共上海市委党史资料征集委员会主编：《上海百货业职工运动史料》，内部资料，上海，1986，第 93 - 99 页。

120 参见上书，第 102 - 103 页。

121 参见上书，第 103 - 104 页。

122 参见上书，第 107 - 108 页。

123 参见上书，第 107 - 108 页。

124 同上书，第 109 页。

125 同上书，第 109 - 110 页。

126 参见上书，第 104 - 110 页。

127 参见上书，第 110 页。

128 参见顾准：《顾准自述》，第 1 页。

129 参见上书，第 2 - 3 页。

130 参见上书，第 3 页。

131 参见上书，第 16 页。

132 参见上书，第 3 - 4 页。

133 参见上书，第 8 - 9 页。

134 参见上书，第 4 - 5、8 页。

135 参见上书，第 9 - 10 页。

136 参见裴宜理：《上海罢工：中国工人政治研究》（Shanghai on Strike：The Politics of Chinese Labor），斯坦福：斯坦福大学出版社，1993。也可参见叶文心：《乡下人的旅行：文化、空间和中国消费主义的起源》。

137 关于劳动大学，参见叶文心：《疏离的学院：中华民国时期的文化与政治，1919—1937》。

138 参见顾准：《顾准自述》，第 18 - 19 页。

139 参见上书，第 18 页。

140 参见上书，第 30 页。

141 参见上书，第 399 - 400 页。

142 参见上书，第 400 页。

143 参见上书，第 400 页。

144 参见上书，第 403 - 407 页。

145 同上书，第 58 页。

146 参见上书，第 62 - 63 页。

147 同上书，第 63 页。

结语
再现繁华

1949年5月，人民解放军渡过长江，在一个阳光明媚的日子里进入了上海。那天，成群结队的人们涌上街头。很快，成百上千的地下党员浮出水面，其中既有职工联合会的积极分子，也有出版界的活跃人物；为了这一天的到来，他们已经等了很长的时间。随着新政权的建立，上海的上层精英面临了一个困难的抉择。有些人选择留下——永安公司与立信会计师事务所的管理层都留了下来，有些人则选择离开。银行的高层有人去了香港或纽约，也有人跟随蒋介石去了台北。

何去何从，对于许多人来说，1949年会成为他们一生的转折点。然而在中国历史的发展脉络中，1949年是否仅仅意味着断裂，近来学界多有争论。一些学者认为新中国并不是一天建成的，它的许多制度事实上不得不接受国民政府的建构。有的学者则认为作为革命政权，中华人民共和国的成立标志着一个全新时代的开始。从海峡两岸20世纪中期的发展来看，50年代的国共两党在台湾与大陆都面对着战后经济重建的挑战，各自承接早年的方案与策略，各自深化革新与改造。两个政权分别进行土地改革，国有化主要企业，开展重大经济规划，强化意识形态教育，加强对内监管，并不断重整党风党纪。两党在不同程度上都转向了经济主义，即以经济发展、物质繁荣作为衡量其执政的关键指标。

然而，国共两党在经济策略、市场机制、私有财产等根本问题上也存在着巨大的不同。在共产党政权之下，上海呈现出全新的面貌。1949年以前的海上繁华曾经是这座城市的骄傲，1949年以后，这些曾经的成就则成了上海的污点或政治负担：欧洲列强割据下的旧上海是腐败旧中国的缩影，象征着屈辱的往昔。社会主义政权为上海绘制了新的蓝图。这个新上海是制造业中心，而不是商业和金融中心；新上海的居民是劳动者，而不是消费者。通过社会主义改造，共产党政府节制了私有制度，限缩了商业活动，消灭了资产阶级自由市场的生存条件。外国资产被冻结或没收，外国人办的学校、企业、医院逐一国有化。[1]女性从公共视野中消失了。这并不是因为新政权把女性送回家去负责家务，而是因为社会主义倡导男女平等，因此女士们不再以强调性别差异的女性化形象出现在公众空间。鸦片战争后的上海，公众空间透过女性、商业与外国元素有机地结合，构成都市景观。现在，社会主义将之一一扬弃。

金融家

80 年代末，上海作家程乃珊开始写一本题为《金融家》的小说。[2]程乃珊出生于 50 年代的上海，她是原中国银行高层主管程慕灏的孙女。程慕灏在解放军进入上海时去了香港，直到 1986 年程乃珊才第一次见到她的祖父。《金融家》以程慕灏为原型，完成于 1989 年前夕。这是 1949 年后第一部将金融家塑造为正面人物的作品。这本小说的写作，打破了延安文艺座谈会以来对上海金融家的负面定位、刻意遗忘与选择沉默。

程乃珊的创作开始于 1986 年。那年中英关于香港的共同声明已经签署，程乃珊得以往访香港。在随后的三个月里，她得以倾听祖父的种种往事，最终写成了她的纪实小说。小说讲述的是一位上海金融家祝景臣，带领着"中华银行"和自己的家庭，度过抗战的艰难岁月。程乃珊的小说再现了 1949 年前上海上层社会与金融界的西化社会生活；她以战争时期的逆境与磨难为背景，把这位资深银行家塑造为一位大家长与爱国者，而不是与帝国主义合作的资本家。在小说里，祝景臣身为总经理，不仅照顾自己的儿女和公司职工，还承担为已故同事赡养家小的义务。他是爱国者，反对日本人插手银行事务。他同情员工里的社会主义者，自己差一点就加入了他们反对资本主义制度的行列。他有着先人后己的经济情怀，与趋利避害的市场本能一刀两断。总之，作为金融家、银行家的祝景臣，在处理金钱的时候几乎就是一位社会主义者。随着共产党解放了上海，并对资本家保持警惕，祝景臣漂泊海外，一走就是 40 多年。尽管如此，他最终还是以一个社会主义同情者的身份回到了故乡。

现实中的过去

鸦片战争后的上海一直在追求摩登与变革,她好像从没有多余的精力来探索自己的往昔。上海追求资本主义的繁华,也追求社会主义的革命;但无论如何,在 20 世纪的大部分时间里,这个城市都以否定自己的过往来衡量自己的进步。

《子夜》是茅盾描写 30 年代社会现实的重要著作,书中把上海描绘成一个眩于"光、热、力"而转瞬即逝的物欲世界。[3]在市场交易的旋涡下,资本家的上海是一个只有今天与当下的城市。资本主义的现代上海,就如其他追逐资本与现代化的地方一样,并没有记忆与反思的能力。

同样,到了 20 世纪中期,人们庆祝着新的革命的浪潮,不断打破封建时代的旧事物。社会主义的上海对逝去的过往并无留恋与伤感。

恰恰是这样的上海,在进入 90 年代之后,居然陷入了怀旧的情怀,并开始重构城市的往昔。在上海市政府的主导下,满是蛛丝的老洋房重新开放,当年的城市地标焕发新的光彩,城市历史博物馆随即落成,旧上海的图书、出版物完整地出现在图书馆的典藏目录上。各种旅游指南不断问世,隆重推介本地的餐厅、商店、景点与各类娱乐场所。这些地方之所以值得一去,不是因为它们在革命时代扮演的角色,而是因为它们延续着旧时上海的格调与品位。学界也行动起来,纷纷组团立项,开始大规模编纂上海本地的历史。30 年代的上海在默默重现:在文学作品、人物传记、广告海报、电影剧照、报纸专栏、杂志文章,甚至服饰穿着与饭店装潢之间。这个城市悄无声息却又确定无疑地敞开了记忆的大门,那曾经被压制、被抛弃的旧上海记忆就这样涌来。

凡此种种怀旧情愫,很难说是以认识历史本身为目的;相反,它服务于另一个目的。换而言之,重构上海的辉煌过去是为了让人们能够构想城市的未来,并为当下的政策提供依据。

历史之用

到了 80 年代,在"四个现代化"的新政策推动下,深圳作为特区对外开放，上海的经济增长很快落后于珠江三角洲地区。珠江三角洲由于与香港联系紧密而迅速发展，而上海依然停滞不前。在此之前，在中国的计划经济体制下，上海数十年来一直以制造业为中心，负责为全国提供各种工业制成品。上海的产值绝大部分贡献给了全国经济。中央不愿意贸然改变这种经过长时间形成的稳定结构，认为因为上海具有极为重要的战略地位，所以对上海的国有经济改革必须慎之又慎。然而，上海市委市政府却没有这样的耐心，在1985年就提出了"上海经济发展的战略构想"，并且以提案的形式在全国人大会议上提出。[4]

但是，地方领导的努力并没有立刻被中央采纳。直到邓小平在1992年南方谈话中重申改革开放的经济政策后，上海的经济才有了真正的变化与发展。[5]邓小平对改革开放的表态，发生在1989年北京天安门事件之后。改革开放政策的确立，激发了上海寻求发展的"第二轮高潮"。当时上海的领导是市委书记江泽民和市长朱镕基。在他们的领导下，上海大胆地勾画出这个城市在21世纪的图景，把自己定位成"国际经济、金融和贸易中心"。上海的发展将是跳跃式的。上海的发展不仅将带动长江三角洲，同时也将带动整个长江流域。

在上海市副市长和市委副书记们的联合主持下，专门成立了一个小组负责规划上海的未来发展。他们以"大""快""战略性"为关键字，勾勒出这个城市在21世纪的地位。未来的上海"不仅是中国的上海，更是世界的上海"[6]。这一方针意味着上海必须打破之前的经济模式，参与到由西方七国集团主宰的全球经济框架中。规划小组提出了全新的战略构想，即21世纪的上海要成为中国通向世界的大门。

在新的方针指导下，上海以"面向世界、面向现代化、面向二十一世纪"作为自身的定位。[7]这个说法意味深长；它意味着上海的背后是中国的内地、保守的经济理念，以及20世纪种种旧的做法。现在上海决定与之分道扬镳。为了"快速起步"以在短时间内成为国际经济的中心城市，上海在其远景规划中力求以宏大的眼光规划城市周边地区。[8]上海将从"一个优势起点"开始，"跨越式地"追求发展。通过对人力资源、自然资源与经济资源的战略集中，上海将有效地分配其有限的资源，以更好地实现其在目标领域的相对优势。[9]

例如，黄浦江以东原本是负责农业生产的郊县，80年代以前与上海中心城区格格不入。然而，浦东广阔的土地是一种重要的资源，可以引进更为优质的资本，以推进大上海的建设。1993年的政府报告提出，上海要作为整个大区的中心，三倍于老市区面积的土地要纳入发展规划。它还将遵循一条基于"逐步割让其土地使用权"的"独特道路"。[10] 上海将以自己的方式，处理土地使用权；通过将土地租赁给国际开发商，上海可以获得当时急需的资金，这些资金又可以让城市快速进入新世纪。江泽民担任国家主席时期，国务院批准了上海的浦东特区建设计划。浦东地区居于长江和钱塘江的入海口之间，包括了清代的三个县。中央决定将这一广大地区作为特区，进一步以这里的土地吸引海外的资金和技术。

在精耕细作的长江下游地区，所有土地都已住满了人。当地的经济、战略价值越高，人口也就越集中。如果要用这些土地来吸引外资，那原先生活在这里的人就必须得到妥善安置。上海要实现跨越式发展的战略目标，就要解决随之而来的"社会问题"。

在这一背景下，上海社会科学院与市委宣传部的专家就城市规划展开调研。[11] 他们于1995年提出10个需要着重考察的问题，即人口构成、社会安全、收入分配、城市社区、青年成长、环境保护、居住条件、动迁安置、治安犯罪和宗教信仰，这些问题都亟须得到解决。调查者们发现，新中国成立几十年来，社会主义并没能有效提高城市的生活水准，而且一些主要的市政设施，如污水处理、自来水、供暖、电力和公共交通，仍是革命前的样子。住宅与交通极为拥挤。在这个城市的某些区域，每个居民平均只拥有1平方米的生活空间。城市主要的居住区域——黄浦、卢湾和徐家汇——因为人口增长使得家庭中几代人共居一处，愈发显得不堪重负。总之，上海老城区由于人口不断增加，房屋居住条件不但没有改善，相反更为拥挤。

为了实现"跨越式发展"，为外部投资者与其资本的发展腾出空间，上海对原来市区的居民实施搬迁，将他们迁到城郊去。其后果与影响无疑广泛而深远。例如，这意味着传统单位体制被打破——几十年来单位为职工在工作场所附近提供住房，这一局面将彻底改变。这也意味着要搬迁甚至关闭上海的国营工厂，减少污染的同时，将黄金地段留给商业发展。由此，城市便从工业中心转变为商业和金融中心，工厂和工人渐渐销声匿迹，取而代之的是商业中心、餐厅、办公楼、酒店、商厦、外侨公寓、公共交通、商业雇员，甚至是艺术家的聚居地，以及来自四面八方的摄影棚。总之，这一切意味着建设一种依靠外资的外向型消费经济，重塑这个以工业生产、内销为主的社会主义城市。如此大刀阔斧的经济改革，带来了空前的社会与政治挑战。经济发展很有可能带来社会矛盾。上海官方并非对此全无所知。在政府隐晦的表述中，新世纪的上海将是一个"社会主义的现代化国际大都市"；换而言之，这个都市要实现国际化与资本化，但表示自己不会违背社会主义的原则。[12]

这个宏大的发展计划由政府高层官员发起，很快各个学科领域的专家为之添砖加瓦，其中包括经济学、社会学、国际法律、金融、科学、城市规划、教育、社会心理学、人口统计学、环境研究、建筑学等领域的学者。随着规划师、建筑师、会计师、律师、专案管理人、承建公司等准备就绪，上海的历史学家们也集结就位，描绘并勾勒这样的历史巨变，以此为城市的现代化贡献自己的力量。

接下来的十几年，历史学蓬勃发展，大量相关的书籍和杂志堆满了图书馆的书架。这里我们无法细致考察这些卷帙浩繁的作品，以及它们的学术贡献与价值。[13]我们只能以极其简化的观察指出，当上海开始勾勒未来城市图景的时候，历史学者们以他们的研究成果勾勒出上海近代历史发展的特殊性，这也是值得中国人骄傲的特殊性。他们抛开了传统的、革命的观念，重塑了这个城市的城市认同。他们从城市的过往中选取各种片段，来支持90年代上海的新型战略定位。

由于历史书写常常服务于意识形态的需要，90年代上海史家所面临的任务艰巨而微妙。总体来说，他们坚定地以社会主义史观梳理历史脉络。但同时，他们不再聚焦于殖民主义、资本主义、国民党汉奸和共产主义烈士。他们绘制出一幅崭新的图景，这里生活富足，城市中产阶层正在向更美好、更健康的生活迈进。[14]在他们的叙事中，妇女、商人、外国人与艺人，渐渐取代了工人、烈士、地下党员、激进知识分子、爱国志士等曾经占据历史舞台的主要人物，成为新的历史叙事的描写对象。具有崭新视野的历史学家不再沉迷于批判资本主义下不公正的"社会生产关系"。与此相反，他们记录了城市现代化过程中科学与技术等"生产模式"的进步。[15]各种领域的发展成就被展现出来，包括印刷、出版、新闻、教育、建筑、时装、戏剧、人民团体、地方自治组织、风俗改革、家庭生活、妇女地位、移民治理、商业化、商业管理、烹饪、广告，等等。

在租界当局和外国领事主导的时代，上海曾经因其闪烁的霓虹灯、舒适的生活、多样的文化与精致的品位，而长期以"东方巴黎"自居。到了20世纪90年代，在中国历史的表述中上海同样魅力四射。但这是另一种魅力。在新一代的历史学家看来，成就1949年之前的上海风格的，既不是殖民主义也不是资本主义，而是居住在石库门里的小市民。上海社科院院长张仲礼说："底线是：上海是中国的，上海是上海的。上海的成长是上海人受西方启发而不断创新的结果。"[16]从19世纪中叶以来，上海就是一个移民城市，长江下游各地的人纷纷集聚于此。[17]这些普通人用他们的勤劳与智慧把这个城市变成了一个魅力之都。上海是中国的，因为它建立在中国人民的辛劳的基础上。换而言之，上海并不是等到1949年人民解放军进城后才变成中国的。

学者们重新书写了1949年之前的上海史，重构了城市发展谱系，以本土的经验为对内改革对外开放的政策提供依据。他们用近代上海的历史来证明，当前城市规划者为21世纪勾勒的宏伟蓝图切实可行；同时，他们也让生活在里弄里的普通市民相信，自己是这座繁华城市的主人。换而言之，上海的经验表明，这座城市曾经有过的成就可以支撑中国未来发展的宏图。上海比其他任何地方都更有信心、更有能力，带领中国在21世纪实现"跳跃式的发展"。

90年代中期，上海城市建设如火如荼地进行着。只在1997年夏天亚洲金融风暴时，当风暴阻断了来自香港与东南亚的大量华裔资金，建设的速度才稍稍放缓。与此同时，"旧上海"的繁华不断地引人遥想、令人怅惘。怀旧的情绪在城市蔓延。就这样，居民们渐渐习惯了街道两旁的新式广告牌。广告牌上，法国名牌精品拿破仑干邑白兰地正招手劝饮，招呼过往行人过上有品位的生活。

小说家王安忆的《长恨歌》获得了1995年的茅盾文学奖。这部小说讲述了一个从前的"上海小姐"王琦瑶，以及她在社会主义上海的弄堂里所过的默默无闻的日子。[18]这位上海小姐以其纤柔细腻，在举手投足之间拨动着人们的心弦——无论他们是男是女，是朋友抑或是对手。以她女性的温婉与居家的温柔，她所到之处周遭为之一亮。1949年之前，她曾懵懂地穿着婚纱出现在照相馆，也曾身穿名媛的礼服出现在宴会舞台上。这些经历让她仿佛"身后有绰约的光与色，海市蜃楼一般"，即使在人人身穿灰色的朴素日子里也是如此。[19]

王琦瑶有着化平淡为曼妙的天赋，但却没有将这种天赋遗传给她的女儿，这个出生、成长在新政权之下的薇薇。薇薇和从旧社会幸存下来的母亲不一样，她并不关心父母一辈的精致，她生活在一个不断改变的新世界，这个新世界以不同的方式给人们提供丰足与奖赏。故事终结的时候"上海小姐"死了，而且仿佛死得不够快。下一代急于把她取代，占领她曾经生活过的空间，以便奔向自己的、更好的生活。

上海弄堂生活被点点滴滴地保存，所依靠的是褪色的照片以及斑驳的新闻纸。[20]《长恨歌》所瞩目的，不是梧桐大道、洋房大厦、商品橱窗与租界里的精致贵妇，而是里弄房屋顶上木雕的刻纹。这些刻纹唯有在日出的时候——当"晨曦一点一点亮起，灯光一点一点熄灭"，人们才能看见。[21] 90 年代的怀旧叙事中，里弄是上海市民故事的真正场景。这些怀旧叙事为里弄生活涂上一层玫瑰色彩，把其中的嘈杂拥挤、闲言蜚语都写成了肥皂剧式的都市传奇。而这些感性鲜明、食色想象丰富的里弄表述的出现，也正巧在推土机大幅度改变上海城市景观的前夕。

1992—1996 年，随着香港及东南亚大量资金的涌入，2 000 多座高楼在上海拔地而起。这些建筑遍布黄浦江两岸，穿过旧租界的闹市，也改换了浦东乡镇的地貌，把上海变成了钢筋水泥与玻璃构成的高楼丛林。新厦矮化了曾经雄峙外滩、标志着旧上海的殖民帝国建筑。除了电视塔、餐饮商厦、国际机场、高架公路、地铁线、高速磁悬浮列车、滨江公园、深水港等设施之外，上海还建设了地标性的市政中心广场、美术馆、博物馆与未来主义的剧院，以及其他许多散置在绿地与公园之间的大小博物馆、商厦以及餐饮休憩天地。

革命与悲剧英雄

在浦东，一个新的上海正在崛起。与此同时，有人从尘封已久的往日中归来。他是顾准，会计师、自学成才的社会主义者、久经考验的共产党员（见第七章）。《顾准全集》在 90 年代中期出版，其中不仅收入了顾准的政治经济学著作，还包括了反右与"文化大革命"时期的日记、审讯时的自我检讨，以及学习马克思、恩格斯、康德、黑格尔、卢梭、费尔巴哈、凯恩斯、列维-斯特劳斯等著作后留下的笔记。除此之外，一部充满激情的顾准传记也问世了，题目叫作《拆下肋骨当火把——顾准全传》。书中的顾准正如所有共产党的前辈烈士一般，百折不回、不屈不挠地为了财富的合理分配以及社会正义的实现而不断奋斗。[22]

顾准在 1941 年离开上海后，北上穿过苏北根据地来到延安。由于他周围的同志大多出生于农村，顾准很快便以他的经历和专长得到重视。1949 年，他以经济学家的身份回到上海，并成为华东军区军管委员会的一员，主持接管上海的财政部门。[23]

然而，顾准的厄运很快降临。他党内的领导觉得他傲慢而且固执，1952 年突然解除了他的管理职务，把他调到经济研究所做研究。顾准在研究岗位上发表了文章，尖锐反对斯大林关于社会主义制度下如何理解市场的理论。[24] 以后他两次被打成右派。然而，他没有放松对马克思主义的学习。他忍受着离婚和前妻自杀的痛苦。他的儿女跟他划清了政治界限，1974 年，他到了癌症末期，儿女们在他临终的时候也拒不见面。给他送终的是几位政治经济学领域的专家，都是早期跟他共事的上海地下党的老同志。除了未刊的手稿，顾准没有留下任何遗产。

顾准的事迹在改革开放、经济市场化的大背景下被重提，清楚地传递了一个来自过往的讯息。顾准在 30 年代的上海曾经拥有中产阶层舒适的生活，然而他却放弃了一切，去追求一个难以实现的革命理想。他始终坚持追求社会公平，最终却在孤寂中死去。90 年代来临，他的老同志们为他奔走出版旧作，让他在公众领域能够重新发声。与此同时，新一代的城市规划师、财经官员、工程师、市政官员和海外投资者则正在忙着把他们曾经生活过的老城拆掉，以便重新建成一个世界上最绚烂的城市。[25]

21 世纪初，上海重新成为中国最为璀璨精致的城市。专业强大的官员与资本丰厚的外商共同追求上海商业文化的繁荣。他们把上海打造得金碧辉煌，他们也把这个城市变成世界上发展最快的地方。

正因为人们在大胆地勾勒未来的图景，所以来自往日的声音也变得越来越清晰。然而这个清晰之中，却带有几分不确定。百年以来，上海并不关注自己的过往。然而突然之间，90 年代的上海竟以前所未有的关注把眼光投向历史。各种各样的历史人物出现在城市的集体记忆中，每个人都占据一个历史位置。

我们见到一位流亡香港的金融家回归上海。当几代人修补了亲情之后，香港成为上海城市意识的延伸,民国以后失落了的上海记忆,透过香港的回归,而再度成为上海意识的一部分。我们也见到一位曾经被埋没了的革命家,他的作品与平生在上海公众空间重见天日。顾准烈士般的平生,告诉我们上海除了金融,还有一个社会主义革命的基因。正是这种对社会公平的不懈追求,使得上海不同于一般接轨国际的现代城市。

上海是个移民城市。流变空间中的人群认同感是建构的产物。所谓"家"的归属感,既是话语的产物也是经验的产物。90年代,那些在上海生活了几十年的人热衷于告诉大家,自己是上海人,上海是自己的家乡。以《长恨歌》为代表的石库门文学,勾勒了生活在拥挤弄堂屋檐下的人们。弄堂里巷之中,家长里短的闲言碎语、街坊邻居间的感情羁绊,最终汇聚成了一个共同体,让人们有强烈的归属感。"老上海人"扎根这个城市几十年了,他们自豪地知道哪里有最好吃的小笼包,他们强调,自己的日常生活有的是惬意与快乐。与此同时,"新上海人"逐渐增多;城市中的许多地方,已经可以感受到他们的脚步。与传统的移民和来自乡村的打工者不一样,他们来自香港、台湾,以及东南亚等其他地区的城市,他们随资本而来。他们中的一部分人是开发商或股东,他们投资商场、店铺、餐厅、娱乐场所、办公楼、公寓、饭店或酒吧;有些其他人则是富裕的退休人员、高薪管理人员、技术顾问,甚至活跃的慈善家。在这些跨国居民的推动下,上海进一步向快节奏、多元化的大都市迈进。那些黑暗潮湿、斑驳拥挤的旧建筑被拆除;高楼大厦拔地而起,其中空调、自来水管道、高级厕浴厨房与照明系统一应俱全。关于什么是"家","新""旧"上海人有着不同的观念:它是根植在街坊弄堂里的社区,就如小说中所描写的那样,还是玻璃与大理石组成的豪宅?无论如何,家不仅是一个可拥有的空间,更意味着一种在其中可以随心适意的环境。

"家"与"出生"一样,都是不断流转的概念。当上海不断追求现代化发展的时候,历史对于上海究竟意味着什么?作为1921年中国共产党的诞生地,这座城市如何承继那样的往昔?当20世纪过去的时候,上海如何联系自己的过去与未来?

上海在不断地与世界接轨,不断地攀登着物质的高峰;在某种程度上,"历史",尤其是人们所构建的过往,似乎已经不那么重要了。我们应该感谢上海的历史学家,是他们将这个城市从长久以来的资本主义与社会主义、民族主义与殖民主义的二元对立叙事中解放出来。卸下了历史的负担后，轻盈的上海似乎进入了一种几乎"失重"的状态。面对资本主义、殖民主义的罪恶，人们不必再口诛笔伐；反之，任何有益于上海物质繁荣的东西，都必然具有道德的正当性与历史的正确性。

同时，这种轻盈的当下，也意味着各种各样的人都可以在公众空间提出小叙事。各种小叙事都是城市记忆的一部分，都因为有人亲身经历过，所以有真实性。所有人都希望在城市记忆中获得一个位置。最终，一切又都归结到这样一个问题：上海属于谁？谁又可以代表上海发出上海的声音？

眼下，我们听到的、说出的甚至没有说出的，至少在其点滴与碎片之间，浓缩了一个世纪以来的关切与观念。如果是这样的话，我们凭什么可以说上海乃至整个中国现代化进程的关键时刻已经到来？

从前，人们以一种特定的话语框架为鸦片战争后的百年上海历程赋予意义。在他们看来，这个城市的历史，也是中华民族反抗列强殖民的历史的缩影。到了90年代，上海市政府与上海的学者们渐渐将这样的历史放到一边，而致力于将这座城市打造为东亚的龙头。城市话语的建构也就有了相应的变化。人们不再强调百年来的历史变化，而注重眼下的空间关系。就这样，以空间为单元，人们共享在这个空间里生产的记忆，此唱彼和，或者各说各话，争相为自己拥有的过往赋予独特的城市意义。上海小市民的记忆在这个以空间为载体的城市建构中，得到丰富的表述。然而，具有反讽性质的，也正是这些历史记忆的开发，正巧发生在现代城市空间积极寻求改头换面的时刻。老上海小市民里弄故事得以建构的同时，一个国际化的新上海正巍然升起，把旧时里弄的陈迹扫荡干净。

注　释

1　以共产党为中心的叙事贯穿整个 1980 年代。参见上海社会科学院历史研究所编：《五卅运动史料》第 1 卷，上海：上海人民出版社，1981。上海市档案馆出版的其他档案尤其关注上海工会联合会、1927 年的"三次武装起义"、1927 年的商会等组织与事件，参见中共上海市委党史研究室编：《上海抗日救亡史》，上海：上海社会科学院出版社，1995，第 357 – 359、407 – 412 页；中共上海市委党史资料征集委员会编：《"一二·九"以后上海救国会史料选辑》。

2　程乃珊：《金融家》，上海：上海文艺出版社，1900。英文版，参见 *The Banker*, Translated, with introduction, by Britten Dean, San Francisco：China Books & Periodicals, Inc., 1992。

3　茅盾：《子夜》，北京：人民文学出版社，1977。

4　参见蔡来兴主编：《上海：创建新的国际经济中心城市》，上海：上海人民出版社，1995，第 2 页。

5　这个论述基于蔡来兴主编的《上海：创建新的国际经济中心城市》。关于上海发展为全球金融中心的个中细节，参见上海市金融学会编：《论新世纪上海国际金融中心建设》，上海：上海三联书店，2002。

6　蔡来兴主编：《上海：创建新的国际经济中心城市》，第 5 页。

7　参见上书，第 4 页。

8　参见上书，第 124 – 125 页。

9　参见上书，第 124 – 125 页。

10　参见上书，第 244 页。

11　参见"上海'九五'社会发展问题思考"课题组编：《上海跨世纪社会发展问题思考》，上海：上海社会科学院出版社，1997。

12　参见"上海'九五'社会发展问题思考"课题组编：《上海跨世纪社会发展问题思考》，第 168 页。关于城郊集体企业，参见中共上海市委办公厅市区处编：《城市街道办事处居民委员会工作手册》，上海：上海人民出版社，1988；北京市人事局、北京市西城区人事局编：《城市街政管理》，北京：中国工人出版社，1900；全国部分城市街道体制改革第五次探讨会秘书处编：《街道工作与改革：全国部分城市街道体制改革第五次探讨会文集》，济南：山东新闻出版局，1900；北京市海淀区政府街道工作办公室编：《海淀区街道工作研究》，内部发行，北京：海淀区街道工作办公室，1991。1990 年代城市改革在结构和范围上大幅度提升，参见周翼虎、杨晓民：《中国单位制度》，北京：中国经济出版社，1999。

13　上海社科院历史研究所对于上海史研究具有重要意义。在1980—1990年代末期，历史研究所主持了几次关于上海城市史的主要国际会议。历史研究所定期出版《上海研究论丛》和《上海史》，并负责学术组织的任务，以促进由国际学者和学生从事的研究计划。1999年，研究成果被汇集成一部15卷的巨著《上海通史》。在历史研究所所长熊月之的带领下，这一计划汇集了三代研究者的贡献，覆盖了上海历史的整个时段，从古代到20世纪末。每一卷都包含了正文、图示、插图、注释和参考文献，近600页。这部巨著依靠丰富的一手材料集中体现了上海在当代的发展，使我们对上海的历史脉络和概念有清晰的了解。1999年上海人民出版社出版了这部巨著，并以此献礼新中国成立五十周年。复旦大学、华东师范大学、上海地名编辑办公室和上海档案馆也参与了这一重要工作。

14　这方面的开创性著作是张仲礼主编的《近代上海城市研究》（上海：上海人民出版社，1900）。这本著作包括20章，汇聚了上海社科院历史和经济研究所学者们的成果。这本著作所阐释的重要主题已见于唐振常主编的《上海史》（上海：上海人民出版社，1989），此书主张上海文化的杂交混合特性。

15　关于上海1978—1998年经济思想主要变化的概述，参见上海社会科学院编：《上海社会科学院精选著作简介：1958—1998》，上海：上海社会科学院出版社，1998，第77-269页。

16　同上书，第83-84页。

17　其中尤有代表性的重要著作包括：熊月之：《中国近代民主思想史》，上海：上海人民出版社，1986；熊月之：《西学东渐与晚清社会》，上海：上海人民出版社，1994；杜恂诚：《民族资本主义与旧中国政府（1840—1937）》；徐鼎新、钱小明：《上海总商会史（1902—1929）》，上海：上海社会科学院出版社，1991；罗苏文：《女性与近代中国社会》，上海：上海人民出版社，1996；周育民：《晚清财政与社会变迁》，上海：上海人民出版社，2000；李长莉：《晚清上海社会的变迁——生活与伦理的近代化》，天津：天津人民出版社，2002。

18　参见王安忆：《长恨歌》，北京：作家出版社，1996。

19　参见上书，第190页。

20　参见爱德华·S. 克雷布斯（Edward S. Krebs）：《新中国的旧历史：照片历史、私人回忆和个人历史观》（"Old in the Newest New China: Photographic History, Private Memories and Individual Views of History"），《中国历史评论》（*The Chinese Historical Review*）第2卷第1期（2004年春），第87-116页。

21　参见王安忆：《长恨歌》，第3-4页。

22　参见顾准：《顾准日记》，陈敏之、丁东编，北京：经济日报出版社，1997；

顾准:《顾准文稿》,陈敏之、顾南九编,北京:中国青年出版社,2002;顾准:《顾准自述》;顾准:《顾准笔记》,北京:中国青年出版社,2002;高建国:《拆下肋骨当火把——顾准全传》,上海:上海文艺出版社,2000。

23　参见潘序伦、顾准:《中国政府会计制度》,上海:商务印书馆,1941。

24　参见顾准:《试论社会主义制度下的商品生产和价值规律》,《经济研究》1957年第3期。

25　参见顾准:《从理想主义到经验主义》,台北:书林出版有限公司,1994。

参考书目

中文部分

艾思奇:《天晓得!》,《读书生活》第 2 卷第 1 期 (1935 年 5 月)。

白薇:《我投到文学圈的初衷》,载兰云月编:《民国才女美文集》上卷,北京:北京燕山出版社,1995。

中国银行总管理处编:《中国银行行员手册》,南京:中国第二历史档案馆藏。

包文藻:《我对于职务调易之感想及工作经过的兴趣》,《中行生活》第 3 卷第 25 期 (1934 年 4 月 1 日)。

抱一:《理想的家庭》,《生活》周刊第 2 卷第 7 期 (1926 年 12 月 5 日)。

北京市海淀区政府街道工作办公室编:《海淀区街道工作研究》,内部发行,北京:海淀区政府街道工作办公室,1991。

北京市人事局、北京市西城区人事局编:《城市街政管理》,北京:中国工人出版社,1990。

《本行如何发现上海银行陈案的经过》,《中行生活》第 3 卷第 32 期 (1934 年 11 月 1 日)。

《本社为筹款援助黑省卫国健儿紧急启示》,《生活》周刊第 6 卷第 48 期 (1931 年 11 月 21 日)。

编者:《如何处世》,《生活》周刊第 2 卷第 10 期 (1926 年 12 月 26 日)。

——.《正在此,种种难堪处》,《生活》周刊第 2 卷第 8 期 (1926 年 12 月 12 日)。

——.《小雀子要认识世界了》,《读书生活》第 2 卷第 4 期 (1935 年 6 月)。

中国银行上海国际金融研究所行史编写组编写:《中国银行上海分行史,1929—1949》,北京:经济科学出版社,1991。

毕云程:《回味》,《生活》周刊第 3 卷第 34 期 (1928 年 7 月 8 日)。

——.《青年之成功》,《生活》周刊第 2 卷第 11 期 (1927 年 1 月 16 日)。

——.《一个覆辙》,《生活》周刊第 3 卷第 12 期（1928 年 1 月 22 日）。

——.《一个合于理想的家庭》,《生活》周刊第 3 卷第 8 期（1927 年 12 月 25 日）。

蔡来兴主编：《上海：创建新的国际经济中心城市》，上海：上海人民出版社，1995。

蔡行涛：《抗战前的中华职业教育社，1917—1937》，台北：东大图书有限公司，1988。

蔡希岳：《打开金陵女大校刊看看》,《生活》周刊第 4 卷第 31 期（1939 年 6 月 30 日）。

曹尔龙：《我所遇见的顾客》,《中行生活》第 2 卷第 16 期（1933 年 8 月 1 日）。

曹聚仁：《北行小语：一个新闻记者眼中的新中国》，北京：三联书店，2002。

曹禺：《日出》，上海：文化生活出版社，1937。

曹志白：《我们要走上新路去》,《中行生活》第 3 卷第 22 期（1934 年 1 月 15 日）。

陈冰铁：《希望分支机关遍设国内外》,《中行生活》第 3 卷第 22 期（1934 年 1 月 15 日）。

陈稼轩：《自序》,《实用商业辞典》，上海：商务印书馆，1935。

陈瑞林：《"月份牌"画与海派美术》，载上海书画出版社编：《海派绘画研究文集》，上海：上海书画出版社，2001。

陈思和、王晓明：《"重写文学史"专栏主持人的对话》，载徐俊西主编、王纪人分卷主编：《上海五十年文学批评丛书·思潮卷》，上海：华东师范大学出版社，1999。

陈紫英、林佳河编：《世纪风华：鸿禧美术馆藏海上美术百年展（1840—1940）》，台湾：高雄市立美术馆，2003。

程乃珊：《金融家》，上海：上海文艺出版社，1990。

城市街道体制改革第五次探讨会编：《街道工作与改革：全国部分城市街道体制改革第五次讨论会文集》，济南：山东新闻出版局，1990。

李崇基：《怎样研究哲学》,《读书生活》第 2 卷第 1 期（1935 年 5 月）。

戴霭庐：《银行家银行员座右铭》，上海：黎明书局，1932。

邓怡康：《上海先施公司创建人黄焕南》，载吴汉民主编：《20 世纪上海文史资料文库》第 4 辑，上海：上海书店出版社，1999。

丁浩：《将艺术才华奉献给商业美术》，载益斌、柳又明、甘振虎编：《老上海广告》，上海：上海画报出版社，1995。

杜恂诚：《民族资本主义与旧中国政府（1840—1937）》，上海：上海社会科学院出版社，1991。

《读者论坛》,《上海总商会月报》第 5 卷第 5 期（1925 年 5 月）。

恩润：《工作与品性之关系》，《生活》周刊第 2 卷第 2 期（1926 年 10 月 31 日）。

复旦大学新闻系研究室编：《邹韬奋年谱》，上海：复旦大学出版社，1982。

高建国：《拆下肋骨当火把——顾准全传》，上海：上海文艺出版社，2000。

《各界对于本行二十一年度报告之评论》，《中行生活》第 2 卷第 13 期（1933 年 5 月 15 日）。

葛元煦：《沪游杂记》，上海：上海古籍出版社，1989。

顾准：《从理想主义到经验主义》，台北：书林出版有限公司，1994。

——.《顾准笔记》，北京：中国青年出版社，2002。

——.《顾准日记》，陈敏之、丁冬编，北京：经济日报出版社，1997。

——.《顾准文稿》，陈敏之、顾南九编，北京：中国青年出版社，2002。

——.《顾准自述》，陈敏之、顾南九编，北京：中国青年出版社，2002。

——.《试论社会主义制度下的商品生产和价值规律》，《经济研究》1957 年第 3 期。

郭嵩焘：《郭嵩焘日记》，4 卷本，长沙：湖南人民出版社，1980—1983。

何清儒：《职业学校学生出路调查》，《教育与职业》第 168 期（1935 年 10 月）。

洪庚阳：《开沪言之》，《生活》周刊第 2 卷第 49 期（1926 年 10 月 9 日）。

洪葭管：《民国时期金融机构在社会变化中的作用》，加州大学伯克利分校现代上海研讨班上的报告，1992 年 3 月 6—7 日。

——.《在金融史园地里漫步》，北京：中国金融出版社，1990。

洪葭管主编：《中国金融史》，成都：西南财经大学出版社，1993。

胡适：《时间不值钱》，《生活》周刊第 2 卷第 7 期（1926 年 12 月 5 日）。

胡尧昌：《社会对于黄女士何如此之惨酷》，《生活》周刊第 4 卷第 11 期（1929 年 1 月 27 日）。

胡愈之：《潘汉年同志与救国会》，载中共上海市委党史资料征集委员会编：《"一二·九"以后上海救国会史料选辑》，上海：上海社会科学院出版社，1987。

黄定会：《简议同人福利处境》，《银钱界》第 2 卷第 4 期（1938 年 8 月）。

黄逸峰、蒋铎等编著：《旧中国民族资产阶级》，南京：江苏古籍出版社，1990。

姬文：《市声》，上海：上海文化出版社，1958。

焦大秋：《一个佣工的生活记录》，《读书生活》第 1 卷第 3 期（1934 年 12 月）。

《教育杂志》，8 卷重印本，台北：台湾商务印书馆，1975。

《检举汉奸李泽》，载中共上海市委党史资料征集委员会主编：《上海百货业职工运动史料》，内部资料，上海，1986。

蒋明祺：《经商失败之原因》，《上海总商会月报》第 6 卷第 1 期（1926 年 1 月）。

金曼辉：《押典内》，《读书生活》第1卷第4期（1934年12月）。

金雪尘：《老上海广告》序言，载益斌、柳又明、甘振虎编：《老上海广告》，上海：上海画报出版社，1995。

记者：《伤心惨目》，《生活》周刊第6卷第42期（1931年10月10日）。

《捐款助饷者来函之一斑》，《生活》周刊第6卷第48期（1931年11月28日）。

兰：《我所希望本行实现的几件事》，《中行生活》第3卷第22期（1934年1月15日）。

劳燕：《看日出》，《银钱界》第2卷第12期（1938年12月）。

李伯元：《文明小史》，北京：通俗文艺出版社，1955。

李长莉：《晚清上海社会的变迁——生活与伦理的近代化》，天津：天津人民出版社，2002。

李春康：《上海的高等教育》，载上海市通志馆编：《上海史通志馆期刊》，上海：上海市通志馆，1934。

李凡夫：《关于1935年至1937年上海地下党斗争的一些情况》，载中共上海市委党史资料征集委员会编：《"一二·九"以后上海救国会史料选辑》，上海：上海社会科学院出版社，1987。

李公朴：《全中国只有一种国旗了》，《生活》周刊第4卷第17期（载1929年3月24日）。

——．《怎样纪念四个伟大的"日子"》，《读书生活》第2卷第1期（1935年5月）。

李国虫：《硬碰硬》，《生活》周刊第4卷第6期（1928年12月23日）。

李吉禄：《我对于同人的两句话》，《中行生活》第1卷第5期（1932年9月15日）。

李缙：《吾人应当省察自己的病态》，《中行生活》第2卷第12期（1933年4月15日）。

李桦：《木刻特辑》，《读书生活》第3卷第1期（1935年11月）。

李云良：《公司制度与新式会计之关系》，《上海总商会月报》第5卷第4期（1925年4月）。

李岫：《茅盾研究在国外》，长沙：湖南人民出版社，1984。

刘广京：《唐廷枢买办时代》，载刘广京编：《经世思想与新兴企业》，台北：联经出版事业公司，1990。

——．《晚清督抚权力问题商榷》，载刘广京编：《经世思想与新兴企业》，台北：联经出版事业公司，1990。

柳湜：《同归于尽》，《读书生活》第2卷第4期（1935年6月）。

娄承浩、薛顺生编著：《老上海石库门》，上海：同济大学出版社，2004。

陆志仁：《关于上海职业界救国会的一些情况》，载中共上海市委党史资料征集委员会编：《"一二·九"以后上海救国会史料选辑》，上海：上海社会科学院出版社，1987。

罗苏文：《大上海 石库门：寻常人家》，上海：上海人民出版社，1991。

——．《女性与近代中国社会》，上海：上海人民出版社，1996。

罗义俊：《上海南市难民区述略》，载中国人民政治协商会议上海市委员会文史资料工作委员会编：《上海文史资料选辑》第 51 期，上海：上海人民出版社，1985。

落霞：《繁华上海中的奇俭者》，《生活》周刊第 3 卷第 33 期（1928 年 7 月 1 日）。

马敏：《官商之间：社会剧变中的近代绅商》，武汉：华中师范大学出版社，2003。

茅盾：《子夜》，北京：人民文学出版社，1977。

毛锦岛：《父母催婚甚急》，《生活》周刊第 3 卷第 33 期（1928 年 7 月 1 日）。

梦生：《救救我姊姊的性命》，《生活》周刊第 3 卷第 40 期（1928 年 8 月 19 日）。

闵之实：《科学的管理术》，《上海总商会月报》第 5 卷第 3 期（1925 年 3 月）。

潘序伦、顾准编著：《中国政府会计制度》，上海：商务印书馆，1939。

庞朴：《谈矛盾的普遍性和特殊性》，北京：通俗读物出版社，1956。

佩苇：《看了日出以后》，《银钱界》第 2 卷第 12 期（1938 年 12 月）。

裴云卿：《第三届会员大会的使命和发展》，《银钱界》第 2 卷第 1 期（1938 年 6 月 12 日）。

裴观：《沪行同人公余生活写真》，《中行生活》第 2 卷第 16 期（1933 年 8 月 1 日）。

萍子：《卅余单位会员交谊大会特写》，《银钱界》第 2 卷第 10 期（1938 年 11 月 1 日）。

钱俊瑞：《救国会内的党组织情况》，载中共上海市委党史资料征集委员会编：《"一二·九"以后上海救国会史料选辑》，上海：上海社会科学院出版社，1987。

钱亦石：《4 月后半月的国际大事》，《读书生活》第 2 卷第 1 期（1935 年 5 月）。

钱壮公：《农村生活亟宜改良之点》，《生活》周刊第 2 卷第 1 期（1926 年 10 月 24 日）。

乔英：《发工钱的一天》，《读书生活》第 2 卷第 2 期（1935 年 5 月）。

邱文治、韩银庭编著：《茅盾研究六十年》，天津：天津教育出版社，1990。

秋星：《我们今日所最需要的是什么？》，《生活》周刊第 4 卷第 15 期（1929 年 3 月 10 日）。

上海百货公司、上海社会科学院经济研究所、上海市工商行政管理局编著：《上海近代百货商业史》，上海：上海社会科学院出版社，1988。

《上海公共租界史稿》，上海：上海人民出版社，1980。

"上海'九五'社会发展问题思考"课题组编:《上海跨世纪社会发展问题思考》,上海:上海社会科学院出版社,1997。

上海历史博物馆、上海人民美术出版社编:《上海百年掠影(1840S—1940S)》,上海:上海人民美术出版社,1992。

上海鲁迅研究馆、江苏古籍出版社编:《版画纪程:鲁迅藏中国现代木刻全集》,南京:江苏古籍出版社,1991。

《上海青年》,1939。

上海社会科学院:《上海社会科学院精选著作简介:1958—1998》,上海:上海社会科学院出版社,1998。

上海社会科学院经济研究所编著:《上海永安公司的产生、发展和改造》,上海:上海人民出版社,1981。

上海社会科学院历史研究所编:《五卅运动史料》第1卷,上海:上海人民出版社,1981。

上海市档案馆,民国-31-苏-公-832,民国-31-苏-公-390。

上海市档案馆编:《日伪上海市政府》,北京:档案出版社,1986。

上海市金融学会编:《论新世纪上海国际金融中心建设》,上海:上海三联书店,2002。

《上海市银钱业业余联谊会成立三周年纪念暨第五届会员大会特刊》,1939年10月29日出版。

周武、吴桂龙:《上海通史》第5卷《晚清社会》,上海:上海人民出版社,1999。

上海图书馆编:《老上海风情录·建筑寻梦卷》,上海:上海文化出版社,1998。

上海永安百货公司档案,《布告》,上海市政档案,Q-235,1937。

上海永安百货公司档案,《各部职员成绩报告总表及各级报告表》,1939,上海市政档案,Q-225-2-101。

上海永安百货公司档案,《人事信函》,上海市政档案,Q-235,1937—1938。

上海永安百货公司档案,《南京路世界联合会函永安》,Q235-2-49,1939年3月28日。

上海永安百货公司档案,《全体同仁上书》,上海市政档案,Q225-2-46,1938年8月8日,1940年8月25日,1941年4月1日。

《商人通例》,1914。

《商务考察报》,第1-3期(1907年10月)。

商业部百货局编:《中国百货商业》,北京:北京大学出版社,1989。

沈书钰:《沪行球艺部之过去及其近况》,《中行生活》第2卷第17期(1933年9

月1日)。

沈诒：《输送人员和物资去抗日根据地的情况》，载中国人民政治协商会议上海市委员会文史资料工作委员会编：《上海文史资料选辑》第51期，上海：上海人民出版社，1985。

沈毓元：《土山湾与孤儿院》，载汤伟康、朱大路、杜黎编：《上海轶事》，上海：上海文化出版社，1987。

盛郎西：《十年来江苏中等学校毕业生出路统计》，《教育杂志》第17卷4号（1925年4月），第17卷5号（1925年5月）。

盛佩玉：《殊堪浩叹》，《生活》周刊第3卷第2期（1927年11月13日）。

盛佩玉、吴琛：《两位女士对于大家族的意见》，《生活》周刊第2卷第50期（1927年10月16日）。

盛宣怀：《盛宣怀日记》（愚斋东游日记），扬州：江苏广陵古籍刻印社，1998。

史梅定主编：《追忆：近代上海图史》，上海：上海古籍出版社，1996。

——.《上海租界志》，上海：上海社会科学出版社，2001。

宋家麟编：《老月份牌》，上海：上海画报出版社，1997。

孙剑秋：《同昌车行实习报告》，《中华职业学校职业市市刊》第1期（1934年6月）。

孙立：《两难》，《生活》周刊第4卷第5期（1928年12月16日）。

孙述之：《我的典当生活》，《读书生活》第1卷第2期（1934年11月）。

孙中田、刘雨导读：《〈子夜〉导读》，北京：中华书局，2002。

谭玉佐：《中国重要银行发展史》，台北：联合出版中心，1961。

唐克：《木刻略谈》，《读书生活》第3卷第1期（1935年11月）。

唐钰孙：《如何成为本行的劲旅》，《中行生活》第3卷第22期（1934年1月15日）。

唐振常主编：《上海史》，上海：上海人民出版社，1989。

唐忠新：《中国城市社区建设概论》，天津：天津人民出版社，2000。

陶菊隐：《孤岛见闻——抗战时期的上海》，上海：上海人民出版社，1979。

田本相：《曹禺传》，北京：北京十月文艺出版社，1988。

仝人：《创刊词》，《读书生活》第1卷第1期（1934年11月）。

联合国教科文组织海上丝绸之路综合考察泉州国际学术讨论会组织委员会编：《中国与海上丝绸之路：联合国教科文组织海上丝绸之路综合考察泉州国际学术讨论会论文集》，福州：福建人民出版社，1991。

王翰：《一二·九运动后上海地下党工作路线的转变》，载中共上海市委党史资料征集委员会编：《"一二·九"以后上海救国会史料选辑》，上海：上海社会科学院出版社，1987。

万瑞君：《台湾人横扫上海》，台北：世茂出版社，2001。

王安忆：《长恨歌》，北京：作家出版社，1996。

王尔敏：《中国近代思想史论》，台北：台湾商务印书馆，1995。

王建瑞：《上海妇女里的猫头鹰》，《生活》周刊第3卷第3期（1927年11月20日）。

王平：《一个小贩的生活》，《读书生活》第1卷第7期（1935年2月）。

汪叔梅：《艰苦中得来的生命》，《中行生活》第2卷第12期（1933年4月15日）。

王韬：《格致书院》，上海：弢园，1886—1893。

——.《瀛壖杂志》，上海：上海古籍出版社，1989。

王效冲：《一个难得的女子》，《生活》周刊第2卷第2期（1926年10月31日）。

王尧山：《1937年前上海的抗日救亡运动和地下党组织的整理工作》，载中共上海市委党史资料征集委员会编：《"一二·九"以后上海救国会史料选辑》，上海：上海社会科学院出版社，1987。

王志莘：《穿长衫人的苦痛》，《生活》周刊第2卷第47期（1927年9月25日）。

——.《储蓄的益处》，《生活》周刊第2卷第11期（1927年1月16日）。

王志逸：《正当的娱乐方法》，《生活》周刊第2卷第1期（1926年10月24日）。

——.《改造都市的研究》，《生活》周刊第2卷第2期（1926年10月31日）。

魏绍昌编：《李伯元研究资料》，上海：上海古籍出版社，1980。

吴大琨：《党与救国会》，载中共上海市委党史资料征集委员会编：《"一二·九"以后上海救国会史料选辑》，上海：上海社会科学院出版社，1987。

——.《抗日战争中对新四军的慰问》，载中国人民政治协商会议上海市委员会文史资料工作委员会编：《上海文史资料选辑》第51期，上海：上海人民出版社，1985。

吴景平：《宋子文评传》，福州：福建人民出版社，1992。

吴亮著文：《老上海》，南京：江苏美术出版社，1998。

吴丽梅：《娱乐的极端》，《银钱界》第11期（1938年11月20日）。

吴维种：《刘半农所曲形尽相的学徒苦》，《生活》周刊第2卷第9期（1926年12月19日）。

吴雅琴：《发起银钱业消费合作社的意义》，《银钱界》第2卷第8期（1938年10月）。

吴友如：《吴友如画宝》，3卷本，上海：上海书店，1983。

赵福生：《大连民众娱乐及我行同人生活》，《中行生活》第2卷第15期（1933年7月1日）。

肖林森：《体制转轨期城市改革战略及操作》，北京：经济科学出版社，1992。

孝逸：《共同生活之一斑："九十四号"》，《中行生活》第2卷第13期（1933年5月15日）。

熊宜中：《明清官像画图录》，台北：台湾艺术教育馆，1998。

熊月之等：《上海通史》，15卷本，上海：上海人民出版社，1999。

熊月之：《西学东渐与晚清社会》，上海：上海人民出版社，1994。

——．《中国近代民主思想史》，上海：上海人民出版社，1986。

心水：《介绍家庭娱乐方法的新建议》，《生活》周刊第 2 卷第 20 期（1926 年 3 月 20 日）。

希真：《乡下人并不顽固》，《生活》周刊第 4 卷第 29 期（1929 年 6 月 16 日）。

徐鼎新：《1920 年代、1930 年代上海国货广告促销及其文化特色》，1995 年 7 月康奈尔大学举办上海消费文化研讨会上提交的文章。

——．《国货广告与消费文化》，载叶文心等编：《上海百年风华》，台北：跃升文化出版社，2001。

许汉三编：《黄炎培年谱》，北京：北京文史资料出版社，1985。

徐俊西主编、王纪人分卷主编：《上海五十年文学批评丛书·思潮卷》，上海：华东师范大学出版社，1999。

徐矛、顾关林、姜天鹰主编：《中国十银行家》，上海：上海人民出版社，1997。

许敏：《士、娼、优：晚清上海社会生活一瞥》，载汪晖、余国良编：《上海：城市、社会与文化》，香港：香港中文大学出版社，1998。

徐凤石：《期望》，《大众生活》第 1 卷第 2 期（1935 年 11 月 23 日）。

徐雪寒：《回忆全国各界救国联合会片段情况》，载中共上海市委党史资料征集委员会编：《"一二·九"以后上海救国会史料选辑》，上海：上海社会科学院出版社，1987。

徐宗泽：《希望给予有"利"的东西造成"好"的环境》，《中行生活》第 2 卷第 13 期（1933 年 5 月 15 日）。

雪石：《汉口水患中之社会表现观》，《生活》周刊第 6 卷第 34 期（1931 年 8 月 15 日）。

颜娟英：《不息的变动——以上海美术学校为中心的美术教育运动》，载颜娟英编：《上海美术风云——1872—1949 年申报艺术资料条目索引》，台北："中央研究院"历史语言研究所，2006。

杨耻之、编者：《农民运动与暴动》，《生活》周刊第 2 卷第 13 期（1927 年 1 月 30 日）。

杨定红：《青年从事职业以后应有的态度》，《生活》周刊第 1 卷第 33 期（1926 年 6 月 6 日）。

杨东平：《城市季风：北京和上海的变迁和对峙》，台北：联经出版事业公司，1996。

杨贤江：《青年修养——论发端》，《生活》周刊第 1 卷第 1 期（1925 年 10 月 11 日）。

杨荫杭：《各国商业大学之状况》，《商务官报》第 7 期（1907 年）。

姚崧菱编著：《张公权先生年谱初稿》，台北：传记文学出版社，1982。

叶伯言：《乡村办事处之一瞥》，《中行生活》第 3 卷第 22 期（1934 年 1 月 15 日）。

叶文心等编：《上海百年风华》，台北：跃升文化出版社，2001。

叶显恩：《明清徽州农村社会与佃仆制》，合肥：安徽人民出版社，1983。

叶子铭：《论茅盾四十年的文学道路》，上海：上海文艺出版社，1959。

益斌、柳又名、甘振虎编：《老上海广告》，上海：上海画报出版社，1995。

一侯：《共同生活之一斑——津中里》，《中行生活》第 1 卷第 4 期（1932 年 8 月 15 日）。

益民：《提出一个读书上的问题》，《中行生活》第 3 卷第 32 期（1934 年 11 月 1 日）。

雍文涛：《回忆党对"职救"的领导和上海人民的抗日救亡运动》，载中共上海市委党史资料征集委员会编：《"一二·九"以后上海救国会史料选辑》，上海：上海社会科学院出版社，1987。

《娱乐新闻》，《银钱业》第 2 卷第 4 期（1938 年 8 月）。

玉昆：《上海衣着行业概况》，载中共上海市委党史资料征集委员会编：《上海衣着业职工运动史料》，内部资料，上海，1985。

余英时：《中国近世宗教伦理与商人精神》，台北：联经出版事业公司，1987。

苑方栖：《小洋灯下》，《读书生活》第 1 卷第 1 期（1934 年 11 月）。

甄润珊：《谈谈银行生活》，《中行生活》第 1 卷第 7 期（1932 年 11 月 15 日）。

张公权：《我们的出路》，《中行生活》第 2 卷第 21 期（1933 年 12 月 1 日）。

——．《中国银行之基础安在？》，《中行生活》第 2 卷第 14 期（1933 年 6 月 15 日）。

——．《银行行员的新生活》，南京：正中书局，1934。

张士杰编：《增订商人宝鉴》，上海：商务印书馆，1938。

张宪炎编：《中国海洋史发展论文集》，台北：中山人文社会科学研究所、"中央研究院"，1997。

张玉枝：《转型中的社区发展——政府与社会分析视角》，上海：上海社会科学院出版社，2003。

张仲礼主编：《近代上海城市研究》，上海：上海人民出版社，1990。

张仲礼、陈曾年：《沙逊集团在旧中国》，北京：人民出版社，1985。

赵朴初：《抗战初期上海的难民工作》，载中国人民政治协商会议上海市委员会文史资料工作委员会编：《上海文史资料选辑》第 51 期，上海：上海人民出版社，1985。

郑义：《邹家华和他的父亲》，台北：开今文化事业有限公司，1994。

郑祖安：《百年上海城》，上海：学林出版社，1999。

钟导赞：《职业学校校长之学历与经验》，《教育与职业》第169期（1935年11月1日）。

钟桂松：《二十世纪茅盾研究史》，杭州：浙江人民出版社，2001。

中共上海市委办公厅市区处编：《城市街道办事处居民委员会工作手册》，上海：上海人民出版社，1988。

中共上海市委党史研究室编：《上海抗日救亡史》，上海：上海社会科学院出版社，1995。

中共上海市委党史资料征集委员会编：《"一二·九"以后上海救国会史料选辑》，上海：上海社会科学院出版社，1987。

——．《上海四行二局职工运动史料》第2辑，上海：中国人民银行上海市分行，1987。

——．《上海南市六业职工运动史料》，内部资料，上海，1986。

——．《上海衣着业职工运动史料》，内部资料，上海，1985。

中共上海市委党史资料征集委员会、益友社史料征集组编：《益友社十二年（1938—1949）》，未公开出版手稿，上海，1985。

中国人民银行总行金融研究所金融历史研究室编：《近代中国金融业管理》，北京：人民出版社，1990。

中国银行总行、中国第二历史档案馆合编：《中国银行行史资料汇编·上编（1912—1949年）》第1—3册，北京：档案出版社，1991。

中华职业教育社编：《全国职业学校概况》，上海：商务印书馆，1934。

周克：《难民工作和地下军工作回忆片段》，载中国人民政治协商会议上海市委员会文史资料工作委员会编：《上海文史资料选辑》第51期，上海：上海人民出版社，1985。

周天度主编：《七君子传》，北京：中国社会科学出版社，1989。

周育民：《晚清财政与社会变迁》，上海：上海人民出版社，2000。

朱国栋、王国章主编：《上海商业史》，上海：上海财经大学出版社，1999。

朱近：《我们的读书合作》，《生活》周刊第6卷第14期（1930年3月28日）。

朱学勤：《1998年：关于陈寅恪、顾准、王小波》，载李世涛主编：《知识分子立场·自由主义之争与中国思想界的分化》，长春：时代文艺出版社，2000。

祝仰辰：《一个后进行员的自励与希望》，《中行生活》第2卷第12期（1933年4月15日）。

朱宗晨：《黄炎培和儒商伦理》，《探索与争鸣》第 8 期（2003 年 8 月）。

庄泽宣：《婚姻的先决问题》，《生活》周刊第 2 卷第 16 期（1927 年 2 月 12 日）。

庄钟庆：《茅盾史实发微》，长沙：湖南人民出版社，1985。

邹韬奋：《不堪设想的官化》，《生活》周刊第 5 卷第 1 期（1929 年 12 月 1 日）。

——.《创办生活日报之建议》，《生活》周刊第 7 卷第 9 期（1932 年 3 月 5 日）。

——.《对全国学生贡献的一点意见》，《生活》周刊第 6 卷第 40 期（1931 年 9 月 26 日）。

——.《读者信箱外集》第 1 辑，上海：生活周刊社，1930。

——.《国难与学潮》，《生活》周刊第 6 卷第 52 期（1931 年 12 月 19 日）。

——.《国庆与国哀》，《生活》周刊第 6 卷第 42 期（1931 年 10 月 10 日）。

——.《汉皋旅次》，《生活》周刊第 5 卷第 32 期（1930 年 7 月 20 日）。

——.《看了孙总理国葬典礼影片》，《生活》周刊第 4 卷第 34 期（1929 年 7 月 21 日）。

——.《激》，《生活》周刊第 3 卷第 25 期（1928 年 5 月 6 日）。

——.《记查良钊君谈陕灾事》，《生活》周刊第 6 卷第 12 期（1931 年 3 月 14 日）。

——.《经历》，北京：三联书店，2017。

——.《民意所在》，《生活》周刊第 6 卷第 25 期（1931 年 6 月 13 日）。

——.《某元老的流氓问题》，《生活》周刊第 5 卷第 8 期（1930 年 1 月 19 日）。

——.《生活国难惨象画报》，《生活》周刊第 6 卷第 44 期（1931 年 10 月 24 日）。

——.《受经济压迫而想到节育的一位青年》，《生活》周刊第 2 卷第 7 期（1926 年 12 月 5 日）。

——.《甜蜜的称呼》，《生活》周刊第 4 卷第 31 期（1929 年 6 月 30 日）。

——.《天灾人祸》，《生活》周刊第 6 卷第 34 期（1931 年 8 月 15 日）。

——.《清寒教育基金的功效》，《生活》周刊第 6 卷第 14 期（1931 年 3 月 28 日）。

——.《我们怜惜黄慧如女士（上）》，《生活》周刊第 4 卷第 3 期（1928 年 12 月 2 日）。

——.《我们怜惜黄慧如女士（下）》，《生活》周刊第 4 卷第 4 期（1928 年 12 月 9 日）。

——.《吾爱》，《生活》周刊第 3 卷第 44 期（1928 年 9 月 26 日）。

——.《无可掩饰的极端无耻》，《生活》周刊第 6 卷第 41 期（1931 年 10 月 3 日）。

——.《鸦片公卖民意测验》，《生活》周刊第 7 卷第 42 期（1932 年 10 月 22 日）。

——.《言论的立场和态度》，《大众生活》新 6 号（1941 年 6 月 21 日）。

——.《一封万分迫切求救的信》，《生活》周刊第 4 卷第 46 期（1929 年 10 月 13 日）。

——.《以后谁娶黄女士的便是"hero"》,《生活》周刊第 4 卷第 5 期(1928 年 12 月 16 日)。

——.《一致的严厉监督》,《生活》周刊第 6 卷第 40 期(1931 年 9 月 26 日)。

——.《政府广播革命种子》,《生活》周刊第 6 卷第 49 期(1931 年 11 月 28 日)。

邹维新:《中华职业学校初中部学生膳食现况》,《中华职业学校职业市市刊》第 1 期(1934 年 6 月)。

邹依仁:《旧上海人口变迁的研究》,上海:上海人民出版社,1980。

外文部分

Alitto, Guy. *The Last Confucian: Liang Shu-ming and the Chinese Dilemma of Modernity*. Berkeley: University of California Press, 1979.

Andrews, Julia. "Judging a Book by Its Cover: Book Cover Design in Shanghai." 1997 年 3 月 14 日芝加哥亚洲研究协会年会上提交的论文。

Bellah, Robert. *Tokugawa Religion: The Values of Pre-Industrial Japan*. Glencoe, Ill: Free Press, 1957.

Benson, Carlton. "From Teahouse to Radio: Storytelling and the Commercialization of Culture in 1930s Shanghai." 加州大学伯克利分校博士论文,1996。

——. "Story-Telling and Radio Shanghai." *Republican China* 20, no. 2 (April 1995).

Berger, Peter. *In Search of an East Asian Development Model*. New Brunswick, NJ: Transaction Books, 1988.

Bergère, Marie-Claire. *The Golden Age of the Chinese Bourgeoisie, 1911-1937*. Translated by Janet Lloyd. Cambridge, U. K.: Cambridge University Press, 1989.

——. "The Purge in Shanghai: The Sarly Affair and the End of the French Concession, 1945-1946." In *Wartime Shanghai*, edited by Wen-hsin Yeh. London and New York: Routledge, 1998.

Bernhardt, Kathryn. "Women and the Law: Divorce in the Republican Period." 1991 年 8 月 1—2 日加州大学洛杉矶分校"中国社会民法研讨会"上提交的论文。

Berninghausen, John. "Mao Dun's Early Fiction, 1927-1931: The Standpoint and Style of His Realism." 斯坦福大学博士论文,1980。

Bickers, Robert. "Settlers and Diplomats: The End of the British Hegemony in the International Settlement, 1937-1945." In *In the Shadow of the Rising Sun: Shanghai under Japanese Occupation*, edited by Christian Henorit and Wen-hsin Yeh. New York: Cambridge University Press, 2004.

Bourdieu, Pierre. "Sport and Social Class." In *Rethinking Popular Culture: Contemporary Perspectives in Cultural Studies*, edited by Chandra Mukerji and Michael Schudson. Berkeley: University of California Press, 1991.

Brokaw, Cynthia J. *The Ledgers of Merit and Demerit: Social Change and Moral Order in Late Imperial China*. Princeton, NJ: Princeton University Press, 1991.

——. "Reading the Best-Sellers of the Nineteenth Century: Commercial Publishing in Sibao." In *Printing and Book Culture in Late Imperial China*, edited by Cynthia Brokaw and Kai-wing Chow. Berkeley: University of California Press, 2005.

Brook, Timothy. "Collaborationist Nationalism in Occupied Wartime China." In *Nation Work: Asian Elites and National Identities*, edited by Timothy Brook and Andre Schmid. Ann Arbor: University of Michigan Press, 2000.

——. "The Great Way Government of Shanghai." In *In the Shadow of the Rising Sun: Shanghai under Japanese Occupation*, edited by Christian Henorit and Wen-hsin Yeh. New York: Cambridge University Press, 2004.

——. and Robert Tadashi Wakabayashi eds. *Opium Regimes: China, Britain, and Japan, 1839–1952*. Berkeley: University of California Press, 2000.

Bunker, Gerald E. *The Peace Conspiracy: Wang Ching-wei and the China War, 1937–1941*. Cambridge, MA: Harvard University Press, 1972.

Chandler, Alfred. *The Visible Hand: The Managerial Revolution in American Business*. Cambridge, MA: Belknap Press, 1977.

Chang, Iris. *The Rape of Nanjing: The Forgotten Holocaust of World War II*. New York: Basic Books, 1997.

Chang, Kia-ngau. *The Inflationary Spiral: The Experience in China, 1939–1950*. Cambridge, MA: MIT Technology Press, 1958.

Chen, Joseph T. *The May Fourth Movement in Shanghai: The Making of a Social Movement in Modern China*. Leiden: Brille, 1971.

Chen Yu-shih. *Realism and Allegory in the Early Fiction of Mao Tun*. Bloomington: Indiana University Press, 1985.

Cheng Naishan. *The Banker*. Translated, with introduction, by Britten Dean. San Francisco: China Books & Periodicals, Inc., 1992.

Chiang Monlin. *Tides from the West: A Chinese Autobiography*. New Haven, CN:

Yale University Press, 1947.

Chow Tse-tsung. *The May Fourth Movement: Intellectual Revolution in Modern China*. Cambridge, MA: Harvard University Press, 1960.

Cipolla, Carlo M. *Clocks and Culture, 1300–1700*. New York: Norton, 1977.

Clark, Hugh R. *Community, Trade, and Networks: Southern Fujian Province from the Third to the Thirteenth Century*. Cambridge, New York: Cambridge University Press, 1991.

Clifford, Nicholas Rowland. *Shanghai, 1925: Urban Nationalism and the Defense of Foreign Privilege*. Ann Arbor: Center for Chinese Studies, University of Michigan, 1979.

——. *Spoilt Children of Empire: Westerners in Shanghai and the Chinese Revolution of the 1920s*. London: University Press of New England, 1991.

Clunas, Craig. *Pictures and Visuality in Early Modern China*. Princeton, NJ: Princeton University Press, 1997.

Coble, Parks M. "Chiang Kai-shek and the Anti-Japanese Movement in China: Zou Tao-fen and the National Salvation Association, 1931–1937." *Journal of Asian Studies* 44, no. 2 (February 1985).

——. "Chinese Capitalists and the Japanese: Collaboration and Resistance in the Shanghai Area, 1937–1945." In *Wartime Shanghai*, edited by Wen-hsin Yeh. London and New York: Routledge, 1998.

——. *Chinese Capitalists in Japan's New Order: The Occupied Lower Yangzi, 1937–1945*. Berkeley: University of California Press, 2003.

——. *Facing Japan: Chinese Politics and Japanese Imperialism, 1931–1937*. Cambridge, MA: Council on East Asian Studies, Harvard University, 1991.

——. *The Shanghai Capitalists and the Nationalist Government, 1927–1937*. Cambridge, MA: Council on East Asian Studies, Harvard University, 1980.

Cochran, Sherman. *Big Business in China: Sino-Foreign Rivalry in the Cigarette Industry, 1890–1930*. Cambridge, MA: Harvard University Press, 1980.

——. *Encountering Chinese Networks: Western, Japanese and Chinese Corporations in China, 1880–1937*. Berkeley: University of California Press, 2000.

——. ed. *Inventing Nanjing Road: Commercial Culture in Shanghai, 1900–1945*. Ithaca, NY: East Asian Center, Cornell University, 1999.

——. "Marketing Medicine and Advertising Dreams in China, 1900–1950." In

Becoming Chinese: Passages to Modernity and Beyond, edited by Wen-hsin Yeh. Berkeley: University of California Press, 2000.

———. Andrew C. K. Hsieh, Janis Cochran. *One Day in China: May 21, 1936*. New Haven: Yale University Press, 1982.

———. "Three Roads into Shanghai's Market: Japanese, Western, and Chinese Companies in the Match Trade, 1895–1937." In *Shanghai Sojourners*, edited by Frederic Wakeman, Jr., and Wen-hsin Yeh. Berkeley: Institute of East Asian Studies, University of California, 1992.

Cohn, Don J., edited and translated. *Vignettes from the Chinese: Lithographs from Shanghai in the Late Nineteenth Century*. Hong Kong: Research Center for Translation, Chinese University of Hong Kong, 1987.

Cornet, Christine. "The Bumpy End of the French Concession and French Influence in Shanghai, 1937–1946." In *In the Shadow of the Rising Sun: Shanghai under Japanese Occupation*, edited by Christian Henroit and Wen-hsin Yeh. New York: Cambridge University Press, 2004.

Crossley, Pamela Kyle. *The Manchus*. Oxford; Malden, MA: Blackwell, 2002.

———. *Orphan Warriors: Three Manchu Generations and the End of the Qing World*. Princeton, NJ: Princeton University Press, 1990.

Del Lago, Francesca. "How 'Modern' is the Modern Woman? Crossed Legs and Modernity in 1930s Shanghai Calendar Posters, Pictorial Magazines and Cartoons." *East Asian History* 19 (2000).

Dong, Madeleine Yue. *Republican Beijing: The City and its Histories*. Berkeley: University of California Press, 2003.

Duara, Prasenjit. *Rescuing History from the Nation: Questioning Narratives of Modern China*. Chicago: University of Chicago Press, 1995.

Eastman, Lloyd E. *Family, Fields, and Ancestors: Constancy and Change in China's Social and Economic History, 1550–1949*. New York: Oxford University Press, 1988.

———. *Seeds of Destruction: Nationalist China in War and Revolution, 1937–1949*. Stanford: Stanford University Press, 1984.

Eastman, Lloyd E. *Family, Fields, and Ancestors: Constancy and Change in China's Social and Economic History, 1550–1949*. New York: Oxford University Press, 1988.

Elliott, Mark C. *The Manchu Way: Eight Banners and Ethnic Identity in Late Imperial China*. Stanford: Stanford University Press, 2001.

Elvin, Mark and G. William Skinner eds. *The Chinese City between Two Worlds*. Stanford: Stanford University Press, 1974.

Fairbank, John K. "The Creation of the Treaty System." in *The Cambridge History of China*, vol. 10, edited by Denis Twichett and John K. Fairbank. New York: Cambridge University Press, 1978.

——. "The Early Treaty System in the Chinese World Order." In *The Chinese World Order: Traditional China's Foreign Relations*, edited by John K. Fairbank. Cambridge, MA: Harvard University Press, 1968.

——. "A Preliminary Framework." In *The Chinese World Order: Traditional China's Foreign Relations*, edited by John K. Fairbank. Cambridge, MA: Harvard University Press, 1968.

——. *Trade and Diplomacy on the China Coast: The Opening of the Treaty Ports, 1842-1854*. Cambridge, MA: Harvard University Press, 1953.

Fei, Hsiao-tung. *China's Gentry: Essays on Rural-Urban Relations*. Chicago: University of Chicago Press, 1953.

Feuerwerker, Albert. *China's Early Industrialization: Sheng Hsuan-huai (1844-1916) and Mandarin Enterprise*. Cambridge, MA: Harvard University Press, 1958.

Fewsmith, Joseph. "In Search of the Shanghai Connection." *Modern China* 11, no. 1 (January 1985).

——. *Party, State, and Local Elites in Republican China: Merchant Organizations and Politics in Shanghai, 1890-1930*. Honolulu: University of Hawaii Press, c1985.

Fogel, Joshua A. *Ai Ssu-chi's Contribution to the Development of Chinese Marxism*. Cambridge, MA: Council on East Asian Studies, Harvard University, 1987.

Friedman, Milton. *Money Mischief: Episodes in Monetary History*. New York: Harcourt Brace Jovanovich, 1992.

Fu, Poshek. *Between Shanghai and Hong Kong: The Politics of Chinese Cinemas*. Stanford: Stanford University Press, 2003.

——. *Passivity, Resistance, and Collaboration: Intellectual Choices in Occupied Shanghai, 1937-1945*. Stanford: Stanford University Press, 1993.

Furth, Charlotte. "Intellectual Change: From the Reform Movement to the May Fourth Movement." In *An Intellectual History of Modern China*, edited by Merle Goldman and Leo Ou-fan Lee. New York: Cambridge University Press, 2002.

Galik, Marian. *Mao Tun and Modern Chinese Literary Criticism*. Wiesbaden:

F. Steiner, 1969.

Gang Deng. *Maritime Sector, Institutions, and Sea Power in Premodern China*. Westport, Conn.: Greenwood Press, 1999.

Gardella, Robert. *Harvesting Mountains: Fujian and the Chinese Tea Trade, 1757–1937*. Berkeley: University of California Press, 1994.

Gerth, Karl. *China Made: Consumer Culture and the Creation of the Nation*. Cambridge, MA: Harvard University Asia Center, 2003.

Giddens, Anthony. *The Consequences of Modernity*. Stanford: Stanford University Press, 1990.

Goodman, Bryna. "Democratic Calisthenics: The Culture of Urban Associations in the New Republic." In *Changing Meanings of Citizenship in Modern China*, edited by Merle Goldman and Elizabeth J. Perry. Cambridge, MA: Harvard University Press, 2002.

——. *Native Place, City and Nation: Regional Networks and Identities in Shanghai, 1853–1937*. Berkeley: University of California Press, c1995.

Glosser, Susan. "The Business of Family: You Huaigao and the Commercialization of a May Fourth Ideal." *Republican China* 20, no. 2 (April 1995).

——. "The Business of Family." 1994年3月25—27日波士顿亚洲研究协会年会上提交的论文。

——. *Chinese Visions of Family and State, 1915–1953*. Berkeley: University of California Press, 2003.

Gunn, Edward M. *Unwelcome Muse: Chinese Literature in Shanghai and Peking, 1937–1945*. New York: Columbia University Press, 1980.

Greenfeld, Leah. *The Spirit of Capitalism: Nationalism and Economic Growth*. Cambridge, MA: Harvard University Press, 2002.

Hamilton, Gary ed. *Business Networks and Economic Development in East and Southeast Asia*. Hong Kong: Center for Asian Studies, University of Hong Kong, 1991.

Hao Yen-ping. *The Commercial Revolution in Nineteenth-Century China: The Rise of Sino-Western Mercantile Capitalism*. Berkeley: University of California Press, 1985.

——. *The Comprador in Nineteenth Century China: Bridge between East and West*. Cambridge, MA: Harvard University Press, 1970.

Harrison, Henrietta. *The Making of the Republican Citizen: Political Ceremonies and Symbols in China, 1911–1929*. Oxford, New York: Oxford University Press, 2000.

Hayford, Charles Wishart. *To the People: James Yen and Village China*. New

York: Columbia University Press, 1990.

Henriot, Christian. "Death in Shanghai." 2004年9月吕米埃尔-里昂第二大学东方亚洲研究所和加州大学伯克利分校联合在日本举办的视觉文献会议上提交的论文。

——. "Shanghai Industries under Japanese Occupation: Bombs, Boom, and Bust, 1937–1945." In *In the Shadow of the Rising Sun: Shanghai under Japanese Occupation*, edited by Christian Henriot and Wen-hsin Yeh. New York: Cambridge University Press, 2004.

——. and Wen-hsin Yeh eds. *Shanghai under Japanese Occupation*. Cambridge, UK; New York: Cambridge University Press, 2004.

Hershatter, Gail. *Dangerous Pleasures: Prostitution and Modernity in Twentieth-Century Shanghai*. Berkeley: University of California Press, 1997.

——. *The Workers of Tianjin, 1900–1949*. Stanford: Stanford University Press, 1986.

Hevia, James. *Cherishing Men from Afar: Qing Guest Ritual and the Macartney Embassy of 1793*. Durham: Duke University Press, 1995.

Honig, Emily. *Sisters and Strangers: Women in the Shanghai Cotton Mills, 1919–1949*. Stanford: Stanford University Press, 1986.

Huang, Nicole. *Women, War, and Domesticity: Shanghai Literature and Popular Culture of the 1940s*. Boston: Brill, 2005.

Hsu, Michael. "Domesticating the Foreign Western Women and Mixed Marriages in Republican China." 加州大学伯克利分校硕士论文，2007。

Hung, Chang-tai. *War and Popular Culture: Resistance in Modern China, 1937–1945*. Berkeley: University of California Press, 1994.

Hsu, Madeline Y. "Migration and Native Place: *Qiaokan* and the Imagined Community of Taishan County, Guangdong, 1893–1993." *Journal of Asian Studies* 59, no. 2 (May 2000).

Israel, John and Donald W. Klein. *Rebels and Bureaucrats: China's December 9ers*. Berkeley: University of California Press, c1976.

——. *Lianda: A Chinese University in War and Revolution*. Stanford: Stanford University Press, 1998.

——. *Student Nationalism in China, 1927–1937*. Stanford: Stanford University Press, 1966.

Johnson, Linda Cooke ed. *Cities of Jiangnan in Late Imperial China*. Albany: State University of New York Press, 1993.

Karl, Rebecca E. *Staging the World: Chinese Nationalism at the Turn of the Twentieth Century*. Durham, NC: Duke University Press, 2002.

Kern, Stephen. *The Culture of Time and Space, 1880 - 1918*. Cambridge, MA: Harvard University Press, 1983.

Khun, Philip A. *Rebellion and its Enemies in Late Imperial China: Militarization and Social Structure, 1796 - 1864*. Cambridge, MA: Harvard University Press, 1970.

King, Frank H. H. *A Concise Economic History of Modern China (1840 - 1961)*. New York: Praeger, 1969.

——. with Catherine E. King and David J. S. King. *The History of the Hong Kong and Shanghai Banking Corporation*. New York: Cambridge University Press, 1987 - 1991.

Kirby, William C. "China Unincorporated: Company Law and Business Enterprise in Twentieth-Century China." *Journal of Asian Studies* 54, no. 1 (February 1995).

——. "Engineering China: Birth of the Developmental State, 1928 - 1937." In *Becoming Chinese: Passages to Modernity and Beyond*, edited by Wen-hsin Yeh. Berkeley: University of California Press, 2000.

——. *Germany and Republican China*. Stanford: Stanford University Press, 1984.

Koll, Elizabeth. *From Cotton Mill to Business Empire: The Emergence of Regional Enterprises in Modern China*. Cambridge, MA: Harvard University Press, 2003.

Krebs, Edward S. "Old in the Newest New China: Photographic History, Private Memories and Individual Views of History." *The Chinese Historical Review* 2, no. 1 (Spring 2004).

Ku Hung-ting. *Urban Mass Movement: The May Thirtieth Movement in Shanghai*. Nankang, Taipei: Institute of Three Principles of the People, Academia Sinica, 1983.

Kuo, Ting-yee. "Self-Strengthening: The Pursuit of Western Technology." In *The Cambridge History of China*, vol. 10, edited by Denis Twichett and John K. Fairbank. New York: Cambridge University Press, 1978.

Kwan, Man Bun. *The Salt Merchants of Tianjin: State-making and Civil Society in Late Imperial China*. Honolulu: University of Hawaii Press, 2001.

Landes, David S. *Revolution in Time: Clocks and the Making of the Modern World*. Cambridge, MA: Harvard University Press, 1983.

Lee, Leo Ou-fan and Andrew Nathan. "The Beginnings of Mass Culture: Journalism and Fiction in the Late Ch'ing and Beyond." In *Popular Culture in Late Imperial China*, edited by David Johnson, Andrew J. Nathan and Evelyn S. Rawski. Berkeley: University of California Press, 1985.

——. "In Search of Modernity: Some Reflections on a New Mode of Consciousness in Twentieth Century Chinese History and Literature." In *Ideas across Cultures: Essays on Chinese Thought in Honor of Benjamin I. Schwartz*, edited by Paul A. Cohen and Merle Goldman. Cambridge, MA: Council on East Asian Studies, Harvard University, 1990.

——. *Shanghai Modern: The Flowering of a New Urban Culture in China, 1930 - 1945*. Cambridge, MA: Harvard University Press, 1999.

——. *Voices from the Iron House: A Study of Lu Xun*. Bloomington: Indiana University Press, 1987.

Le Goff, Jacques. *Time, Work, and Culture in the Middle Ages*. Translated by Arthur Goldhammer. Chicago: University of Chicago Press, 1980.

Leonard, Jane Kate. *Wei Yuan and China's Rediscovery of the Maritime World*. Cambridge, MA: Council on East Asian Studies, Harvard University, 1984.

Levenson, Joseph R. *Confucian China and its Modern Fate: The Problem of Intellectual Continuity*. Berkeley: University of California Press, 1958.

——. *Confucian China and Its Modern Fate: The Problem of Monarchical Decay*. Berkeley: University of California Press, 1964.

Li, Lillian M. *China's Silk Trade: Traditional Industry in the Modern World, 1842 - 1937*. Cambridge, MA: Council on East Asian Studies, Harvard University: Distributed by Harvard University Press, 1981.

Lin Man-houng. *China Upside Down: Currency, Society, and Ideologies, 1808 - 1856*. Cambridge, MA: Harvard University Press, 2006.

Link, Perry. *Mandarin Ducks and Butterflies: Popular Fiction in Early Twentieth-Century Chinese Cities*. Berkeley: University of California Press, 1981.

Liu Kuang-ching. *Anglo-American Steamship Rivalry in China, 1862 - 1874*. Cambridge, MA: Harvard University Press, 1962.

Lu Hanchao. *Beyond the Neon Lights: Everyday Shanghai in the Early Twentieth Century*. Berkeley: University of California Press, 1999.

Mann, Susan. *Local Merchants and the Chinese Bureaucracy, 1750 - 1950*. Stanford: Stanford University Press, 1987.

Mann Jones, Susan. "The Ningpo Pang and Financial Power at Shanghai." In *The

Chinese City between Two Worlds, edited by Mark Elvin and G. William Skinner. Stanford: Stanford University Press, 1974.

Martin, Brian G. "'The Pact with the Devil': the Relationship between the Green Gang and the Shanghai French Concession Authorities, 1925 - 1935." In *Shanghai Sojourners*, edited by Frederic Wakeman, Jr. and Wen-hsin Yeh. Berkeley: Institute of East Asian Studies, University of California, 1992.

——. *The Shanghai Green Gang: Politics and Organized Crime, 1919 - 1937*. Berkeley: University of California Press, 1996.

McElderry, Andrea Lee. *Shanghai Old-style Banks, 1800 - 1935: A Traditional Institution in a Changing Society*. Ann Arbor: Center for Chinese Studies, University of Michigan, 1976.

Mestrovic, Stjepan G. *Anthony Giddens: The Last Modernist*. New York: Routledge, 1998.

Mickey, Georgia. "The Politics of Reform: The Bank of China and Its Shareholders, 1904 - 1916." 哥伦比亚大学博士论文, 2004.

Miller, Michael Barry. *The Bon Marché: Bourgeois Culture and the Department Store, 1869 - 1920*. Princeton, NJ: Princeton University Press, 1994.

Murray, Julia K. "Didactic Illustrations in Printed Books." In *Printing and Book Culture in Late Imperial China*, edited by Cynthia Brokaw and Kai-wing Chow. Berkeley: University of California Press, 2005.

Myers, Ramon H. ed. *Selected Essays in Chinese Economic Development*. New York: Garland Publishing, 1980.

Najita, Tetsuo. *Visions of Virtue in Tokugawa Japan: The Kaitokudo Merchant Academy of Osaka*. Chicago: University of Chicago Press, 1987.

Nathan, Andrew. *Peking Politics, 1918 - 1923: Factionalism and the Failure of Constitutionalism*. Berkeley: University of California Press, 1976.

Naquin, Susan. *Peking: Temples and City Life, 1400 - 1900*. Berkeley; Los Angeles: University of California Press, c2000.

Ong, Aihwa. *Flexible Citizenship: The Cultural Logics of Transnationality*. Durham, NC: Duke University Press, 1999.

Orr'u, Marco, Nicole Woolsey Biggart, and Gary G. Hamilton eds. *The Economic Organization of East Asian Capitalism*. Thousand Oaks, C. A.: Sage Publications, c1997.

Perry, Elizabeth. *Shanghai on Strike: The Politics of Chinese Labor*. Stanford:

Stanford University Press, 1993.

Po Sung-nien and David Johnson eds. *Domesticated Deities and Auspicious Emblems：The Iconography of Everyday Life in Village China*. Berkeley：Chinese Popular Culture Project, University of California, 1992.

Prazniak, Roxanne. "Weavers and Sorceresses of Chuansha：The Social Origins of Political Activism among Rural Chinese Women." *Modern China* 12, no. 2（April 1986）.

Rankin, Mary Backus. *Early Chinese Revolutionaries：Radical Intellectuals in Shanghai and Chekiang*, 1902 - 1911. Cambridge, MA：Harvard University Press, 1971.

——. John Fairbank and Albert Feuerwerker. "Introduction：Perspectives on Modern China's History." In *The Cambridge History of China*, vol. 13, *Republican China*, edited by John Fairbank and Albert Feuerwerker. Cambridge：Cambridge University Press, 1986.

——. *Elite Activism and Political Transformation in China：Zhejiang Province*, 1865 - 1911. Stanford：Stanford University Press, 1986.

Rawski, Evelyn. *Agricultural Change and the Peasant Economy of South China*. Cambridge, MA：Harvard University Press, 1972.

——. *Education and Popular Literacy in Ch'ing China*. Ann Arbor：University of Michigan Press, 1979.

Reed, Christopher A. *Gutenberg in Shanghai：Chinese Print Capitalism*, 1876 - 1937. Honolulu：University of Hawaii Press, 2004.

Rothschild, Emma. *Economic Sentiments：Adam Smith, Condorcet, and the Enlightenment*. Cambridge, MA：Harvard University Press, 2001.

Rottmann, Allison. "Resistance, Urban Style：The New Fourth Army and Shanghai, 1937 - 1945." 加州大学伯克利分校博士论文, 2007。

——. "Crossing Enemy Lines：Shanghai and the Central China Base." In *In the Shadow of the Rising Sun：Shanghai under Japanese Occupation*, edited by Christian Henroit and Wen-hsin Yeh. New York：Cambridge University Press, 2004.

Rowe, William T. *Hankow：Commerce and Society in a Chinese City*, 1796 - 1889. Stanford：Stanford University Press, 1984.

——. *Hankow：Conflict and Community in a Chinese City*, 1796 - 1895. Stanford：Stanford University Press, 1989.

Rujivacharakul, Vimalin. "Architects as Cultural Heroes." In *Cities in Motion*, edited by Sherman Cochran, David Strand, Wen-hsin Yeh. Berkeley：Institute of East

Asian Studies Publications, University of California, 2007.

Sawyer, John Birge. *Diaries*, vol. 6. Original manuscript in the Bancroft Library, University of California, Berkeley. Transcribed by Robert Bodde, September 2004.

Schwartz, Benjamin. "The Chinese Perception of World Order, Past and Present." In *The Chinese World Order: Traditional China's Foreign Relations*, edited by John Fairbank. Cambridge, MA: Harvard University Press, 1968.

——. *In Search of Wealth and Power: Yen Fu and the West*. Cambridge, MA: Belknap Press of Harvard University Press, 1964.

Sheehan, Brett. *Trust in Troubled Times: Money, Banks, and State-society Relations in Republican Tianjin*. Cambridge, MA: Harvard University Press, 2003.

Skinner, G. William ed. *The City in Late Imperial China*. Stanford: Stanford University Press, 1977.

Slezkine, Yuri. *The Jewish Century*. Princeton, NJ: Princeton University Press, 2004.

So, Billy K. L. *Prosperity, Region, and Institutions in Maritime China: The South Fukien Pattern, 1946 – 1368*. Cambridge, MA: Published by the Harvard University Asia Center; Distributed by Harvard University Press, 2000.

Soong, James. "A Visual Experience in Nineteenth-Century China: Jen Po-nien (1840 – 1895) and the Shanghai School of Painting." 加州大学伯克利分校博士论文, 1977。

Spector, Stanley. *Li Hung-chang and the Huai Army: A Study in Nineteenth-Century Chinese Regionalism*. Seattle: University of Washington Press, 1964.

Spence, Jonathan D. *The Gate of Heavenly Peace: The Chinese and Their Revolution, 1895 – 1980*. New York: Penguin Books, 1982.

——. *God's Chinese Son: The Taiping Heavenly Kingdom of Hong Xiuquan*. New York: W. W. Norton, 1996.

Stapleton, Kristin. *Civilizing Chengdu: Chinese Urban Reform, 1895 – 1937*. Cambridge, MA: Harvard University Asia Center, 2000.

Stranahan, Patricia. *Underground: The Shanghai Communist Party and the Politics of Survival, 1927 – 1937*. Lanham, MD: Rowman & Littlefield Publishers, 1998.

Strand, David. *Rickshaw Beijing: City People and Politics in the 1920s*. Berkeley: University of California Press, 1989.

Sun, Lung-kee. "Chinese Intellectuals' Notion of 'Epoch' (Shidai) in the Post-May Fourth Era." *Chinese Studies in History* 20, no. 22 (Winter 1986/1987).

Tamagna, Frank M. *Banking and Finance in China*. New York: International Secretariat, Institute of Pacific Relations, 1942.

Tawney, Richard Henry. *Land and Labor in China*. White Plains, New York: Octagon Books, 1972.

Tseng, Gloria. "Chinese Pieces of the French Mosaic: The Chinese Experience in France and the Making of a Revolutionary Tradition." 加州大学伯克利分校博士论文, 2002。

Turner, Victor W. and Edward M. Bruner eds. *The Anthropology of Experience*. Urbana: University of Illinois Press, c1986.

Vermeer, E. B. ed. *Development and Decline of Fukien Province in the 17th and 18th Centuries*. Leiden; New York: Brill, 1990.

Vogel, Ezra. *Japan as Number One: Lessons for America*. Cambridge, MA: Harvard University Press, 1979.

Wakeman, Frederic E. Jr. "The Canton Trade and the Opium War." In *The Cambridge History of China*, vol. 10, edited by Denis Twichett and John K. Fairbank. New York: Cambridge University Press, 1978.

——. "China and the Seventeenth Century Crisis." *Late Imperial China* 7, no. 1 (June 1986).

——. "Hanjian." In *Becoming Chinese: Passages to Modernity and Beyond*, edited by Wen-hsin Yeh. Berkeley: University of California Press, 2000.

——. *Shanghai Badlands: Wartime Terrorism and Urban Crime, 1937 – 1941*. New York: Cambridge University Press, 1996.

——. *Strangers at the Gate: Social Disorder in South China, 1839 – 1861*. Berkeley: University of California Press, 1966.

——. "Policing Modern Shanghai." *The China Quarterly* 115 (September 1988).

——. *Policing Shanghai: 1927 – 1937*. Berkeley: University of California Press, 1995.

Wang, David Der-wei. *Fin-de-Siecle Splendor: Repressed Modernities of Qing Fiction, 1849 – 1911*. Stanford: Stanford University Press, 1997.

——. *Fictional Realism in Twentieth-Century China: Mao Dun, Lao She, Shen Congwen*. New York: Columbia University Press, 1992.

Wang Di. *Street Culture in Chengdu: Public Space, Urban Commoners, and Local Politics, 1870 – 1930*. Stanford: Stanford University Press, 2003.

Wang Gungwu. *The Nanhai Trade: The Early Chinese Trade in the South China*

Sea. Singapore: Eastern Universities Press, 2003.

——. *China and the Chinese Overseas: From Earthbound China to the Quest for Autonomy*. Singapore: Eastern Universities Press, 2003.

——. *China's Place in the Region: The Search for Allies and Friends*. Jakarta: Panglaykim Foundation, 1997.

Wang Zheng. *Women in the Chinese Enlightenment: Oral and Textual Histories*. Berkeley: University of California Press, 1999.

Weber, Max. *Economy and Society: An Outline of Interpretive Society*. Guenther Roth and Claus Wittich, eds. Translated by Ephriam Fischoff, et al. Berkeley: University of California Press, c1978.

——. *The Religion of China: Confucianism and Taoism*. Translated and edited by Hans H. Gerth. Glencose, Ill: Free Press, 1951.

Wills, John E. "Maritime Asia: 1500 – 1800: The Interactive Emergence of European Domination." *American Historical Review* (February 1993).

Wright, Mary C. ed. *China in Revolution: The First Phase, 1900 – 1913*. New Haven: Yale University Press, 1968.

——. *The Last Stand of Chinese Conservatism: The T'ung-Chih Restoration, 1862 – 1874*. Stanford: Stanford University Press, 1962.

Yang, Lien-sheng. "Historical Notes on the Chinese World Order." *The Chinese World Order; Traditional China's Foreign Relations*, edited by John K. Fairbank. Cambridge, MA: Harvard University Press, 1968.

Ye Xiaoqing. *The Dianshizhai Pictorial: Shanghai Urban Life, 1884 – 1898*. Ann Arbor: University of Michigan, 2003.

Yeh, Catherine Vance. "Creating the Urban Beauty: The Shanghai Courtesan in Late Qing Illustrations." In *Writing and Materiality in China: Essays in Honor of Patrick Hanan*, edited by Judith T. Zeitlin and Lydia H. Liu with Ellen Widmer. Cambridge, MA: Harvard University Asia Center, 2003.

——. *Shanghai Love: Courtesans, Intellectuals, and Entertainment Culture, 1850 – 1910*. Seattle: University of Washington Press, 2006.

Yeh, Wen-hsin. *The Alienated Academy: Culture and Politics in Republican China, 1919 – 1937*. Cambridge, MA: Published by Council on East Asian Studies, Harvard University and distributed by Harvard University Press, 1990.

——. "Dai Li and the Liu Geqing Affair: Heroism in the Chinese Secret Service during the War of Resistance." *The Journal of Asian Studies* 48，no. 3（August 1989）.

——. "Organizing Recreation."在 1990 年亚洲研究协会年会上发表的论文。

——. "Progressive Journalism and Shanghai's Petty Urbanites：Zou Taofen and the Shenghuo Enterprise，1926－1945." In *Shanghai Sojourners*，edited by Frederic Wakeman，Jr. ，and Wen-hsin Yeh. Berkeley：Institute of East Asian Studies，University of California，1992.

——. *Provincial Passages：Culture，Space，and the Origins of Chinese Communism*. Berkeley：University of California Press，1996.

——. "Republican Origins of the *Danwei*：The Case of Shanghai's Bank of China." In *Danwei：The Changing Chinese Workplace in Historical and Comparative Perspective*，edited by Xiaobo Lu and Elizabeth J. Perry. Armonk，NY：M. E. Sharpe，1997.

——. "Shanghai Besieged，1937－1945." In *Wartime Shanghai*，edited by Wen-hsin Yeh. London and New York：Routledge，1998.

——. "Shanghai Modernity：Commerce and Culture in a Chinese City." *The China Quarterly* no. 150（June 1997）.

Young，Arthur N. *China's Nation-building Effort，1927－1937：The Financial and Economic Record*. Stanford：Hoover Institution Press，1971.

——. *China's Wartime Finance and Inflation，1937－1945*. Cambridge，MA：Harvard University Press，1965.

Zelin，Madeleine，Jonathan K. Ocko，Robert Gardella eds. *Contract and Property in Early Modern China*. Stanford：Stanford University Press，2004.

Zelin，Madeleine. *The Magistrate's Tael：Rationalizing Fiscal Reform in Eighteenth-Century China*. Berkeley：University of California Press，1984.

Zola，Emile. *The Ladies' Paradise（Au bonheur des dames）*. Berkeley：University of California Press，c1992.

山田辰雄：《中国国民党左派の研究》，東京：慶應義塾大學出版会，1980。

致　谢

这本书的研究经历了很长的时间。它开始于我对上海市民日常生活中的点点滴滴的好奇；继而，随着研究的展开，它聚焦于坐办公室的职员的渴望与沮丧，以及在历史的因缘际会之下那些职员从写字间走到街头的过程。现在，上海已经成为一个国际性的大都市，那些寻常市民的声音进一步激发了关于都市空间转变的历史探讨。

许多个人与机构都对本研究的进行提供了帮助，一篇恰如其分的致谢势必卷帙浩繁——不免要将大半个学界——罗列。即使限于篇幅，我还是要感谢美中学术交流委员会（US Committee on Scholarly Communication with China）、鲁斯基金会（Luce Foundation）、胡佛研究所（Hoover Institution）、蒋经国国际学术交流基金会、加州大学校长办公室、加州大学伯克利分校校长办公室、汤森德人文学科中心（Townsend Center for the Humanities）、中国研究中心、法国柏克莱基金（the France Berkeley Fund）等的慷慨支持。

这项研究的初期成果曾在一些专题讨论、研讨会和学术会议上报告。我感谢参与"上海研究"项目的同事与同学——这一研究项目由鲁斯基金会资助，在加州大学伯克利分校、康奈尔大学、马里兰大学派克分校和上海社会科学院等机构进行，他们的鼓励与分享令我受益匪浅。特别要感谢魏斐德、裴宜理、高家龙、郭继生、安雅兰、乔迅（Jonathan Hay）、张仲礼、熊月之、罗苏文与张济顺。还要感谢持续多年的"国际中国"项目；这一项目由哈佛大学、柏林自由大学、北京大学和加州大学伯克利分校联合推动，整个过程中柯伟林、罗梅君（Mechthild Leutner）、余凯思（Klaus Mluelhahn）、牛大勇贡献尤多。同样要感谢"战时上海"研究项目的参与者，这一项目由加州大学伯克利分校和里昂第二大学联合组织，尤其要感谢安克强的支持；

感谢"中央研究院"近代史研究所的同事,特别是张玉法、陈永发、陈三井、李孝悌与吕芳上,有很长一段时间我们反复讨论。

感谢本领域的同仁,他们对我的研究提出了许多宝贵建议。其中有白吉尔、杜赞奇(Prasenjit Duara)、葛淑娴、顾德曼、孔飞力、戴慕珍(Jean Oi)、马若孟、韩书瑞(Susan Naquin)、毕克伟(Paul Pickowicz)、普莱斯(Don Price)、史瀚渤、史谦德、魏乐博(Robert Weller)与魏定熙(Timothy Weton)。我感谢伯克利的同事们对本书的兴趣、鼓励;他们敏锐的问题意识与经久的友善支持,为我树立了典范。尤其是玛格丽特·安德森(Margaret Anderson)、安德鲁·巴沙(Andrew Barshay)、约翰·康纳利(John Connelly)、葆拉·法斯(Paula Fass)、盖瑞·费尔德曼(Gerry Feldman)、托马斯·拉可尔(Thomas Laqueur)、劳伦斯·勒文(Lawrence Levine)、马丁·马利亚(Martin Malia)、罗伯特·米德莱考夫(Robert Middlekauff)、埃尔文·沙伊纳(Irwin Scheiner)、尤里·斯廖兹金(Yuri Slezkine)、莱斯利·皮尔斯(Leslie Peirce)与威廉·泰勒(William Taylor),他们的学识和建议给了我最多的支持。我何其幸运,与这样意气相投的同好共事。

我还要感谢以下机构的图书馆管理员和档案管理员:上海社会科学院、上海市档案馆、上海图书馆、中国第二历史档案馆、国史馆、"中央研究院"、哈佛燕京图书馆、胡佛东亚藏书、东亚图书馆,以及加州大学伯克利分校的中国研究中心图书馆。特别感谢陈安妮(Annie Chan)、赵雅静(Jing Han)、韩伟之(Han Weizhi)、李雪云(Li Xueyun)、史梅定(Shi Meiding)、王思危(Wang Siwei)、赵念国(Zhao Nianguo)与叶飞鸿(Yeh Fei-hung),他们为我提供了很多方便,还帮我找到了许多宝贵的资料。

最后,同样重要的是我在伯克利的学生,他们不仅为我的研究提供了难能可贵的协助,还给予我丰富的学术滋养。夏洛特·大野(Charlotte Ono)从她自己的研究中抽出时间,协助我整理本书的最终稿;她竭尽全力为我提供协助,严守进度,严谨认真。艾利诺·勒凡(Elinor Levine)以她一贯的沉着冷静协助我处理了整个出版过程。尤其是加州大学出版社的里德·马尔科姆(Reed Malcolm),因为这本书我们成为朋友。

如果这本书能引起读者的些许兴趣,那主要归功于我的同事与学生。当然,本书的错误和舛漏之处,由我个人承担。我感谢那些一直在身边陪伴我、支持我的人。

  我的儿子进入大学以后，我渐渐能感受到他与他的朋友们的关切——这些年轻人的声音同样回响在我的课堂上。我想，这种对于校园生活的新的认知与洞察会让我成为一个更好的老师。我从与学生的教学互动中获益良多。我也开始认知到，生长在教授之家，可能有好也有不好。这也是我将这本书献给我的儿子的原因。

Shanghai Splendor: Economic Sentiments and the Making of Modern China, 1843 – 1949

By Wen-hsin Yeh

Copyright © 2007 by The Regents of the University of California

Simplified Chinese version © 2023 by China Renmin University Press.

Published by arrangement with University of California Press

All Rights Reserved.

图书在版编目（CIP）数据

上海繁华：经济伦理与近代城市 /（美）叶文心
(Wen-hsin Yeh) 著；王琴译. --北京：中国人民大学
出版社，2023.6
（海外中国研究文库）
ISBN 978-7-300-31706-9

Ⅰ. ①上… Ⅱ. ①叶… ②王… Ⅲ. ①文化史-上海
-近代 Ⅳ. ①K295.1

中国国家版本馆 CIP 数据核字（2023）第 095523 号

海外中国研究文库
上海繁华：经济伦理与近代城市
［美］叶文心（Wen-hsin Yeh） 著
王 琴 译
殷守甫 审校
Shanghai Fanhua：Jingji Lunli yu Jindai Chengshi

出版发行	中国人民大学出版社		
社　　址	北京中关村大街 31 号	邮政编码	100080
电　　话	010 - 62511242（总编室）	010 - 62511770（质管部）	
	010 - 82501766（邮购部）	010 - 62514148（门市部）	
	010 - 62515195（发行公司）	010 - 62515275（盗版举报）	
网　　址	http://www.crup.com.cn		
经　　销	新华书店		
印　　刷	北京联兴盛业印刷股份有限公司		
开　　本	720 mm×1000 mm　1/16	版　次	2023 年 6 月第 1 版
印　　张	17.25 插页 3	印　次	2023 年 6 月第 1 次印刷
字　　数	282 000	定　价	79.00 元

版权所有　　侵权必究　　印装差错　　负责调换